# HISTOIRE
# FINANCIÈRE
## DE LA FRANCE.

L'auteur déclare réserver ses droits à l'égard de la traduction en Langues étrangères, notamment pour les langues Allemande, Anglaise, Espagnole et Italienne.

L'ouvrage a été déposé au Ministère de l'Intérieur (Direction de la Librairie).

PARIS. — TYPOGRAPHIE DE HENRI PLON,
IMPRIMEUR DE L'EMPEREUR,
8, rue Garancière.

# HISTOIRE
# FINANCIÈRE
## DE LA FRANCE,

DEPUIS

L'ORIGINE DE LA MONARCHIE JUSQU'A L'ANNÉE 1828,

PRÉCÉDÉE

### D'UNE INTRODUCTION

sur le mode d'Impôts en usage avant la révolution,

SUIVIE

### DE CONSIDÉRATIONS

sur la marche du Crédit public et les progrès du Système financier,

ET

d'une Table analytique des Noms et des Matières,

## Par JACQUES BRESSON,

Chevalier de l'Ordre de Wasa de Suède, de la Couronne de Chêne des Pays-Bas, etc. Lauréat de plusieurs Sociétés Savantes; Membre Correspondant de la Société Impériale des Sciences de Lille; de celle de Toulouse; de la Société Impériale Académique de la Loire-Inférieure; de la Société Impériale d'Agriculture et de Commerce de Caen; de la Société Impériale d'Agriculture et des Arts du département de Seine-et-Oise; de la Société des Sciences, Arts et Belles-Lettres de Mâcon; de celle de Saint-Quentin; de la Société des Sciences Morales, des Lettres et des Arts de Versailles; de la Société d'Agriculture d'Angers; de celle du département de la Dordogne; de celle du département de la Marne; de la Société Agricole du département du Lot; de l'Académie de Stanislas de Nancy; de l'Institut National de Washington, etc., etc.

TROISIÈME ÉDITION.

TOME SECOND.

## PARIS

AU BUREAU DE LA GAZETTE DES CHEMINS DE FER,

**COURS GÉNÉRAL DES ACTIONS.**

31, PLACE DE LA BOURSE, 31.

1857

L'auteur se réserve le droit de traduction à l'étranger.

# HISTOIRE FINANCIÈRE DE LA FRANCE.

## RÈGNE DE LOUIS XVI.

### TURGOT,

CONTRÔLEUR GÉNÉRAL DES FINANCES.

AOUT 1774 A MAI 1776.

Il est peu d'hommes entre lesquels la nature ait établi un contraste plus prononcé qu'entre l'abbé Terray et Turgot, son successeur; forme extérieure, manières, mœurs, sentiments, procédés, sous tous les rapports ils différaient. Lorsqu'il n'y avait pas opposition, il y avait au moins disparité, et ces deux ministres semblaient des êtres d'espèces diverses.

La vertu la plus pure, des mœurs sévères, sans pédanterie, des connaissances profondes dans l'administration, des talents qui feraient honneur à un homme de lettres, un amour passionné pour le bien public, telles étaient les qualités de Turgot; sa tête était toujours dans une fermentation continuelle, toujours occupée d'améliorations et de projets ayant pour but le bonheur de ses concitoyens.

Aux yeux de Turgot, toute l'espèce humaine était divisée en trois classes : la première, qui en composait la grande masse et la presque totalité, était formée de tous ceux qui ne s'occupaient point de spéculations économiques; il n'y voyait que le résidu de la société; et lors même qu'il s'y trouvait des esprits ou des talents d'un ordre supérieur, il n'y donnait que peu d'attention, parce qu'il n'apercevait en eux qu'un mérite d'un genre secondaire et hétérogène à l'objet de ses méditations. Les contradicteurs de ses opinions, qui formaient la seconde classe, lui paraissaient ou des hommes stupides ou des esprits faux; il était même assez ordinaire qu'il leur refusât la probité et la bonne foi; et c'était dans leur perversité qu'il croyait trouver la cause de leur dissentiment. La troisième classe, peu nombreuse, et à ses yeux classe d'élite, était composée de ses sectateurs; ils lui paraissaient des êtres supérieurs en intelligence et en morale; il les croyait capables de tout, leur confiait les fonctions auxquelles ils étaient quelquefois le moins propres ; et s'il a eu sujet de se plaindre de leurs infidélités, leur croyance l'a disposé à l'indulgence, parce qu'il portait en administration un véritable esprit de secte. L'abbé Terray, sans avoir beaucoup réfléchi sur ce qu'est l'espèce humaine, et sans y établir des distinctions, estimait que pour presque tous les hommes l'amour du bien public et la démonstration d'un sentiment noble n'étaient que le masque de l'intérêt personnel, et que le moyen le plus sûr de disposer d'eux était de se servir de cet intérêt ; malheureusement cette honteuse estime l'a souvent conduit à des résultats justes.

Turgot avait été intendant de Limoges ; ce fut là qu'il commença à établir les principes de la secte économiste dont il devint bientôt le chef, ce qui lui valut des admirateurs d'autant plus enthousiastes qu'ils étaient moins éclairés par l'expérience. Il abolit la corvée dans son intendance, supprima dans les villes l'usage de taxer le pain, et laissa les boulangers le vendre au prix qu'ils voulaient, laissant établir la concurrence qui ne tarda point à en faire baisser le prix. Subordonné à des règlements qui lui déplaisaient, et aux idées variables des contrôleurs généraux qui se succédaient fréquemment, Turgot désirait se placer sur un plus grand théâtre, où il pût donner l'essor à ses opinions. Le comte de Maurepas, qui désirait entourer le trône d'hommes vertueux, l'appela au ministère de la marine, qu'il quitta pour prendre le contrôle général des finances. Ordinairement les ministres des finances quittaient leur département pour celui de la marine, moins pénible, moins orageux et plus stable : Turgot suivit une voie contraire ; il quitta la marine pour les finances, parce qu'il espérait, par leur reconstitution, faire le bonheur de la nation.

Nous ne croyons pas pouvoir mieux faire connaître les intentions de Turgot qu'en rapportant ici textuellement la lettre qu'il écrivit au roi lorsqu'il fut nommé contrôleur général.

« Du 24 août 1774.

» SIRE,

» En sortant du cabinet de Votre Majesté, encore
» plein du trouble où me jette l'immensité du far-
» deau qu'elle m'impose, agité par tous les senti-
» ments qu'excite en moi la bonté touchante avec
» laquelle elle a daigné me rassurer, je me hâte de
» mettre à ses pieds ma respectueuse reconnaissance
» et le dévouement absolu de ma vie entière.

» Votre Majesté a bien voulu m'autoriser à re-
» mettre sous ses yeux l'engagement qu'elle a pris
» avec elle-même de me soutenir dans l'exécution des
» plans d'économie qui sont en tout temps, et au-
» jourd'hui plus que jamais, d'une nécessité indis-

» pensable. J'aurais désiré pouvoir lui développer les
» réflexions que me suggère la position où se trou-
» vent les finances : le temps ne me le permet pas, et
» je me réserve de m'expliquer plus au long quand
» j'aurai pu prendre des connaissances plus exactes.
» Je me borne en ce moment, Sire, à vous rappeler
» ces trois paroles :

» Point de banqueroute,

» Point d'augmentation d'impots,

» Point d'emprunts.

» Point de banqueroute, ni avouée, ni masquée
» par des réductions forcées.

» Point d'augmentation d'impositions : la raison
» en est dans la situation des peuples, et encore plus
» dans le cœur de Votre Majesté.

» Point d'emprunt : parce que tout emprunt di-
» minuant toujours le revenu libre, il nécessite au
» bout de quelque temps, ou la banqueroute,
» ou l'augmentation d'impositions. Il ne faut, en
» temps de paix, se permettre d'emprunter que
» pour liquider ses dettes anciennes, ou pour rem-
» bourser d'autres emprunts faits à un denier plus
» onéreux.

» Pour remplir ces trois points il n'y a qu'un
» moyen, c'est de réduire la dépense au-dessous de
» la recette, et assez au-dessous pour pouvoir éco-
» nomiser chaque année une vingtaine de millions
» pour rembourser les dettes anciennes; sans cela le

» premier coup de canon forcerait l'État à la ban-
» queroute (1).

» On demande sur quoi retrancher, et chaque
» ordonnateur, dans sa partie, soutiendra que presque
» toutes les dépenses particulières sont indispensa-
» bles. Ils peuvent dire de fort bonnes raisons, mais
» comme il n'y en a point pour faire ce qui est im-
» possible, il faut que toutes ces raisons cèdent à la
» nécessité absolue de l'économie.

» Il est donc de nécessité absolue que Votre Ma-
» jesté exige des ordonnateurs de toutes les parties
» qu'ils se concertent avec le ministre des finances.
» Il est indispensable qu'il puisse discuter avec eux,
» en présence de Votre Majesté, le degré de néces-
» sité des dépenses proposées. Il est surtout nécessaire
» que lorsque vous aurez, Sire, arrêté l'état des fonds
» de chaque département, vous défendiez à celui
» qui en est chargé d'ordonner aucune dépense nou-
» velle, sans avoir auparavant concerté avec la
» finance les moyens d'y pourvoir : sans cela chaque
» département se chargerait de dettes qui seraient
» toujours les dettes de Votre Majesté, et l'ordonna-

---

(1) Ceci doit s'entendre dans les principes de Turgot, qui ne connaissait point d'autres moyens de maintenir le crédit que l'économie, la bonne foi dans les opérations, et des lois justes.

teur de la finance ne pourrait répondre de la ba-
» lance entre la dépense et la recette.

» Votre Majesté sait qu'un des plus grands obs-
» tacles à l'économie est la multitude des demandes
» dont elle est continuellement assaillie, et que la
» trop grande facilité de ses prédécesseurs à les ac-
» cueillir a malheureusement autorisées.

» Il faut, Sire, vous armer contre votre bonté de
» votre bonté même; considérer d'où vient cet ar-
» gent que vous pouvez distribuer à vos courtisans,
» et comparer la misère de ceux auxquels on est
» quelquefois obligé de l'arracher, par les exécu-
» tions les plus rigoureuses, à la situation des per-
» sonnes qui ont le plus de titres pour obtenir vos
» libéralités.

» Il y a des grâces auxquelles on a cru pouvoir se
» prêter plus aisément, parce qu'elles ne portent pas
» immédiatement sur le trésor royal.

» De ce genre sont les intérêts, les croupes, les pri-
» viléges : elles sont de toutes les plus dangereuses
» et les plus abusives. Tout profit sur les impositions
» qui n'est pas absolument nécessaire pour la per-
» ception, est une dette consacrée au soulagement
» des contribuables et aux besoins de l'État. D'ail-
» leurs, ces participations au profit des traitants sont
» une source de corruption pour la noblesse et de
» vexation pour le peuple, en donnant à tous les
» abus des protecteurs puissants et cachés.

» On peut espérer de parvenir, par l'amélioration
» de la culture, par la suppression des abus dans la
» perception, et par une répartition plus équitable
» des impositions, à soulager sensiblement les peuples
» sans diminuer beaucoup les revenus publics. Mais
» si l'économie n'a précédé, aucune réforme n'est
» possible, parce qu'il n'en est aucune qui n'entraîne
» le risque de quelque interruption dans la marche
» des recouvrements, et parce qu'on doit s'attendre
» aux embarras multipliés que feront naître les ma-
» nœuvres et les cris des hommes de toute espèce
» intéressés à soutenir les abus ; car il n'en est point
» dont quelqu'un ne vive.

» Tant que la finance sera continuellement aux
» expédients pour assurer les services, Votre Majesté
» sera toujours dans la dépendance des financiers ;
» et ceux-ci seront toujours les maîtres de faire man-
» quer, par des manœuvres de places, les opérations
» les plus importantes. Il n'y aura aucune amélio-
» ration possible ni dans les impositions pour sou-
» lager les peuples, ni dans les arrangements relatifs
» au gouvernement intérieur et à la législation.
» L'autorité ne sera jamais tranquille, parce qu'elle
» ne sera jamais chérie, et que les mécontentements
» et les inquiétudes des peuples sont toujours le
» moyen dont les intrigants et les malintentionnés
» se servent pour exciter des troubles. C'est donc sur-
» tout de l'économie que dépend la prospérité de

» votre règne, le calme dans l'intérieur, la consi-
» dération au dehors, le bonheur de la nation et le
» vôtre. Je dois faire observer à Votre Majesté que
» j'entre en place dans une conjoncture fâcheuse par
» les inquiétudes fortifiées, par la fermentation des
» esprits depuis quelques années, par la variation
» dans les principes des administrateurs, par quel-
» ques opérations imprudentes, et surtout par une
» récolte qui paraît avoir été médiocre. Sur cette
» matière, comme sur beaucoup d'autres, je ne de-
» mande point à Votre Majesté d'adopter mes prin-
» cipes sans les avoir examinés et discutés, soit par
» elle-même, soit par des personnes de confiance en
» sa présence; mais quand elle en aura reconnu la
» justice et la nécessité, je la supplie d'en maintenir
» l'exécution avec fermeté, sans se laisser effrayer
» par des clameurs qu'il est absolument impossible
» d'éviter en cette matière, quelque système qu'on
» suive, quelque conduite qu'on tienne.

» Voilà les points que Votre Majesté a bien voulu
» me permettre de lui rappeler. Elle n'oubliera pas
» qu'en recevant la place de contrôleur général j'ai
» senti tout le prix de la confiance dont elle m'ho-
» nore. J'ai senti qu'elle me confiait le bonheur de
» ses peuples; et, s'il m'est permis de le dire, le soin
» de faire aimer sa personne et son autorité; mais
» en même temps j'ai senti tout le danger auquel je
» m'exposais. J'ai prévu que je serais seul à com-

» battre contre les abus de tout genre, contre les
» efforts de ceux qui gagnent à ces abus, contre la
» foule des préjugés qui s'opposent à toute réforme,
» et qui sont un moyen si puissant dans la main des
» gens intéressés à éterniser les désordres. J'aurai à
» lutter même contre la bonté naturelle, contre la
» générosité de Votre Majesté et des personnes qui
» lui sont le plus chères. Je serai craint, haï même
» de la plus grande partie de la cour, de tout ce qui
» sollicite des grâces, et on m'imputera tous les
» refus; on me peindra comme un homme dur,
» parce que j'aurai représenté à Votre Majesté qu'elle
» ne doit pas enrichir ceux mêmes qu'elle aime aux
» dépens de la subsistance de son peuple. Ce peuple,
» auquel je me serai sacrifié, est si aisé à tromper,
» que peut-être j'encourrai sa haine par les mesures
» mêmes que j'emploierai pour le défendre contre
» les vexations. Je serai calomnié, et peut-être avec
» assez de vraisemblance pour m'ôter la confiance
» de Votre Majesté. Je ne regretterais point de perdre
» une place à laquelle je ne m'étais jamais attendu;
» je suis prêt à la remettre à Votre Majesté dès que
» je ne pourrai plus espérer d'y être utile : mais son
» estime, la réputation d'intégrité, la bienveillance
» publique, qui ont déterminé son choix en ma fa-
» veur, me sont plus chères que la vie; et je cours
» le risque de les perdre, même en ne méritant à
» mes yeux aucuns reproches.

» Votre Majesté se souviendra que c'est sur la foi
» de ses promesses que je me charge d'un fardeau
» peut-être au-dessus de mes forces; que c'est à elle
» personnellement, à l'honnête homme, à l'homme
» juste et bon plutôt qu'au roi que je m'abandonne.

» J'ose lui répéter ici ce qu'elle a bien voulu en-
» tendre et approuver. La bonté attendrissante avec
» laquelle elle a daigné presser mes mains dans les
» siennes, comme pour accepter mon dévouement,
» ne s'effacera jamais de mon souvenir; elle soutien-
» dra mon courage; elle a pour jamais lié mon bon-
» heur personnel avec les intérêts, la gloire et le
» bonheur de Votre Majesté. »

Le premier soin de Turgot fut d'abolir la corvée dans toute l'étendue du royaume, et de rendre libre le commerce des grains dans l'intérieur de la France. Il supprima un impôt additionnel de huit sous pour livre qu'on avait ajouté aux droits de péage. Les pensions étaient retardées de trois années; Turgot en fit payer deux à la fois de toutes celles qui n'excédaient point 400 livres, c'est-à-dire de toutes celles qui, nécessaires à la subsistance, ont été accordées comme une juste récompense, ou sont du moins de véritables aumônes. Pendant son ministère, elles ont été remises au courant, tandis que le payement de toutes les autres et celui des arrérages des rentes dues aux créanciers de l'État, furent également accélérés.

Par suite de la liquidation ordonnée en 1764, plusieurs citoyens avaient perdu leurs créances par la difficulté d'entendre et de remplir les formes compliquées qu'on leur avait prescrites. Turgot les rétablit dans leurs droits, simplifia les formes exigées, et donna six mois pour les remplir. Il vit en même temps que les frais, les formalités nécessaires rendaient presque nulle la jouissance des rentes d'une très-petite valeur; il ordonna le remboursement de celles qui étaient au-dessous de douze livres.

Dix millions de lettres de change, dues pour des avances faites à nos colonies, étaient exigibles depuis cinq ans, et le payement en était suspendu. Turgot en paya d'abord pour 1,500,000 livres, assura un million de fonds par an pour le payement du reste, et offrit des contrats à quatre pour cent à ceux des possesseurs qui les préféreraient.

Tandis que Turgot diminuait la dette exigible, et faisait des remboursements utiles aux citoyens pauvres, de l'autre il diminuait les anticipations, autre source de la chute du crédit public. Il se rétablit promptement : les effets se rapprochèrent de leur taux naturel; quelques-uns furent au pair. Turgot autorisa les états des provinces, les corps, à emprunter à quatre pour cent, afin de rembourser les capitaux dont ils payaient un intérêt plus haut; mais il exigea en même temps de tous les corps de n'emprunter qu'en assurant des fonds pour un remboursement successif; précaution nécessaire pour maintenir le crédit.

Les emprunts particuliers, les fonds avancés au trésor royal ou fournis dans les entreprises de finances, se négociaient à un intérêt déjà moindre; et on avait la perspective de le voir baisser encore. Le nouveau contrôleur général s'était assuré, en Hollande, d'un emprunt de 60 millions à moins de cinq pour cent. Cet emprunt était alors dans les finances du royaume un phénomène extraordinaire que la retraite de Turgot empêcha d'avoir lieu. Le premier emprunt qui eut lieu sous Clugny, son successeur, quoique beaucoup moins considérable, fut au delà de six et un quart, malgré l'appât encore séduisant, quoique un peu usé, d'une petite loterie.

On avait multiplié les charges de finance dans l'unique vue de se procurer, par la première vente, une ressource momentanée. Presque tous les offices étaient doubles; les caisses, également multipliées, avaient chacune des trésoriers et des contrôleurs. Turgot se proposa de réunir sur une seule tête les charges doubles, de faire rembourser celle qui s'éteignait par celui qui conservait l'autre, et de supprimer les gages de la charge dont le possesseur, réunissant les droits d'exercice attachés à deux places, se trouvait suffisamment dédommagé. Cette opération avait été exécutée pour les recettes des tailles. Une autre opération sur celle des impositions de

Paris a produit également une diminution de frais inutiles.

Ce fut sous le ministère de Turgot que fut établie la *Caisse d'escompte*. Le projet avait d'abord été présenté à l'abbé Terray, qui ne l'avait point adopté; le comte de Maurepas l'approuva, et un arrêt du conseil autorisa l'existence de cette association et en prescrivit les opérations et le régime, qui avaient pour objet d'escompter à quatre pour cent les lettres de change, et de faire tomber au même intérêt le taux commun de l'escompte (1).

Toutes ces améliorations étaient bien insuffisantes pour remédier aux maux de l'État; Turgot ne voyait que les choses et ne s'occupait point assez des personnes; chez lui, une apparente dureté, qui avait pour principe la pureté de son âme, lui peignait les hommes comme animés d'un égal désir du bien public, ou comme des fripons qui ne méritaient aucuns ménagements. Lorsque son édit sur les corvées fut signé du roi, on l'engagea à dîner avec le premier président du parlement et quelques-uns des principaux membres de ce corps, dans l'idée de le

---

(1) Ceux qui désireront connaître le détail de la marche et des opérations de la *Caisse d'escompte*, liront avec intérêt le *Compte rendu*, depuis son origine (24 mars 1776) jusqu'à sa suppression (24 août 1793), qu'a publié M. Laffon-Ladebat. Paris, 1807, in-4°.

mettre à portée de les disposer favorablement par des prévenances qui, de la part d'un homme en place, pouvaient avoir tant de poids : Turgot dit quelques mots d'un air froid et sentencieux. Un de ses amis voulant, à plusieurs reprises, l'engager à faire des avances et des politesses plus marquées, lui dit : « C'est le moyen de faire passer votre édit. — Si le » parlement veut le bien, répondit Turgot, il enre- » gistrera l'édit. » Et il continua à garder ses manières froides et réservées. L'austérité de ce caractère, qui ne lui permettait pas d'user de souplesse et de ménagements pour assurer le succès de ses opérations, a fait dire de lui, par opposition à l'abbé Terray, « qu'il faisait fort mal le bien, et l'abbé fort » bien le mal. »

Ses premiers pas dans sa nouvelle carrière furent marqués par plusieurs fautes : il fit arrêter les agents de l'abbé Terray pour l'approvisionnement des blés, comme coupables de manœuvres ; ce qui fit concevoir au peuple des soupçons auxquels il n'est que trop disposé dans les temps de disette. Après avoir fait cet éclat, il ne put trouver ces agents en tort, soit qu'ils n'y fussent point, soit qu'il n'eût pas pris des mesures assez promptes et assez justes pour acquérir des preuves de leurs manœuvres. Imprudent dans sa sévérité, il l'a été encore dans ses actes de bienfaisance : il a pris pour ses coopérateurs des gens de sa secte dont souvent les idées étaient gauches et l'expérience nulle ; d'autre part, pour se faire regretter dans le Limosin où il avait été intendant, il accorda à cette province une diminution du montant de ses tailles, qui fut répartie en augmentation sur les provinces voisines, sans qu'il y eût preuve que ces provinces fussent imposées dans une proportion moins forte que le Limosin, et sans qu'il eût été fait vérification qui justifiât ce rejet. Il y avait déjà eu des exemples de ces faveurs irrégulières (1), mais ces exemples ne formaient point autorisation pour un ministre ami de la justice.

La récolte avait été mauvaise; un orage se formait du côté de la capitale : des brigands, criant qu'ils manquaient de pain et payant avec de l'or le blé qu'ils forçaient de leur donner à vil prix et qu'ils revendaient ensuite, ameutant le peuple avec de faux arrêts du conseil imprimés, traînant après eux la populace des villages, pillèrent successivement les marchés le long de la basse Seine et de l'Oise. Ils entrèrent dans Paris, dévastèrent quelques boutiques de boulangers, essayèrent de soulever le peuple et ne firent que l'effrayer. Il eût été aisé de dissiper ces

---

(1) Quand le cardinal de Fleury fut principal ministre, il fit accorder à la viguerie de Fréjus, où il avait été évêque, une diminution d'impôt qu'il fit répartir sur les autres vigueries de la Provence, sans prouver que cette viguerie fût plus imposée que les autres.

insurrections en se bornant à arrêter les meneurs ; mais Turgot crut reconnaître, dans cette échauffourée, un système complet de rébellion, et donna aux révoltés une haute importance par les moyens extraordinaires qu'il employa.

Turgot obtint de Louis XVI une signature en blanc qui mettait à sa disposition toutes les troupes ; il se rendit aussitôt à l'hôtel des chevau-légers de Versailles, et quoiqu'on fût au milieu de la nuit, les fit partir pour Pontoise. Dès le lendemain, de concert avec le maréchal de Biron, il organisa un plan de campagne pour prévenir de nouvelles émeutes et protéger l'arrivage des grains. Les mousquetaires noirs furent placés sur la rive droite de la Marne, les mousquetaires gris sur la basse Seine, les gendarmes et chevau-légers sur la haute Seine; les gardes françaises, les Suisses et les invalides gardèrent les faubourgs et les boutiques des boulangers. Il fut défendu de s'attrouper et d'exiger le pain au-dessous du prix courant, sous peine d'essuyer le feu des troupes royales et d'être jugé prévôtalement.

Le maréchal de Biron, qui prenait les ordres de Turgot, avait sous lui quatre lieutenants généraux, un état-major, des aides de camp de tous les corps : le quartier général était à son hôtel, et l'armée était de 25,000 hommes. Les appointements des officiers supérieurs étaient payés sur le pied de guerre. Le maréchal avait 20,000 livres par mois, outre une somme de 40,000 livres par an pour sa table. Au gaspillage momentané qu'avait occasionné l'émeute, on substitua le mal réel et plus durable d'un armement militaire qui coûta près d'un million à l'État. On ne manqua pas de chansonner le maréchal de Biron sur son nouveau commandement, et la puérile importance qu'il y mettait lui attira ce couplet :

> Biron, tes glorieux travaux,
> En dépit des cabales,
> Te font passer pour un héros
> Sous les piliers des halles;
> De rue en rue, au petit trot,
> Tu chasses la famine;
> Général digne de Turgot,
> Tu n'es qu'un Jean-Farine.

On appela cette expédition militaire : *la guerre des farines*. La commission prévôtale fit pendre, avec l'appareil le plus imposant, deux individus à une potence de quarante pieds de haut. Le lieutenant de police, Lenoir, fut destitué et remplacé par un économiste qui n'entendait rien en administration. Toutes ces mesures violentes ne contribuèrent pas peu à faire des ennemis à la secte Turgot. Le parlement, qui était affligé de voir toutes ces scènes tumultueuses, avait rendu un arrêt violent dirigé contre le système des économistes et contre la liberté du commerce des grains; il avait annoncé que le roi serait supplié de faire baisser le prix du pain;

l'arrêt fut imprimé et affiché à l'entrée de la nuit. Turgot court la nuit à Versailles, réveille le roi et plusieurs membres du conseil, obtient du monarque que les affiches de l'arrêt du parlement seront couvertes et remplacées par des placards qui défendent, au nom du roi, les attroupements, sous peine de mort; cette décision fut publiée sans la signature d'aucun ministre d'État, et affichée par voie purement militaire. Le parlement fut mandé le lendemain à Versailles; mais, d'après le conseil du comte de Maurepas, la déclaration faite dans le lit de justice se borna à attribuer à la juridiction prévôtale la punition des individus arrêtés. Le parlement fut satisfait de cette disposition, qui lui ôtait l'odieux de la punition des coupables.

Nous avons vu que sous l'abbé Terray le gouvernement, de connivence avec des monopoleurs, avait fait le commerce des grains; Turgot, en entrant au ministère, donna sur-le-champ une liberté illimitée aux transactions des grains, sans s'assurer par des mesures de prévoyance que cette substance alimentaire fût répartie également sur tout le sol du royaume, et sans se douter que le passage subit du monopole à un commerce libre pouvait avoir des suites funestes. Pendant que la loi de la liberté du commerce des grains faisait verser du sang, Turgot fut obligé de donner, dans les provinces, des ordres destructifs de cette liberté. Il avait fait approvisionner

2.

extraordinairement, et à prix forcé, la Lorraine, avec des blés de la Champagne. A l'approche du sacre, les amis de Turgot lui firent craindre la disette à Reims; il se décida à faire reporter de la Lorraine ces mêmes blés qui y avaient été exportés à grands frais. Sans cette précaution, il eût été possible que la cérémonie fût troublée par les violences d'un peuple famélique. En un mot, toute la conduite de Turgot, en matières de subsistances, ne fut qu'un enchaînement de fautes et de contradictions.

Peu de ministres ont eu des idées plus vastes, une conception aussi hardie que Turgot; son esprit tenait de la nature du génie; il apercevait toutes les affaires sous les plus grands rapports, en sondait les éléments, en pénétrait l'essence; mais malheureusement il voyait tout en abstraction, dédaignant de porter les regards sur les faits, ne faisant aucune attention au pays qu'il régissait, au siècle où il vivait, aux institutions établies, aux usages admis, aux préjugés, aux intérêts. Quand même ses idées auraient été justes, il aurait échoué dans toutes ses entreprises, parce qu'il ne savait manier aucun des moyens nécessaires pour les faire réussir; il voulait gouverner par des démonstrations, ne considérant l'homme que comme un être intelligent, et non comme un être sensible et mû par l'intérêt.

Turgot, au lieu de remédier à des maux instants

et de pourvoir à l'acquit des charges et des dettes de l'État, ne s'occupait que de la formation d'un nouveau plan d'administration. Tandis qu'il proscrivait tout magasin de blé pour le compte du gouvernement, le peuple était nourri avec les blés emmagasinés par l'abbé Terray. Tandis qu'il censurait les moyens de finance employés par ce prédécesseur, il pourvoyait à l'acquit de la dépense avec l'argent obtenu par ces mêmes moyens. Toutes les classes de la nation, et principalement celles qui avaient le plus de connexité avec l'administration, étaient effrayées des innovations qu'on se proposait de substituer à leurs règlements et à leurs usages. La magistrature était ennemie de tout esprit de secte; le clergé redoutait un ministre connu par ses préventions contre les concessions faites à l'ordre ecclésiastique ; les gens de finance s'attendaient à la subversion des contributions dont le recouvrement leur était confié. Necker, qui exerçait une haute influence dans la société, avait déjà fait connaître au public les erreurs de Turgot (1). Cette indisposition générale, toutes ces fautes, et la contradiction de tout le conseil, qui avait plusieurs fois éclaté sous les yeux du roi, donnèrent au comte de Maurepas une grande

---

(1) Dans son ouvrage intitulé : *Essai sur la législation et le commerce des grains.*

facilité pour faire revenir Louis XVI de son enthousiasme pour Turgot (1).

Ce monarque commença dès lors à lui témoigner une froideur qui aurait pu lui faire pressentir son renvoi, s'il avait eu plus de tact, plus de connaissance des hommes et de la cour. Turgot, à son dernier travail, proposa au roi de lui lire un mémoire sur les principes de l'affaire dont il avait à lui rendre compte; car il était dans l'habitude de présenter à ce jeune prince, sur tous les genres d'affaires, des mémoires expositifs des principes, pour l'endoctriner, et ne s'apercevait pas qu'il ne réussissait, depuis quelque temps, qu'à l'ennuyer. Sur la proposition de cette nouvelle lecture, le roi dit : « Encore un mémoire ! » Il l'écouta avec ennui, et à la fin lui demanda : « Est-ce tout? — Oui, sire, dit Turgot. — Tant mieux, » repartit le roi, et il s'en alla. Turgot n'aperçut dans ce procédé que quelque humeur du moment; deux heures après il reçut sa lettre de renvoi.

Ainsi sortit de place Turgot, sans avoir rien fait d'important pour la prospérité de la France. On ne peut voir sans regret que les intentions les plus pures, une passion vraie pour le bonheur de l'hu-

---

(1) Le roi avait dit : « Il n'y a que Turgot et moi qui aimions le peuple. »

manité, des vues étendues et élevées, tant de connaissances, de méditations, de soins, d'efforts, de vertus, n'aient produit que des institutions qui n'ont pas subsisté et n'ont pas dû subsister, et ont commencé la désorganisation de l'État. Écoutons le jugement que Malesherbes a porté de Turgot, son ami, et de lui-même : « Turgot et moi nous étions
» de fort honnêtes gens, très-instruits, passionnés
» pour le bien. Qui n'eût pensé qu'on ne pouvait
» mieux faire que de nous choisir? Cependant, ne
» connaissant les hommes que dans les livres, man-
» quant d'habileté pour les affaires, nous avons mal
» administré..... Sans le vouloir, nous avons contri-
» bué à la révolution. »

# CLUGNY,

CONTRÔLEUR GÉNÉRAL DES FINANCES.

MAI A OCTOBRE 1776.

Intendant de Bordeaux depuis peu de temps, Clugny avait auparavant acquis de la réputation dans l'intendance de Saint-Domingue, et s'était alors concilié l'affection du comte de Maurepas, parce que dans un temps où ce ministre était en disgrâce il l'avait consulté sur l'administration des colonies, qui avait été dans le département de cet ancien ministre. Clugny connaissait peu les finances; il commença par rétablir les maîtrises et les jurandes, en essayant de rendre leur institution moins pernicieuse. Il existait, à cette époque, six établissements de loterie sous les dénominations suivantes :

    I.   Loterie de l'hôtel de ville de Paris.
   II.  Loterie des communautés religieuses.
  III.  Loterie de l'association générale.
  IV.  Loterie des enfants trouvés.
   V.  Loterie de piété.
  VI.  Loterie de l'École militaire.

Les cinq premières consistaient en un très-grand nombre de billets que l'on mettait dans une roue, dans une seconde roue étaient les billets indicatifs des lots ; les numéros gagnants étaient ceux qui sortaient concurremment avec un des lots.

La loterie de l'École militaire fut conservée pour le compte du gouvernement, avec quelques changements, sous le titre de *Loterie royale*. Les trois premières furent supprimées ; les deux autres subsistèrent avec leur même destination.

Enfin, sous ce ministère, on travailla sans relâche à détruire tout ce que Turgot avait fait de bien ; on prit prétexte du délabrement des routes et des grands chemins pour rétablir la corvée. On remit aussi la taxe de huit sous pour livre, dont on avait affranchi les droits de péage perçus par les particuliers. Clugny est le seul ministre des finances, après d'O et Colbert, qui soit mort en place.

# TABOUREAU DES RÉAUX,

CONTRÔLEUR GÉNÉRAL DES FINANCES.

## NECKER,

DIRECTEUR GÉNÉRAL DU TRÉSOR ROYAL.

OCTOBRE 1776 A JUILLET 1777.

Necker a joué un rôle tellement important dans la révolution, que pour l'apprécier entièrement il est bon de savoir comment, de commis d'un banquier, il a pu arriver au poste de premier ministre et faire le destin de la France. Sa fortune, dans l'espace de douze ou quinze ans, surpasse celle des plus fortes maisons de banque, et son incroyable rapidité fait naître le désir d'en connaître la source. Des spéculations sur les fonds anglais, au moment de la paix de 1763 (dont il fut instruit à l'avance), sont les principes de ses richesses, évaluées à huit millions par les calculs les plus modérés.

L'amour de la célébrité commença alors à s'emparer de l'âme de Necker; impatient de sortir de la classe des banquiers, il songea à s'élever à quelque place de l'administration, il s'occupa d'acquérir une réputation littéraire, et la circonstance lui offrit un sujet à traiter, favorable à la fois et à son ambition et au désir qu'il avait d'être compté parmi les gens de lettres. Il développa dans l'éloge de Colbert des connaissances générales sur le crédit public et le commerce, qui en imposèrent aux académiciens, déjà disposés en sa faveur par ses prévenances et par l'ascendant que donne la fortune. Le discours de Necker, écrit d'un style quelquefois incorrect, souvent obscur, rempli d'expressions impropres et emphatiques, fut couronné, et l'auteur dès lors commença à fixer sur lui l'attention publique. Les soins de sa femme auprès des grands, ses empressements envers les hommes de lettres, concoururent puissamment aussi à répandre l'opinion du mérite de son mari.

Le marquis de Pesay commençait à être en faveur à la cour; son génie intrigant lui inspira de s'adresser à Necker, homme riche et tourmenté d'une secrète ambition; il pensa qu'en lui offrant son crédit pour servir ses vues, il obtiendrait en échange les fonds qui lui étaient nécessaires. Le marquis fit donc confidence à Necker d'une correspondance particulière qu'il avait avec le roi; dès ce moment la caisse du banquier lui fut ouverte : le marquis de Pesay avait déjà une haute influence dans les conseils du monarque; occupé de la poursuite de ses vastes projets, il ne perdait point de vue Necker, qui fondait sur lui l'espoir de son élévation, et lui prodiguait les plus solides marques de reconnaissance.

Necker, à portée de se procurer des renseignements sur l'état des finances, composa des mémoires propres à séduire le roi et son premier ministre par la perspective des plus grandes ressources, et le marquis de Pesay se chargea de les faire parvenir à Louis XVI; il y joignit une lettre dans laquelle il exposait qu'il s'était longtemps appliqué à plusieurs parties de l'administration, mais qu'il n'avait sur les finances que des notions imparfaites; que, désirant se rendre utile au roi et justifier sa confiance, il s'était adressé à l'homme le plus instruit dans cette partie, et qui connaissait à fond, par la théorie et l'expérience, les éléments et le mécanisme du crédit public. La lettre du marquis de Pesay et les mémoires de Necker furent communiqués au comte de Maurepas, disposé par caractère à adopter des idées nouvelles. Il commençait à être inquiet du crédit de Turgot, et était bien aise de se ménager des ressources; il saisit avec empressement cette occasion de s'assurer en secret d'un homme éclairé dans les finances, pour opposer ses idées à celles de Turgot. Necker comprit ses intentions, et s'appliqua dès lors à critiquer secrètement les opérations de

Turgot, et à le discréditer dans le public. Le marquis de Pesay envoyait ses mémoires, et présentait sans cesse Necker comme un génie transcendant dans la partie des finances.

Des services aussi signalés excitaient toute la reconnaissance de Necker, qui trouvait dans son immense fortune des moyens de témoigner au marquis de Pesay sa sensibilité; il ne négligeait aucun moyen d'entretenir ces favorables dispositions; sa table, son esprit, son savoir, sa caisse, étaient aux ordres de Pesay, et la femme du banquier, par ses attentions, ses empressements et ses louanges, tâchait encore de rendre l'union plus intime.

La question du commerce des blés occupait depuis plusieurs années les esprits; elle fixa plus particulièrement l'attention sous le ministère de Turgot, partisan passionné d'une liberté indéfinie. Un événement extraordinaire, et dont on n'a pu découvrir le principe, ajouta encore à l'intérêt de cette question. Un grand nombre de paysans attroupés s'étaient répandus dans les environs de la capitale, et jusqu'à Versailles; sous le prétexte de la cherté du pain et de la rareté des blés ils pillaient les magasins, et des hommes qui se plaignaient du manque de blés jetaient la farine dans la rivière. Ils paraissaient plutôt se promener que se révolter; ils se transportaient paisiblement d'un lieu à un autre, et indiquaient d'avance leur marche. Ces mouvements manifestaient un principe d'effervescence qu'il était important au gouvernement de calmer; et c'est dans cette circonstance que Necker crut devoir faire paraître un ouvrage intitulé : *Essai sur la législation et le commerce des grains*, bien plus propre à enflammer les esprits qu'à les éclairer. Les objets de l'économie politique n'avaient été jusque-là traités que par des hommes instruits, qui avaient plus songé au fond des choses qu'à la manière de les présenter. Necker, sans approfondir la science, imagina qu'en répandant les fleurs de l'éloquence sur une question aussi intéressante, il se ferait lire des hommes de lettres, des gens du monde et des femmes; et que celui qui aurait trouvé le moyen de les initier en quelque sorte à la science du gouvernement, leur paraîtrait l'homme le plus éclairé. Son ouvrage, d'un style pompeux et oratoire, est rempli de principes généraux qui avaient déjà été développés dans un écrit ingénieux et profond : *Les Dialogues sur la liberté du commerce des blés*, par l'abbé Galliani.

Comme Necker cherchait principalement à faire sensation dans le public et à se faire lire des personnes qui primaient dans la société, il eut soin de semer dans son ouvrage quelques comparaisons brillantes, et d'y faire régner un ton sentimental propre à donner l'opinion de son amour pour l'humanité. Il laissa la question indécise, après avoir balancé le pour et le contre; et il évita, par cette conduite artificieuse, les attaques du parti, auxquelles il se serait trouvé en butte s'il eût adopté nettement une opinion décidée. En lisant cet écrit, on voit un homme qui ne cherche qu'à montrer de l'esprit et à augmenter l'incertitude sur l'objet le plus important à une nation agricole, et se joue de la question pour faire parade de ses forces; tandis que l'amour du vrai et de l'humanité prescrit à tout honnête homme le devoir impérieux de remonter aux principes, et d'éclairer de toute la lumière de son esprit une route ténébreuse.

L'écrit de Necker produisit l'effet qu'il en avait attendu : il eut un grand succès, surtout parmi ceux qui étaient opposés à Turgot, dont on redoutait l'austérité. Necker se déclarait contre les principes absolus, et attaquait ainsi directement l'opinion de Turgot et des économistes. Son ouvrage fut vanté par les gens de lettres, et Necker commença à être annoncé comme un législateur en finance. Turgot fut révolté contre un écrit dont il sentait le danger dans les circonstances critiques où se trouvaient la capitale et quelques provinces. Il fut indigné de la mauvaise foi de Necker, qui avait cherché auparavant à gagner sa bienveillance en feignant d'être du même sentiment que lui; enfin son zèle passionné pour l'intérêt public lui faisait voir avec une sorte d'horreur un homme qui, semblable à un escamoteur dont la dextérité fait paraître et disparaître une balle, semblait se jouer de l'humanité, en montrant la plus importante des questions tantôt sous une face, tantôt sous une autre. Un ministre proposa de faire mettre Necker à la Bastille ; mais Turgot, quoique violemment irrité, fit céder son ressentiment à ses inébranlables principes de tolérance.

Turgot ayant été remplacé par Clugny, l'inapplication de ce ministre augmenta les espérances de Necker, qui ne visait rien moins qu'à être à la tête des finances ; le marquis de Pesay l'appuyait de tout son crédit à la cour. La fortune rapide de Necker, sa capacité présumée d'après ses succès personnels dans la banque, firent croire au comte de Maurepas qu'il saurait attirer au trésor royal l'argent des capitalistes français et étrangers. Le superbe Necker, enveloppé d'une redingote, est venu plusieurs fois attendre chez le marquis de Pesay, au fond de la remise d'un cabriolet, le moment où il devait revenir de Versailles. Quand on songe que le même homme a si souvent parlé dans ses écrits de la noblesse de ses sentiments, de son mépris pour l'intrigue ; qu'il a tant de fois imprimé ces mots : « Un homme de mon caractère, » et qu'on se le représente caché dans cette remise du cabriolet de Pesay, on est porté à faire des réflexions sur les faiblesses de l'ambition ministérielle.

Taboureau, conseiller d'État, était depuis longtemps, et même sous Louis XV, désigné pour le ministère. Cette apothéose anticipée n'était pas vraisemblablement à son égard, comme pour certains autres, la manœuvre sourde d'un ambitieux qui, par des émissaires gagés, cherchait à force de se prôner lui-même à attirer les regards et à suggérer un choix devenu possible par un rare mérite. Taboureau était doux, simple, valétudinaire, dénué de cette énergie mâle qui enfante des innovations. S'il désirait un département, ce n'était pas le contrôle général, surtout dans la crise du moment, qui exigeait une tête forte et un génie profond; mais sa famille briguait pour lui; mais ses amis, en grand nombre à la cour et dans le conseil, assuraient qu'ils ne pouvaient trouver un homme plus ami du bien. A la vacance du contrôle général par la mort de Clugny, le marquis de Pesay ne craignit pas de proposer Taboureau : il avait de son côté sondé celui-ci, et il savait ce qui devait arriver.

En effet, le comte de Maurepas ayant déclaré à ce conseiller d'État que le roi l'avait nommé son contrôleur général, il commença par refuser, par le motif qu'il n'entendait rien à la manutention des finances. C'est où l'attendait Necker : il fit insinuer au ministre, par son protecteur, que cela ne devait point arrêter le choix du monarque; qu'on pouvait distraire de ce département la comptabilité, et que cette partie étant de son ressort, il s'en chargerait volontiers. C'était le marquis de Pesay qui disait tout cela pour Necker, et cela n'en avait que plus de consistance.

Le comte de Maurepas revint donc à la charge et répliqua à toutes les excuses de Taboureau, qui paraît s'être défendu de bonne foi. Il a été jusqu'à dire des choses mortifiantes pour le vieux ministre, en se retranchant sur son âge et sa mauvaise santé. Comme celui-ci lui objectait qu'il était encore jeune : « Quand on a passé cinquante ans, monsieur le comte, on » n'est plus guère propre aux affaires publiques. » C'était un argument *ad hominem*. Maurepas était trop intéressé à le renverser et à tenir ferme. Il mit en avant les ordres du monarque et sa résolution de lui donner un collègue propre à le seconder pour la partie qui lui répugnait. Cet espoir le fit accepter : il se flattait que la nomination en serait à sa volonté, que rien ne pressait, et fut tout étourdi quand il apprit que Necker était l'homme annoncé en même temps que lui sous la dénomination de *conseiller des finances et directeur général du trésor royal* sous les ordres directs du roi.

Taboureau n'a pas tardé à ouvrir les yeux et à se repentir. Il a conçu facilement qu'il ne serait que le simulacre, et que l'autre allait être le véritable contrôleur général. Cette faiblesse d'avoir accepté après avoir refusé, après être convenu de son impéritie dans les nouvelles fonctions qu'on lui destinait, a produit un mauvais effet dans le public; mais sa famille surtout a été furieuse et lui a reproché d'être ainsi la dupe d'une intrigue de cour et de l'ambition de son collègue. Le comte de Maurepas tenta vainement de fixer en détail les limites de chacun des deux promus. La mésintelligence s'établit presque aussitôt entre eux. Necker ayant été plusieurs fois chez le contrôleur général sans que celui-ci lui ait rendu le réciproque, déclara qu'il ne se transporterait plus chez Taboureau, qui, de son côté, se regardant comme le chef et le supérieur, exigeait cette déférence.

Ce partage de travaux et d'autorité, quoique assez mal imaginé, n'était pas absolument impraticable; mais il l'était entre Taboureau et Necker par l'incohérence et l'opposition de leurs caractères et de leurs idées : l'un, modéré et circonspect, tenant aux institutions et aux usages; l'autre, ne tolérant point un supérieur ni même un égal; entreprenant, inventif, désireux de se signaler par des innovations, et d'autant plus audacieux dans ses réformes qu'il ignorait quand les abus de ce qui existait étaient compensés par des avantages, et ne prévoyait pas les inconvénients de ce qu'il y substituait.

La discordance ne tarda pas à se faire sentir : Necker traçait des plans, proposait des projets, inventait des expédients; Taboureau les critiquait, mais n'en fournissait point d'autres, et par cette stérile discussion les affaires restaient en stagnation.

3.

Necker l'observa au comte de Maurepas, et lui déclara qu'il fallait qu'il fît le sacrifice de Taboureau ou de lui.

Le premier ministre avait plus de goût pour Taboureau que pour Necker; mais Taboureau, se bornant à élever des difficultés, ne mettait que des entraves dans les affaires; Necker, au contraire, faisait les plus belles promesses et assurait que, si on lui confiait l'administration des finances, il les rétablirait et pourvoirait au payement des dépenses et à l'acquit des dettes : Taboureau fut congédié, et le 2 juillet 1777, Necker fut nommé directeur général des finances. Cependant le comte de Maurepas, qui avait eu occasion de reconnaître l'esprit novateur et entreprenant de ce Génevois, l'assujettit à ne rien entreprendre sans son aveu et à ne travailler avec le roi qu'en sa présence.

# NECKER,

### DIRECTEUR GÉNÉRAL DES FINANCES.

(Premier ministère.)

---

### JUILLET 1777 A MAI 1784.

Comme Necker a été le ministre des finances qui sous le règne de Louis XVI a été le plus longtemps en place, qu'il a été plusieurs fois expulsé et rappelé, que nul autre ministre n'a eu une aussi grande influence sur les destinées de la France, il est intéressant de le peindre en détail, et de mettre en évidence sa physionomie et son caractère.

La conformation corporelle et les traits du visage sont souvent des indices des qualités intellectuelles et morales, et ces pronostics n'étaient points fautifs chez Necker: ses yeux étaient vifs, son regard perçant; il portait la tête fort élevée et même renversée, et il avait de l'affectation dans cette contenance, car le degré de renversement de sa tête était un thermomètre de sa situation politique. Ses formes sociales se ressentaient du genre de vie qu'il avait mené, du manque d'une éducation soignée, et de relations habituelles avec des personnes d'un certain ordre. Embarrassé quand il était obligé à des égards et au respect, révérencieux quand il voulait être poli, lourdement complimenteur quand il voulait flatter, il était dans la plaisanterie d'une pesanteur, d'une gaucherie qui seraient surprenantes dans un homme de tant d'esprit, s'il n'était connu que ce genre de ton tient à un usage du monde qui peut rarement être remplacé par l'esprit. Il avait un maintien gêné, désordonné, sans grâce, et jamais il n'en manquait plus que quand il voulait s'en donner; on ne trouvait point en lui un certain air de noblesse qui, dans tous les rangs, est l'expression naturelle du sentiment qu'a de lui-même un homme d'un grand caractère. Quand il a été en place, quelquefois il a voulu affecter de la dignité, mais ce n'était qu'une morgue ministérielle plus déplaisante, plus offensante que l'insolence polie d'un ministre homme du monde.

Toujours agité par des désirs, des regrets, des jouissances, des privations; par l'incapacité de se suffire à lui-même et de contenir son âme en paix, le fond de son caractère était un amour-propre qui excédait la mesure ordinaire de la vanité humaine; ce sentiment, élément en lui de tous les autres, perçait dans ses discours, dans ses écrits, dans ses entreprises, dans ses actions; sans cesse il se prodiguait des éloges, et était d'une grande parcimonie pour les autres de peur de diminuer sa part.

Parvenu au ministère, Necker ne s'occupa que des moyens d'éblouir le public et d'exciter son enthousiasme; à un amour effréné de la célébrité et de la gloire, il joignit l'intolérance de toute contradiction et l'impatience de la subordination. Après avoir promptement trouvé les moyens de se délivrer de la dépendance de Taboureau, mais étant toujours sous celle du comte de Maurepas, il conçut le projet de s'y soustraire; ce fut dans cette intention qu'il publia en 1781 le fameux *Compte rendu,* où il exposa avec ostentation ses grandes et bienfaisantes vues, et laissa à l'écart la participation et l'influence du comte de Maurepas dans l'administration des finances; son objet était de se créer, dans le vœu national, un point d'appui de sa fortune ministérielle, de se rendre nécessaire et de balancer la supériorité du crédit du comte de Maurepas auprès du roi par la faveur populaire.

Le vieux et rusé ministre était trop accoutumé aux intrigues de cour et au manége ministériel pour ne pas apercevoir et apprécier l'objet de Necker, et il sentit dès lors la nécessité de le perdre, mais il était trop habile et trop fin pour l'attaquer directement; il crut plus expédient de profiter de ses défauts pour le faire marcher lui-même à sa perte. Necker découvrit que Sartines, ministre de la marine, avait chargé ce département de 20 millions de dettes dont il ne lui avait pas donné connaissance. Necker se plaignit avec raison de cet excédant de dépense, qui mettait un grand dérangement dans l'ordre établi pour les comptes du trésor : il demanda le renvoi de Sartines. Le comte de Maurepas non-seulement le lui sacrifia, mais pour éviter à l'avenir les excédants de dépense dans ce département, qui dans ce moment exigeait les fonds les plus considérables, la guerre étant maritime, il proposa à Necker de joindre le ministère de la marine à celui des finances, et lui cita pour exemple Colbert, qui avait réuni les deux ministères et y avait eu le plus grand succès, et il ajouta qu'il ne croyait point qu'il eût moins de capacité que Colbert : ce que le comte de Maurepas ne pensait nullement, et ce que Necker était très-disposé à croire. L'intention secrète de Maurepas était de compromettre Necker en mettant à découvert son ambition démesurée, qui lui faisait prendre une place et des fonctions dont il n'avait aucune notion, et de le perdre par les fautes qu'il y ferait.

La vanité de Necker fut d'abord flattée de gonfler ainsi son existence ministérielle : il fut tenté d'accepter cette offre insidieuse; mais après avoir réfléchi que les finances, dont il connaissait le dédale, exigeaient déjà tous ses efforts, et que par la diversion d'attention qu'entraînerait l'administration de la marine, qui lui était pour ainsi dire inconnue, il tomberait inévitablement dans de grandes fautes qui lui feraient perdre sa haute réputation, il renonça à cette place et préféra de la faire donner au duc de Castries, avec lequel il avait des liaisons intimes, et dont, par ce procédé, il s'assurait l'assistance avec d'autant plus de certitude que la loyauté du noble duc ne laissait aucun doute sur sa fidélité aux engagements que lui ferait contracter la reconnaissance; par ce moyen, Necker devait être informé de tout ce qui se passerait dans le conseil et même pourrait y faire proposer ses idées (1).

Mais ce choix n'était pas dans les vues du comte de Maurepas. Necker ne pouvant espérer de prévaloir sur lui auprès du roi, il usa de subterfuge pour faire agréer cette nomination par le monarque : il profita d'un jour que le comte de Maurepas était tourmenté par la goutte; il alla le trouver pour se rendre avec lui chez le roi, comme à l'ordinaire. Quand Maurepas lui eut observé que son incommodité l'empêchait de sortir, il dit que cela étant ainsi, il remettrait son travail avec le roi à un autre jour.

---

(1) A cette époque Necker, quoique directeur général des finances, n'avait point entrée au conseil, à cause de sa religion, qui n'était pas catholique; on verra plus tard que ce fut le motif qui lui fit donner sa démission de ce premier ministère.

A peine avait-il fait cette proposition obligeante, qu'on vint de la part du roi dire que Sa Majesté demandait Necker. Le vieux ministre sentit dans le moment que cet ordre du roi avait été ménagé par Necker, et lui fit pressentir que, s'il s'avisait de prendre quelques mesures contraires à ses vues, il pourrait s'en repentir; il prolongea la conversation, lui raconta plusieurs anecdotes de circonstance, entre autres, que Chauvelin, qui avait voulu se soustraire à la suprématie du cardinal de Fleury, avait été disgracié. L'à-propos était si frappant, que Necker, en rapportant cette conversation, disait qu'il rougissait pour le comte de Maurepas de la témérité de cette démarche; mais l'important était de se faire entendre et craindre. Necker ne tint aucun compte de cet avertissement, et profita de son travail seul avec le roi pour faire nommer le duc de Castries au ministère de la marine.

Necker fit un règlement pour la liquidation des dettes et le payement des dépenses de la maison du roi (1). Le désordre était à son comble, les dettes arriérées montaient à des sommes énormes, et les dépenses courantes ne se payaient jamais moins de quatre ans après l'époque où elles avaient été faites; de là naissaient deux inconvénients graves : d'une

---

(1) 12 décembre 1776.

part, des marchés toujours chers et souvent scandaleux étaient passés avec les fournisseurs, qui, incertains de l'époque de leur payement, se croyaient en droit d'exiger des conditions onéreuses, et d'un autre côté, les ordonnateurs ne pouvaient être soumis à aucun contrôle, puisque le ministre des finances n'avait jamais les moyens de comparer annuellement les dépenses avec les recettes (1).

Parmi les économies dues à l'administration de Necker, on peut citer la grande suppression de charges qui eut lieu dans la maison du roi en 1780 (2). Plus cette réforme était commandée par la raison, plus elle était inabordable à la critique, et plus elle valut d'ennemis au ministre qui eut le courage de l'ordonner. Dès l'année précédente, treize offices de trésoriers avaient été supprimés dans les maisons du roi et de la reine.

Pour concevoir en quoi cette réforme était en effet hardie, il faut savoir que les charges subalternes de la maison du roi étaient vendues par les grands officiers en proportion des profits illicites que l'on pouvait y faire, et qu'élevant quelquefois la finance de ces charges à des prix exorbitants, ils

---

(1) Arrêt du 9 janvier 1780.
(2) Édit du 17 août 1780, qui supprima quatre cent six charges de la bouche et du commun.

se trouvaient engagés à dissimuler les abus les plus scandaleux.

Des édits ayant averti le public qu'une grande réforme se préparait, l'achat des charges subalternes avait cessé, et quelques mois après Necker put accomplir la suppression dès longtemps méditée de cette multitude d'officiers qui étaient à la fois fournisseurs, apprêteurs et convives.

Voici les titres d'une partie de ces quatre cents charges, dont quelques-unes conféraient la noblesse, et qui toutes exemptaient de divers impôts au préjudice des contribuables des provinces. Les noms indiquent assez le genre des fonctions :

Dix-huit gentilshommes servants,

Seize contrôleurs clercs d'office,

Treize chefs et cinq aides de panneterie-bouche,

Treize chefs et cinq aides de panneterie-commun,

Treize chefs et cinq aides d'échansonnerie-bouche,

Vingt chefs et douze aides d'échansonnerie-commun,

Quatre coureurs de vin,

Huit sommiers de bouteilles,

Deux conducteurs de la haquenée,

Dix écuyers de cuisine-bouche et douze écuyers de cuisine-commun,

Quatre maîtres-queux de cuisine-bouche et huit maîtres-queux de cuisine-commun,

Seize hâteurs de rôts,
Quinze galopins,
Seize porteurs,
Deux avertisseurs,
Douze chefs et douze aides de quartier pour la fruiterie,
Deux aides pour les fruits de Provence,
Six sommiers des broches,
Six porte-tables, etc., etc., etc.

Necker continua à réduire et supprimer toutes les dépenses superflues et les gains illicites; probité et publicité, telles ont été ses seules maximes invariables : le règlement pour les dépenses de la maison du roi fut accompagné d'un autre acte non moins important, pour restreindre les pensions, les croupes et autres grâces pécuniaires. On se rappelle que, sous le nom trivial de *croupes,* on désignait les intérêts dans les bénéfices de la ferme générale, attribués à des personnes que l'on voulait favoriser. On a déjà vu que ce genre d'abus avait été porté si loin sous l'abbé Terray, que les croupes absorbaient le quart des bénéfices de la ferme et que, sur soixante fermiers généraux, cinq seulement avaient place entière, tandis que tous les autres étaient grevés de croupes et de pensions (1).

---

(1) Voyez *Introduction*, tome I, page 37 et suivantes.

Il en résultait que les croupes cachaient aux yeux du souverain l'étendue des grâces qu'il accordait, en même temps que l'on parvenait souvent à faire envisager cette espèce de dons comme une simple distribution d'intérêt indifférente aux finances du roi; quoiqu'il fût aisé d'apercevoir que tous ces partages, dans les bénéfices des fermiers, retombaient tacitement sur le prix du bail et diminuaient les revenus du royaume, la gêne habituelle du trésor mettait obstacle à la distribution des gratifications en argent, et on accordait avec la plus insouciante facilité des grâces infiniment plus onéreuses pour l'État.

Il existait six charges d'intendants des finances; chacun de ces six intendants était chargé d'une division du ministère; ils étaient subordonnés au ministre; mais la stabilité de leurs places, leur naissance, leur fortune, les portaient à affecter une grande indépendance; ils refusèrent de travailler avec un directeur général qui n'avait pas entrée au conseil. Il fallut les supprimer et les remplacer par des premiers commis.

La ferme des postes fut convertie en régie; par suite de cette mesure, on vit un des fermiers qui regrettait beaucoup que son bénéfice de 80,000 livres fût réduit à un traitement de 30,000 livres: c'était faire l'éloge de l'opération.

Le ministre refondit la ferme générale et toutes

les autres fermes et régies, et les divisa en trois grandes compagnies de finances.

La première, qui conserva le nom de *ferme générale*, eut les droits sur l'importation et l'exportation des marchandises, et les revenus résultant de priviléges exclusifs. Sous ces deux titres étaient comprises les gabelles, les traites, les entrées de Paris et la vente exclusive du tabac.

La seconde, nommée *régie générale*, était chargée des droits sur les consommations, dont les aides étaient les plus considérables.

Les domaines corporels et les domaines incorporels, c'est-à-dire les droits domaniaux et ceux du contrôle des actes, étaient confiés à la troisième compagnie, qui prit le titre d'*administration générale*.

Plusieurs avantages résultaient de ce nouvel ordre; on réduisait le nombre des fermiers et régisseurs moins à la vérité que ne le désirait le ministre, par la nécessité où il se trouva de ménager l'intérêt personnel, ce grand, cet éternel ennemi de l'intérêt public. En réunissant des parties analogues entre elles, on réduisait les agents et les frais de la perception. L'administration de ces parties devenait plus simple, plus facile et plus prompte; enfin la comptabilité acquérait plus de clarté et de précision.

Mais le plus grand avantage que l'État retirait de

cette création de trois compagnies, c'est que, quoique l'une eût conservé le nom de *ferme générale*, il n'y avait réellement plus de fermes; toutes trois étaient des régies intéressées. La première avait bien un prix de bail de 122 millions; mais comme les fermiers ne participaient aux bénéfices que quand les produits surpassaient 126 millions, c'était réellement une régie intéressée. La seconde et la troisième n'avaient point de prix de bail, et n'entraient dans les bénéfices qu'au delà d'un produit fixé pour chacune à 42 millions.

Cette opération concilia tous les suffrages; elle n'eut point d'opposants, parce que les fermiers généraux, riches, et dès lors puissants, furent distribués dans les trois compagnies. Calonne même, le grand antagoniste de Necker, et ministre après lui, n'osa changer ces trois administrations, qui ne furent détruites que par les désordres de la révolution.

La vérification des biens-fonds, commencée en 1771, pour asseoir d'une manière égale la taxe des vingtièmes, fut continuée (1); de telle sorte qu'une vérification, une fois faite, ne pouvait plus être renouvelée avant vingt années révolues, espace de temps suffisant pour donner une tranquillité parfaite aux propriétaires. La taille et la capitation tail-

---

(1) Arrêt de novembre 1777.

lable, qui, auparavant, étaient déterminées arbitrairement par de simples arrêts du conseil, furent fixées d'une manière invariable pour chaque province (1).

Necker organisa des administrations provinciales composées de propriétaires de différents ordres, qui s'assemblaient tous les deux ans, et qui dans l'intervalle étaient représentés par des députés de leur choix. Les fonctions de ces administrations consistaient à répartir les impositions, à proposer au roi les formes les plus favorables à sa justice, à prêter une oreille attentive aux contribuables, à diriger la confection des routes, à choisir, pour y parvenir, la manière la moins onéreuse au peuple; fonctions importantes, dont auparavant les agents du gouvernement étaient investis; aussi cette mesure, diversement jugée, ne contribua pas peu à étendre la popularité du ministre.

L'innovation la plus importante qui ait été faite par Necker est la publication annuelle du compte des revenus et des dépenses de l'État : le *Compte rendu en 1781* a commencé une nouvelle ère pour les finances. Cette publicité mit à découvert des inégalités et des injustices entre les diverses classes des sujets et entre diverses provinces, d'énormes dépenses faites sans

---

(1) Déclaration du 13 février 1780.

avantage réel, des dons sans cause, une exagération récente de la masse des pensions, nombre d'autres abus qu'il suffisait de divulguer pour qu'ils fussent supprimés. Certes, ce fut alors une idée hardie que d'oser mettre le public dans la confidence des recettes et des dépenses du trésor, à une époque où l'on croyait ne devoir aucun compte aux citoyens des deniers qu'ils payaient au gouvernement; c'est à dater de ce jour que les Français ont connu annuellement le budget du royaume. La France entière fut transportée d'allégresse à la première lecture du *Compte rendu* par Necker, et, chose que l'on aurait peine à croire aujourd'hui, il y eut des hommes qui se prononcèrent contre la convenance de sa publicité. Enfin, ce compte offrait à la nation un état de finances où la recette annuelle excédait de 10 millions la dépense ordinaire.

Reportons-nous pour un instant à l'époque où Necker fut appelé à diriger les finances: Une succession non interrompue de banqueroutes, depuis Law, et l'on pourrait même dire depuis Sully jusqu'à l'abbé Terray, avait déshonoré l'État et discrédité ses engagements. Le mot même de banqueroute avait presque cessé d'être un terme de blâme, et l'on en était venu vers la fin du règne de Louis XV à considérer comme une des ressources ordinaires du gouvernement ces manques de foi dont l'injustice égale à peine l'absurdité. Aucune publicité en matière de finances ne permettait aux prêteurs de savoir sur quelle garantie reposait l'argent qu'ils confiaient à l'État; aucun ordre dans la comptabilité ne permettait au ministre lui-même de juger avec exactitude des ressources dont il pouvait disposer. Une seule chose était certaine : c'est que les dépenses fixes excédaient les revenus ordinaires d'une somme considérable. Telle était la situation des finances après quinze années de paix, et ce fut de là que partit Necker pour faire la guerre sans augmenter les impôts et sans causer par ses emprunts aucune baisse dans le prix des effets publics : bien loin de là, ils montèrent progressivement depuis l'année 1776 jusqu'en 1781 (1). Les rescriptions, qui perdaient 16 pour cent en 1776, ne perdaient plus que 8 pour cent au moment de la retraite de Necker : ce ministre a emprunté 530 millions dans le cours de quatre années, savoir :

---

(1) Staël-Holstein, *Notice sur Necker*.

300 millions sont le produit de rentes viagères ou de loteries, négociés directement par le trésor royal;

97 *idem* proviennent d'emprunts faits par l'intermédiaire des pays d'états;

36 *idem* ont été empruntés sur le crédit de la ville de Paris, du clergé et de l'ordre du Saint-Esprit;

9 *idem* ont été empruntés à Gênes;

48 *idem* représentant les cautionnements et les avances de différents employés des fermes et régies;

40 *idem* sont le résultat d'un accroissement des anticipations.

---

530 millions.

La partie brillante de l'administration de Necker était le maniement du crédit public; jusqu'alors nul ministre en France n'avait porté plus loin l'art d'inspirer de la confiance aux capitalistes, n'avait mieux réussi à obtenir de l'argent de l'étranger (1); nul n'avait élevé les emprunts à des sommes plus fortes, ne les avait, en temps de guerre, constitués à un

---

(1) Dans l'emprunt de 1781, les soumissions de l'étranger ont été portées jusqu'au tiers du total de l'emprunt, sauf les reventes faites ensuite aux nationaux.

denier plus faible, et n'était parvenu à les faire remplir plus promptement. Presque tous les emprunts, sous les précédents ministères, ont perdu; les siens gagnaient; et, tel était son talent magique, qu'un emprunt le conduisait à en ouvrir un autre et à obtenir l'argent à un taux inférieur. Necker avait découvert en France des ressources de crédit jusqu'alors inconnues; il savait que les emprunts des pays d'états ne fournissaient jamais que des sommes fort modiques, qu'il n'y avait dans tout le royaume que Paris où l'on pût trouver des capitaux disponibles pour négocier des rentes; que cette capitale renfermait une véritable nation prêteuse, composée de financiers, de capitalistes, de rentiers, de pourvus d'office, qui, à raison de leurs charges, avaient déjà des rentes sur l'État à un bas intérêt, et qui tous étaient disposés à accroître leurs revenus en achetant des contrats de rentes viagères avec le fruit de leurs économies; cette nation prêteuse se composait surtout d'une foule d'anciens serviteurs des princes ou des grands seigneurs que la cour attirait à Paris et à Versailles.

Toutes ces diverses classes d'individus, pour la plupart célibataires, avaient des motifs particuliers à leur situation pour rechercher de préférence les placements en viager. A cette époque, on ne connaissait pas encore bien les ressources du crédit pour emprunter en perpétuel; sous cette forme, on craignait de ne rencontrer que fort peu de prêteurs; pour les rentes viagères, au contraire, les prêteurs paraissaient tout trouvés : aussi a-t-on reproché à Necker d'avoir, plus qu'aucun de ses prédécesseurs, fait usage d'un genre d'emprunt essentiellement immoral, puisqu'en portant les citoyens à des placements d'argent bornés au terme de leur existence, il inspire l'égoïsme et détruit l'esprit de famille.

Necker avait en outre observé que le peuple de Paris avait, plus qu'aucun autre, le goût de courir les chances de la fortune; c'est ce qui l'engagea à employer la forme des loteries pour faire deux emprunts remboursables à échéances, et un autre emprunt en 25,000 lots de rentes perpétuelles et viagères (1).

On publiait des libelles contre Necker; un Mémoire rédigé contre la fidélité du *Compte rendu* parut au directeur des finances exiger une répression éclatante; l'intérêt de l'État, comme le soin de son propre honneur, faisaient un devoir à Necker de confondre la calomnie; il exigea donc que les imputations de l'auteur du Mémoire fussent confrontées devant un comité de membres du con-

---

(1) Le prix des obligations de la ville de Paris, comparé avec leur valeur réelle, prouve que le goût du peuple de la capitale pour les emprunts en loterie est resté le même aujourd'hui qu'avant la révolution.

seil. Cet examen, qui eut lieu en présence de trois ministres, Maurepas, de Vergennes et Miromesnil, ne laissa pas l'ombre de doute sur l'insigne fausseté du Mémoire. A la suite de cette affaire, Necker désira qu'une marque non équivoque de l'approbation du roi le mît en état de lutter avec succès contre les attaques toujours renaissantes de ses ennemis. Il demanda donc l'entrée au conseil (I), trouvant extraordinaire que le chef, chargé de pourvoir aux dépenses du royaume, restât étranger à la discussion des intérêts politiques. Maurepas lui répondit que sa religion était un obstacle invincible à ce qu'il prît séance au conseil; Necker offrit sa démission, et écrivit au roi la lettre que voici :

« La conversation que j'ai eue avec M. de Mau-
» repas ne me permet pas de différer de remettre
» entre les mains du roi ma démission. J'en ai l'âme
» navrée, et j'ose espérer que Sa Majesté daignera
» garder quelque souvenir de cinq années de travaux
» heureux, mais pénibles, et surtout du zèle sans
» bornes avec lequel je m'étais voué à la servir. »

Necker, en quittant le département des finances, remit au roi un compte particulier dont son succes-

---

(1) Necker, à cette époque, n'avait que le titre de directeur général des finances, et ne pouvait en cette qualité assister au conseil.

seur reconnut la parfaite justesse, et constatant qu'il y avait 80 millions au trésor royal, en espèces ou en valeurs; que les fonds demandés pour la campagne de 1781 étaient rassemblés, et qu'il restait encore 84 millions, dont la rentrée paraissait assurée pour l'année suivante.

# JOLY DE FLEURY,

### CONTRÔLEUR GÉNÉRAL DES FINANCES.

#### ANNÉE 1781 A 1783.

Il était plus facile de renvoyer Necker que de le remplacer : l'ordre qu'il avait établi dans les comptes du trésor, des moyens nouveaux de crédit, la faveur populaire qu'il avait obtenue, rendaient embarrassante et pénible la place de son successeur. Le comte de Vergennes, qui avait déjà le département des affaires étrangères, se fit nommer chef du conseil de finances : 60,000 livres d'appointements attachées à cette place la faisaient regarder comme une récompense pécuniaire. Il imagina de se servir de son nouveau titre pour être maître de la répartition des fonds du trésor, et il associa à ses vues Joly de Fleury comme contrôleur général. Ce dernier avait beaucoup d'esprit, mais ce n'était pas le genre d'esprit qui convient le mieux aux affaires : il avait plus de réputation que de talent réel; il mettait beaucoup de finesse dans ses procédés, et ses ennemis prétendaient que cette finesse allait au delà des bornes que prescrivent la véracité et la loyauté; ceux qui le jugeaient moins défavorablement trouvaient qu'il n'était pas très-fin, puisqu'il laissait voir ce qu'il était.

Le garde des sceaux Miromesnil n'aimait point Joly de Fleury et se méfiait de ses vues sur la première place de la magistrature; c'était pour l'en écarter qu'il l'avait engagé à en prendre une où l'on ne restait pas longtemps sans tomber dans la défaveur. Le comte de Maurepas lui demanda, au nom du roi, de prendre l'administration des finances, et lui dit que Sa Majesté lui en saurait gré comme d'une marque de zèle et de dévouement, et que l'acceptation de cette place, loin de l'écarter d'aucune autre, le conduirait à celle qu'il pouvait désirer. Joly de Fleury accepta; mais, pour marquer qu'il ne prenait l'administration des finances que d'une manière précaire, il ne s'établit point à l'hôtel du contrôle, et ne prit pas même le titre de contrôleur général, qui, en effet, n'était pas nécessaire pour gérer les finances, car cette administration n'était attribuée qu'au titre de conseiller au conseil royal de finances.

Bourgade, qui avait servi utilement et avec distinction à la tête des vivres pendant les guerres de 1740 et de 1756, avait été mis à l'administration des finances pour en être l'âme et pour suppléer au peu d'habitude du nouveau contrôleur général dans un département dont il n'avait nulle notion, Bourgade commença par se lâcher en propos sur les déprédations pécuniaires du duc de Castries : dans ses plaintes, soutenues par Joly de Fleury, il se récriait principalement sur les lettres de change qui arrivaient journellement des colonies et qui épuisaient le trésor royal, montrant la plus grande frayeur sur celles qui viendraient de l'Inde, qu'il supposait devoir être plus considérables, et qu'on serait dans l'impossibilité d'acquitter. C'était un texte de conversations chez d'Harvelay, banquier de la cour, homme de fort peu d'esprit, mais dont la femme en avait beaucoup, et qui rassemblait tous les soirs chez elle Bourgade, Foulon, Calonne et d'autres encore, qui tous avaient des prétentions à la place de contrôleur général.

Le comte de Vergennes et Joly de Fleury persuadèrent facilement au roi que la situation était désespérée ; qu'on ne pouvait y remédier que par un de ces moyens iniques que les monarques emploient dans les moments de crise, et lui montrèrent comme une nécessité absolue celle de suspendre le payement de toute lettre de change venant des colonies. Louis XVI donna son consentement, et les rues furent inondées de crieurs qui proclamaient et distribuaient un arrêt annonçant la suspension de payement des lettres de change des colonies. Voilà comme l'on en vint à un moyen aussi barbare que celui de retenir le remboursement de gens qui avaient avancé leurs propres deniers pour le payement des troupes et le succès des opérations maritimes, et à un parti aussi destructif du crédit du roi, de ce crédit qui vivifie tout dans une monarchie, surtout en France, et sans lequel tout tombe dans la langueur et bientôt dans la destruction.

On fit croire au roi que, pour donner de la force au ministre des finances et de la confiance au public, il ne fallait pas que les opérations émanassent de lui seul, mais établir un comité où tout ce qui avait rapport à l'argent fût porté, discuté, décidé, à l'exemple du conseil de finances qui avait eu lieu sous la régence du duc d'Orléans. D'après ce spécieux prétexte, il fut fait une déclaration du roi, en plusieurs articles qui portaient en substance que Sa Majesté créait un comité composé du comte de Vergennes, de Miromesnil et de Joly de Fleury, où toute affaire de finance serait rapportée, qui déciderait de toute nouvelle grâce et de toute nouvelle dépense, et où tout administrateur serait appelé lorsqu'il serait question de son département.

Le public et surtout les gens de finance, qui ne jugent que d'après leurs intérêts, applaudirent à cet arrangement, pensant être par là à l'abri de l'arbitraire d'un contrôleur général et des spéculations souvent fautives d'un seul homme. Les courtisans ne furent pas flattés de voir qu'à l'avenir les dons et les faveurs pécuniaires dépendraient d'un triumvirat; les hommes impartiaux s'affligèrent de voir le département de la finance entre les mains du comte de Vergennes, qui n'entendait pas cette matière aussi bien que la diplomatie; de Joly de Fleury, homme sans connaissance de la chose; du garde des sceaux Miromesnil, tout aussi neuf, et tellement surchargé par les détails de sa place, qu'à peine les journées pouvaient y suffire, bien loin qu'il eût du temps de reste pour s'occuper d'affaires de finances, et même en prendre des notions.

Dans tout ce qu'il fit, Joly de Fleury chercha à changer et à détruire ce que Necker avait fait de sage et d'utile. Il n'y eut plus de créations d'administrations provinciales; celles établies restèrent en stagnation. Ce qui était important et même indispensable pour maintenir le crédit était de donner des bases réelles aux emprunts de Necker par une augmentation de revenu, sur laquelle fût assis le payement des intérêts de ces emprunts; à cet effet, il porta les impôts déjà établis à un taux beaucoup plus haut, sans distinction de ce qui était déjà excessif ou de ce qui pouvait être exhaussé. C'est au milieu d'un tel état de choses que l'on ajouta un troisième vingtième aux deux vingtièmes qui existaient déjà, que l'on établit deux nouveaux sous pour livre à tous les droits qui étaient perçus par les receveurs généraux, les fermiers généraux et les régisseurs généraux des aides. Il fut créé pour 18,400 000 livres de rentes viagères au capital de 190,000,000; enfin Joly de Fleury, ayant tenté de négocier un emprunt de 10,000,000 de rentes, n'en put réaliser que la moitié. Malgré tous ces moyens extraordinaires, il ne put se maintenir longtemps en place; le roi lui fit demander sa démission.

Le baron de Bezenval ayant demandé à la duchesse de Polignac le motif du renvoi de Joly de Fleury, elle lui répondit « qu'étant sans crédit et » sans espérance qu'il en prît jamais, on ne pouvait » plus trouver un écu; qu'indépendamment de cette » raison un peu importante pour un contrôleur » général, ses qualités n'avaient pu déterminer à » passer par-dessus ce petit inconvénient. »

# D'ORMESSON,

### CONTRÔLEUR GÉNÉRAL DES FINANCES.

#### ANNÉE 1783.

Le comte de Vergennes, ministre des affaires étrangères, qui était alors intimement lié avec le garde des sceaux Miromesnil, s'en rapporta à lui pour la proposition au roi d'un successeur à Joly de Fleury. Le choix tomba sur d'Ormesson, neveu d'une femme pour qui le garde des sceaux avait beaucoup d'attachement, sans toutefois que ce sentiment parût être autre chose que le goût qu'inspire à un homme d'esprit la société d'une femme aimable. D'Ormesson était un conseiller d'État connu avantageusement par un acte de désintéressement (1).

---

(1) D'Ormesson et de Noyseau, son cousin, avaient refusé un legs universel, montant à près d'un million, que leur avait fait en commun le marquis de Rosmadec, gentilhomme breton, dont la femme, née d'Ormesson et morte en 1782,

Appliqué à ses devoirs, grand travailleur, très-studieux, mais ayant la tête étroite, voyant les affaires sous de petits rapports, plus occupé des formes que des principes, et s'étant livré aux discussions judiciaires, dont le conseil, depuis quelque temps, était surchargé; il était encore jeune, et quand il fit au roi ses remercîments, il témoigna la défiance de lui-même qu'inspirait son âge; le roi lui répondit : « Je suis plus jeune que vous, et j'occupe une plus » grande place que celle que je vous donne. »

D'Ormesson pouvait fonder la défiance de lui-même sur d'autres motifs que son âge : en effet, son incapacité fut bientôt reconnue. Dans les comités qui étaient tenus avant que les affaires fussent portées au conseil, plusieurs fois d'Ormesson se trouva si embarrassé et s'expliqua si mal, qu'on fut obligé de faire venir son premier commis pour le suppléer. Cependant, malgré la démonstration de son insuffisance, il resta en place tant qu'il fut soutenu par

---

leur avait déjà assuré sa fortune. MM. d'Ormesson remirent tout, sans balancer, aux héritiers naturels de l'homme qui avait voulu disposer de son bien en faveur de ces deux magistrats. Ils acceptèrent seulement un diamant. A peu près dans le même temps un premier président de cour souveraine, portant aussi un nom honoré dans la magistrature, avait gardé une succession immense que lui avait léguée un greffier de cette même cour, dont il était le chef. L'opposition de conduite fut vivement sentie.

le comte de Vergennes et Miromesnil; mais ces deux ministres s'étant brouillés, il se rangea du côté de Miromesnil, à qui il devait son élévation, et indisposa vivement le comte de Vergennes en le chicanant sur de petits intérêts personnels, auxquels ce ministre était très-sensible. Dès lors, il éprouva nombre de désagréments, dont un des plus marqués fut que le roi acheta Rambouillet sans l'en informer. Il se plaignit à Louis XVI de n'avoir été instruit de cette acquisition que par le public; le monarque lui répondit qu'il ne lui en avait point parlé parce que des arrangements étaient pris pour payer cette acquisition sans lui demander de fonds. Dans la crise où étaient les finances, faire un semblable achat, et le faire sans en parler au contrôleur général, était un défaut de confiance évident; il fallait saisir cette occasion de donner une démission qui eût été honorable. On le fit sentir à d'Ormesson : il le reconnut; mais ayant informé du parti qu'il allait prendre sa femme, qui avait une grande influence sur ses déterminations, elle pleura et le fit renoncer à ce projet. Tout ce qu'il y gagna fut de rester quelques jours de plus en place, et au lieu de se retirer avec dignité, il fut renvoyé honteusement, d'autant que par les fautes les plus graves il justifia et nécessita son renvoi.

Deux emprunts-loteries de chacun 24 millions de capital furent négociés sous le ministère de d'Ormesson. Ce contrôleur général, dans un moment où il ne pouvait se dissimuler qu'il était sans crédit et sans considération, quitta les errements d'une administration jusqu'alors insignifiante pour se permettre plusieurs coups de force aussi imprudents qu'injustes. D'abord il tira secrètement de la caisse d'escompte 6 millions, qu'il fit verser au trésor royal, et pour sauver cet établissement d'une banqueroute totale, il fit rendre un édit par lequel il défendait à cette caisse de rembourser aucun billet au-dessus de 300 livres avant le mois de janvier suivant; ordonnant en même temps que tous ses billets auraient cours dans le commerce et seraient reçus comme comptant par tous les marchands et dans toutes les caisses. On savait d'ailleurs qu'il n'y avait que 360,000 livres en argent au trésor royal, et pas un écu dans aucune caisse; la distraction des fonds de la caisse d'escompte avait été découverte; en même temps, d'Ormesson cassa le bail des fermes et fit ordonner sa conversion en régie. Une seule de ces dispositions aurait suffi pour le perdre, c'est ce qui arriva.

# CALONNE,

CONTRÔLEUR GÉNÉRAL DES FINANCES.

9 NOVEMBRE 1783 AU 8 AVRIL 1787.

D'Harvelay, banquier de la cour, entreprit de profiter des fautes de d'Ormesson pour le faire renvoyer, ce qu'il savait être agréable au comte de Vergennes, avec lequel il était en relation comme dépositaire des fonds des affaires étrangères; et en même temps il voulait faire donner la place de contrôleur général à Calonne qu'il aimait, moins cependant que ne l'aimait madame d'Harvelay. Il alla à Fontainebleau, où était la cour, et eut une conférence avec Vergennes, qui se refusa d'abord à proposer au roi Calonne pour le ministère des finances, parce que douze ou quinze jours auparavant Louis XVI en avait parlé d'une manière plus que défavorable; mais cet obstacle fut levé avec une grande adresse. Ce fut un ami du comte de Vergennes qui traça le mécanisme de cette intrigue; il fut convenu que d'Harvelay retournerait sur-le-champ à Paris, et on lui dicta la lettre qu'il devait écrire de Paris au ministre des affaires étrangères. Il manda qu'il était effrayé de l'indisposition générale qu'avaient produite les fausses opérations de d'Ormesson; que, s'il restait en place, le crédit et les finances étaient perdus; qu'il n'y avait point de temps à perdre pour le renvoyer; qu'il ne connaissait personne qui pût le remplacer que Calonne; qu'il ne donnait cet avis que par zèle pour le service du roi et le bien de l'État. En même temps, il fut convenu que le courrier du comte de Vergennes, qui devait apporter cette lettre, s'arrangerait pour n'arriver à Fontainebleau qu'à neuf heures du soir.

A cette heure, le roi était retiré dans son intérieur et soupait avec la famille royale. Le comte de Vergennes, profitant de cette circonstance, fit passer cette lettre au roi, en marquant qu'elle lui paraissait trop instante pour différer d'en donner connaissance à Sa Majesté. Le lendemain matin, le roi demanda au comte de Vergennes ce qu'il estimait qu'il y avait à faire; le ministre des affaires étrangères répondit que, pour d'Ormesson, il était impossible qu'il restât en place; que, quant à Calonne, il ne le connaissait pas particulièrement, mais qu'il avait toujours entendu parler avantageusement de ses talents. En conséquence, d'Ormesson fut renvoyé, et Calonne le remplaça sans qu'on pût dire que le comte de Vergennes l'eût proposé.

Calonne avait été intendant de Flandre : dans cet emploi, rien n'avait illustré ni même distingué son administration; cependant son intervention dans toutes les affaires où il avait des droits ou un prétexte pour énoncer une opinion, quelques mémoires assez bien rédigés, une grande jactance, des suffrages obtenus par de grandes complaisances pour quiconque avait accès auprès du trône ou du crédit à la cour, lui avaient acquis une réputation de talent. Depuis longtemps il désirait paraître sur le théâtre ministériel, et le moment où il parvint à y monter le mit au comble de la joie : il n'aperçut qu'une perspective de gloire et de bonheur. Comme ce contrôleur général des finances a eu une grande célébrité et une grande part aux événements qui ont influé sur les destinées de la France, comme ses talents ont eu des admirateurs et des détracteurs, comme sa moralité a été justement censurée, il est convenable d'esquisser les principaux traits qui le caractérisent.

Qu'on se représente un homme grand, assez bien fait, l'air leste, le visage n'étant pas sans agrément, une figure mobile, et de moment en moment changeant d'expression, un regard fin et perçant, mais marquant et inspirant de la méfiance, un rire moins gai que malin et caustique : voilà l'extérieur de Calonne.

La vivacité d'un jeune officier, l'étourderie d'un

écolier, l'élégance d'un homme à bonnes fortunes, une coquetterie ridicule dans tout autre qu'une jolie femme, l'importance d'un homme en place, le pédantisme de la magistrature, quelques gaucheries d'un provincial : voilà les manières de Calonne.

Les bons mots d'un homme d'esprit, la finesse et la politesse d'un courtisan, l'astuce d'un intrigant, de la facilité, de la grâce dans l'élocution, quelquefois de la force, des phrases plus brillantes que solides et peu de suite dans la conversation : voilà le ton de Calonne.

Une grande rapidité de conception : une grande finesse dans la distinction des nuances, mais inaptitude à la méditation; la force de s'élever à de grandes idées, sans toutefois les combiner et en apprécier les résultats: voilà le genre et la mesure de Calonne.

Une âme sensible sans être tendre, plus susceptible d'émotions que de passions, l'ambition des grandes places pour être en spectacle; le projet de grandes entreprises, non dans la vue de servir la patrie et l'humanité, mais d'acquérir de la célébrité; une avidité pour l'argent qui n'admettait pas une très-grande rigidité dans le choix des moyens d'acquérir, mais qui communément n'avait d'objet que l'obtention des jouissances du moment; de la prodigalité sans générosité; la réunion de tous les goûts, l'amour des femmes, de la bonne chère, du jeu, des spectacles, des fêtes, de tout genre de plaisirs;

des affections vives et d'une forte explosion, mais peu durables; de l'engouement dans les désirs, de l'emportement dans la colère; peu de constance dans l'amitié, moins encore dans la haine; des germes de vertus et de vices : voilà les sentiments de Calonne.

A ces traits qu'on ajoute sa méthode de traiter les affaires : assez de sagacité dans l'invention des moyens, dextérité et même ruse dans l'emploi de ces moyens, mais précipitation dans la détermination, négligence et inexactitude dans l'exécution, présomption habituelle du succès; une facilité de concessions que n'avouaient pas toujours la prudence ni même l'équité; une insinuation assez adroite, mais souvent un excès de confiance qui ne paraissait à tout homme sage qu'un artifice ou une imprudence; un ton si avantageux, des promesses si exagérées, qu'elles le décréditaient même dans ses assertions fondées et le rendaient ridicule. Cette réunion, ce mélange de qualités opposées et de procédés incohérents, complètent l'exposition du mérite, des torts, des défauts, des talents de Calonne.

Arrivé au contrôle général avec 220,000 livres de dettes, dès les premiers moments il donna connaissance au roi de sa situation, et lui observa qu'un ministre des finances avait bien des moyens d'acquitter une telle somme sans que Sa Majesté en fût instruite, mais qu'il préférait une voie plus franche; le roi, sans lui répondre, alla prendre dans son secrétaire des actions de l'entreprise des eaux, et lui en donna pour 230,000 livres. Calonne néanmoins trouva le moyen de s'acquitter, et garda les actions des eaux. On a prétendu dans le public que, ces actions étant depuis tombées de prix, Calonne avait employé des fonds du trésor royal destinés à soutenir le cours des fonds publics, à relever celui de ces actions, qui étaient une propriété privée, et qu'il avait fait acheter de préférence les actions qu'il possédait à un taux supérieur à celui du cours qu'elles avaient alors; mais cette dernière particularité n'est pas aussi sûre que la précédente.

Les hommes confiants et faciles qui ont besoin d'espérer et de se tromper, se flattèrent que ce ministre restaurerait les finances; les esprits défiants et clairvoyants prévirent qu'il perdrait la nation. Cependant il s'était annoncé avec tant de jactance, qu'il avait ébloui tous les yeux. Personne ne réunissait plus d'audace à plus de talent; il avait par-dessus tout celui de plaire et de séduire; il était digne d'être le héros des courtisans : c'était alors un grand mérite à la cour. Mais cette cour avide et intéressée ne voulait du ministre que des complaisances et des dons : elle en fut servie au delà peut-être de ses espérances. Toutes les demandes étaient accueillies; on n'entendait parler que de pensions et de gratifications. La reine lui demandait un jour une chose à laquelle elle attachait sans doute de l'importance, puisqu'elle ajoutait, de ce ton qui annonce qu'on ne veut pas être refusé : « Ce que je vous demande » est peut-être difficile. » Calonne répondit : « Si cela » n'est que difficile, c'est fait ; si cela est impossible, » nous verrons. »

Les débuts de Calonne dans la carrière ministérielle sont marqués par une inconséquence grave. Le bail de la ferme générale avait été cassé par son prédécesseur d'Ormesson, sans juste cause et sans utilité ; sa première opération fut de le rétablir ; mais son emportement naturel ne lui permit pas de se renfermer dans de justes bornes, et dans l'arrêt du conseil qu'il fit rendre, il fut déclaré que cette cassation du bail de la ferme générale avait été l'effet d'une *ignorance coupable;* expression inconvenante et absolument opposée au style constant du conseil, qui, lorsqu'une décision était rétractée, palliait la contradiction comme exigée par la survenance de nouveaux faits ou la prépondérance de quelques considérations accompagnées de plausibles et justes motifs de détermination, afin qu'il y eût une apparence de conséquence et de justice même dans la contradiction. Ici, au contraire, la décision rétractée était flétrie dans les termes les plus ignominieux, et comme c'était le conseil du roi dont la décision émanait sur la relation du ministre, le conseil se dénonçait lui-même au public comme *ignorant* et comme *coupable*.

Presque toutes les opérations de finances, pendant ce ministère, ont porté le même caractère et offrent la même légèreté. Un édit indique le montant du déficit des revenus de l'État; un autre édit, l'année suivante, donne une autre fixation. Le projet de remboursement des dettes de l'État est annoncé, et il n'y est procédé que par des emprunts : un emprunt manque, on y supplée par un autre, qui, n'étant pas mieux combiné, n'a pas plus de succès : non-seulement de nouveaux emprunts sont ouverts, mais il est donné aux anciens une extension furtive et criminelle : extension qui déjà avait eu lieu sous les précédents ministres, mais jamais n'avait été portée à un tel excès; une caisse d'amortissement est fondée, et nuls fonds ne sont faits pour les remboursements; ces remboursements sont désignés devoir être inégaux chaque année, et nulle cause de cette inégalité n'est établie; le vœu d'une rigide économie est annoncé dans les lois, et aucun plan n'en est tracé, aucune dépense n'est retranchée; au contraire, la quantité des dons est augmentée dans une proportion prodigieuse; des acquisitions sont faites pour l'État, dans lesquelles l'État n'a aucun intérêt, et qui forment pour les vendeurs un gain prodigieux; les échanges dégénèrent en dons et en une déprédation énorme des domaines royaux.

Dans l'échange du comté de Sancerre appartenant au comte d'Espagnac, Calonne fut accusé d'avoir sacrifié les intérêts du roi à ceux d'un particulier qu'il avait favorisé pour partager lui-même les bénéfices (1). A cela ajoutez la lésion des baux et traités pour la couronne, lesquels, au mépris des ordonnances et des règlements, n'étaient jamais proclamés à l'enchère et toujours faits par les intéressés, tout-puissants à l'aide de leurs richesses et de leurs alliances, et par des membres isolés du conseil et leurs commis, pensionnés, gagés, gratifiés par les traitants, plus ou moins, selon qu'ils ont plus ou moins été favorables. Le bail des messageries avait été passé à Collet, en 1782, pour neuf ans, moyennant 1,100,000 livres par an. Quatre années étaient échues, que le sieur Collet n'avait encore rien payé et s'était fait allouer (2):

| | |
|---|---|
| 1° pour frais d'établissement, maison, etc. . . . . . . . | 1,800,000 livres. |
| 2° Pour raison de cherté, 200,000 livres de diminution sur chaque année de bail. . . . . . . . . . . . | 1,800,000 |
| 3° Pour autres indemnités. . | 1,200,000 |
| Total | 4,800,000 livres. |

---

(1) Mémoires du comte d'Espagnac. — Requête de Calonne au roi, en 1787. — Un petit mot de réponse à Calonne par Carra.

(2) Supplément au Petit mot de réponse à Calonne par Carra, page 10, 2ᵉ édition. Amsterdam, 1787.

A travers la foule de fausses opérations émanées de ce ministre, il en est une qui mérite éloge: les monnaies d'or étaient extraites de France, parce que la proportion entre l'or et l'argent était plus forte dans le royaume que dans la plupart des autres États de l'Europe; la refonte et l'exhaussement du taux des monnaies d'or a empêché cette exportation. La proportion entre les deux métaux aurait pu être mieux appréciée qu'elle ne l'a été; il y a eu des plaintes sur des gains illicites faits dans cette refonte. Dans tous les cas, on reproche à Calonne ou de n'avoir pas empêché ces prévarications ou d'y avoir participé.

Il soutint les effets publics par des avances secrètes, confiées à des amis étrangers aux affaires de banque et de crédit public; aussi une grande partie de ces sommes fut consommée sans qu'on en aperçût aucun emploi utile à l'État; Calonne lui-même a avoué que des assignations pour la valeur de 11,500,000 livres avaient été délivrées, prêtées et employées pour soutenir l'agiotage (1).

A cette époque, les actions de la caisse d'escompte devinrent l'objet d'un agiotage désordonné, et on cherchait à influer sur la fixation du dividende pour assurer le bénéfice des spéculations; le jeu sur les di-

---

(1) *Requête au roi*, par Calonne, 1787, page 78.

videndes fut porté à un tel excès, que quoiqu'il n'y eût que 5,000 actions, on vendit sur la place plus de 30,000 dividendes. Un arrêt du conseil (1) ordonna que le dividende ne pourrait être pris que sur les bénéfices faits et réalisés dans le semestre courant. Cette mesure était sage; elle rappelait aux administrateurs des principes d'ordre et de respect pour la foi publique dont ils ne devaient jamais s'écarter.

Les actions de la caisse d'escompte ayant éprouvé une baisse considérable, on convoqua une assemblée extraordinaire des actionnaires, dans laquelle on développa les plans du contrôleur général, pour donner, disait-il, plus de sûreté au public et plus d'avantages au commerce; il provoqua, au moyen de gens qui lui étaient dévoués et vendus, une délibération rédigée en forme de demande, où la caisse d'escompte, pour en apparence offrir plus de sécurité, proposait de verser 80 millions au trésor royal à titre de cautionnement. Après quelques observations sur l'énormité de la somme, le dépôt fut arrêté à 70 millions (2), qui furent payés entre les mains du garde du trésor royal, chargé de donner une quittance de finance de cette somme, portant promesse d'en payer l'in-

---

(1) Du 16 janvier 1785.
(2) Arrêt du 18 février 1787.

térêt à 5 pour cent, sans retenue, de six en six mois. Un grand nombre d'actionnaires, en apprenant cette intrigue ourdie par plusieurs de leurs coassociés, se plaignirent de ce que sans leur consentement on s'était permis de disposer de leur fortune; mais ce fut inutilement. Cette mesure fut pour eux le principe d'une immense perte, puisque les 70 millions ont eu le sort de la dette nationale, c'est-à-dire que, comme cette dette, ils ont subi la banqueroute des deux tiers faite en 1798 par le gouvernement à ses créanciers.

Il s'en faut beaucoup que Calonne ait protégé le commerce français; le traité de 1787, qui a réglé les relations française et britannique, a été funeste à l'industrie nationale. A peine a-t-il été conclu, que l'importation d'Angleterre en France s'est fort élevée au-dessus de l'exportation de France en Angleterre. Plusieurs villes de fabrique ont éprouvé une grande déchéance; nombre de manufactures sont tombées; les droits établis par ce traité, à l'entrée et à la sortie du royaume, étaient si mal combinés, que dans plusieurs genres de marchandises les Anglais tiraient de France les matières premières, les renvoyaient fabriquées, et après avoir acquitté les droits d'exportation et d'importation, vendaient à si bas prix que les fabriques françaises ne pouvaient soutenir la concurrence. Que Calonne n'ait pas eu les connaissances nécessaires sur cet objet, ou que ses autres affaires ou peut-être ses plaisirs l'aient empêché de donner à cette importante convention l'attention qu'elle exigeait, l'homme qui par la place qu'il remplissait était constitué le défenseur de la main-d'œuvre et de l'industrie françaises, est inexcusable de n'avoir pas rempli ce devoir.

Plusieurs emprunts furent créés : un de 100 millions de capital en rentes viagères à neuf pour cent sur une tête, et huit pour cent sur deux têtes; plus, dix mille lots de rentes viagères sur une tête (1). Un autre de 80 millions en rentes temporaires, remboursables en dix ans, ou en rentes viagères à neuf pour cent sur une tête, et huit pour cent sur deux têtes, avec une loterie de prime montant à 800,000 livres.

Lors de la présentation à l'enregistrement du parlement de Paris des lois de finance qui augmentaient les charges de l'État, le parlement, frappé de l'exagération de la dette publique et de la déprédation des finances, se refusa à l'enregistrement. Dans une discussion, le contrôleur général ayant éprouvé

---

(1) Cet emprunt, immoral par sa forme de loterie et l'esprit du jeu qu'il animait par des billets de prime pour courir la chance des lots, fut accueilli avec une telle faveur, que non-seulement il fut rempli en très-peu de temps, mais même qu'on refusa beaucoup de millions, et que, deux mois après son établissement, il gagnait onze pour cent.

des contradictions de la part du conseiller rapporteur des affaires de finance, lui parla avec une hauteur et une dureté auxquelles celui-ci répondit en termes offensants; le premier président intervint dans cette querelle, et enchérit encore sur les expressions du rapporteur. Calonne sortit de cette conférence furieux, alla trouver le garde des sceaux, et lui dit qu'il était déterminé à demander au roi justice de l'insulte que lui avaient faite le premier président et le rapporteur de la cour; mais que, n'ignorant pas son amitié pour le premier président, il avait voulu le prévenir, et lui faire connaître les justes motifs de plaintes qu'il avait contre lui. Le garde des sceaux lui répondit qu'il n'était point l'ami du premier président; mais que, tant qu'il serait en place, le bien du service du roi exigeait que lui, garde des sceaux, conservât des liaisons avec le chef du parlement quel qu'il fût.

Calonne poursuivit sa vengeance; le rapporteur de la cour fut destitué de cette fonction; une permission qui avait été donnée au premier président de s'abstenir d'une audience qui était tenue de grand matin, fut révoquée même avec des formes et en termes très-désagréables. Celui-ci, pour se venger, remplaça le rapporteur de la cour par un autre conseiller qui avait moins de talent pour défendre les intérêts et les vues du gouvernement, et s'abstint de contenir les jeunes conseillers, toujours disposés à la critique du ministère. Un coup plus sensible fut porté au premier président; un contrat de rente, qu'il possédait sur le roi, fut annulé comme illégal, attendu qu'il n'avait pas fourni les fonds de ce contrat de rente; ce qui portait atteinte à sa réputation et à ses intérêts pécuniaires. Il voulut donner sa démission; le garde des sceaux l'en empêcha, en lui procurant quelques marques de satisfaction du roi, et Calonne eut à la tête du premier parlement du royaume un ennemi irréconciliable.

Certain d'éprouver désormais de la part du parlement des contradictions insurmontables, il se résolut à substituer à leur enregistrement une apparence de vœu national; et n'osant proposer une convocation d'états généraux, pour lesquels le roi, soit par prévention, soit par pressentiment, avait la plus grande répugnance, il fit admettre une assemblée de notables, et afin de lui donner plus de consistance, il en choisit les membres de manière que le choix fût à l'abri de la censure.

Calonne fait convoquer les notables pour un jour indiqué, puis il est obligé de différer ce jour, sous prétexte d'indisposition, parce qu'il a consacré une partie de ses jours et de ses nuits au jeu ou à tout autre genre de plaisir. A l'ouverture de cette assemblée, il se passa une scène qu'on aurait peine à croire si elle n'avait eu tous les notables pour témoins: lorsqu'ils sont en place, et attendent que Calonne expose son plan et mette sous leurs yeux les objets de leurs délibérations, il ne comparaît point à l'heure donnée ; on est obligé de l'envoyer chercher jusqu'à trois fois. Enfin il arrive, et dit qu'il n'a achevé que la veille le mémoire à présenter aux notables, qu'il l'avait remis à quatre commis réunis à la même table pour le copier pendant la nuit, que les quatre commis se sont endormis, qu'une des lumières est tombée sur le manuscrit et l'a brûlé en entier. Il était impossible de témoigner aux notables une plus grande confiance dans leur crédulité, et de leur donner une idée plus désavantageuse de ses projets.

Pour autoriser une grande augmentation de contributions et de grands changements, il annonça à cette assemblée (1) que les revenus de l'État étaient insuffisants pour en acquitter les charges ; il exposa le compte des finances avec toute l'éloquence dont il était capable, mais il ne put empêcher la mauvaise impression de ses fâcheuses révélations, en apprenant qu'il existait un déficit de 115 millions; Calonne en fit remonter l'origine jusqu'au ministère de Terray, prétendit qu'il était dès lors de 40 millions, qu'il s'était augmenté, depuis 1776 jusqu'en 1783, d'une somme égale, et convint enfin de l'avoir accru lui-même de 35 millions jusqu'à la fin de 1786.

---

(1) La première séance de l'assemblée des notables eut lieu à Versailles le 22 février 1787.

Cependant on se rappelle que le compte rendu par Necker au mois de janvier 1781, par ordre du roi, avait annoncé que les revenus excédaient les charges et les dettes de 10 millions.

Necker, qui ne pouvait supporter l'inaction et la nullité à laquelle il était réduit depuis sa retraite du ministère, vit avec une satisfaction secrète la contradiction qu'éprouvaient les comptes qu'il avait publiés au nom du roi; il offrit d'en soutenir la vérité, et demanda à comparaître devant les notables pour réfuter le rapport de Calonne. Rien de plus scandaleux qu'une discussion pour savoir si le gouvernement avait avoué et autorisé une fausseté en 1781 ou en 1787. Quel spectacle misérable la France présentait à l'Europe, en l'occupant de semblables contestations!

Le roi, pour faire cesser cette indécente discussion, ne voulut pas qu'elle fût portée plus loin, et défendit de rien imprimer à ce sujet; mais Necker, se fondant sur la nécessité de défendre sa véracité et son honneur, refusa d'obéir, fit paraître un mémoire justificatif en réponse à l'attaque de Calonne, qui ne lui répliqua qu'en le faisant exiler, par une lettre de cachet (1), à vingt lieues de Paris. Alors Calonne,

---

(1). On a tant parlé des lettres de cachet sans en avoir lu, qu'on sera peut-être curieux d'en voir un modèle:

« Mons. Necker, je vous fais cette lettre pour vous dire

débarrassé de son adversaire, suivit son plan vis-à-vis des notables.

Ce plan était de la plus vaste étendue, et formait une reconstitution presque totale des contributions; une dîme territoriale, perceptible en nature, était substituée aux vingtièmes et à la taille. La quotité de cette dîme était graduée suivant la nature des produits et la fécondité des terres; nulle exemption en faveur des ecclésiastiques ni des nobles. Les droits de contrôle et autres étaient convertis en droits de timbre, etc., etc.

Pour engager les notables à admettre de si grands changements, des assemblées provinciales étaient établies, et la régie des contributions leur était confiée. Calonne, lorsqu'il était intendant, avait réclamé contre ces institutions; mais, pourvu qu'en ce mo-

---

» qu'aussitôt qu'elle vous sera remise, vous ayez à sortir de
» la ville de Paris, et à vous retirer dans le lieu que vous
» choisirez, à la distance au moins de vingt lieues de ladite
» ville; vous enjoignant d'instruire le sieur baron de Bre-
» teuil, secrétaire d'État, du lieu que vous aurez choisi, aus-
» sitôt que vous y serez arrivé, et vous faisant défense d'en
» sortir jusqu'à nouvel ordre. Si n'y faites faute, à peine de
» désobéissance.

» Fait à Versailles, le 13 avril 1787.

» *Signé* LOUIS,

 Et plus bas :

» Le baron DE BRETEUIL. »

ment il réussît dans son projet, il s'embarrassait peu qu'on pût lui reprocher une contradiction.

Les notables adoptèrent l'établissement des assemblées provinciales, qui transmettait à la nation l'administration qui était auparavant entre les mains du roi; mais quant aux nouveaux impôts, ils déclarèrent qu'ils ne pouvaient être créés qu'avec le consentement des représentants de la nation nommés par elle. Ainsi, dès le premier moment, tout le projet de Calonne s'écroula; il fit perdre au roi une partie de ses droits, et n'obtint rien. Mais quand même le projet du ministre aurait eu l'assentiment des notables, quand même cet assentiment aurait formé une autorisation suffisante, l'exécution aurait été impraticable; jamais le cultivateur, accoutumé à récolter le grain qu'il a semé, ne l'aurait laissé enlever; si à cette époque il en abandonnait une partie au clergé, c'était une perception sanctionnée par le temps et consacrée par la religion, dans les temps où l'Église avait le plus grand empire; une faible addition en faveur du fisc aurait pu être tolérée, mais une transmutation subite de la masse principale des contributions en une telle prestation était impossible; la nouvelle dîme n'aurait pu être levée qu'à main armée, et avec des violences et des combats; et encore, quand même elle eût pu être pacifiquement levée, elle n'aurait point rempli l'objet de remplacer les impôts supprimés, n'aurait point donné un excédant de produit qui comblât le déficit.

On reprochait généralement à Calonne d'avoir attendu trois ans entiers pour dresser un état de situation aussi alarmant; on l'accusa même d'en avoir exagéré le triste tableau, qui contrastait si désagréablement avec ses prodigalités et les illusions précédentes; enfin, d'avoir confondu et bouleversé toute la comptabilité intérieure, dans le dessein de couvrir ses propres malversations. Calonne, contredit par les notables qu'il avait assemblés et choisis, n'ayant pu faire adopter ses projets, attaqua les notables par quelques libelles qu'il fit répandre dans le public; enfin, se croyant secrètement contrarié par le garde des sceaux Miromesnil et le baron de Breteuil, ministre de la maison du roi, deux adversaires redoutables, il les discrédita auprès du roi, et voulut, par la crainte qu'il inspirerait de son crédit et de sa puissance, conquérir l'assentiment qu'il n'avait pu obtenir par persuasion.

Calonne se défiait du garde des sceaux, qui, d'après les ménagements qu'il avait pour la magistrature, était prévenu, non sans quelque fondement, de partager les sentiments de ce corps, qui était très-contraire à Calonne. Il fut confirmé dans cette croyance par un incident qui y donna grande vraisemblance. Lorsqu'il avait déclaré aux notables que le déficit dans les finances était fort antérieur à son ministère, et que Necker l'avait créé, Joly de Fleury, successeur de Necker et prédécesseur de Calonne, avait dit publiquement que c'était Necker qui disait vrai. Calonne, en étant instruit, lui avait écrit pour savoir par lui-même s'il avait tenu le propos qu'on lui attribuait. Joly de Fleury lui répondit que ce propos était très-vrai, et qu'il l'avait tenu parce qu'il avait du fait une connaissance personnelle et certaine. Quelques jours après, le roi dit à Calonne que Joly de Fleury prétendait que le déficit dans les finances était récent. Calonne répondit qu'il avait entendu parler de ce propos, et qu'il avait écrit à ce sujet à Joly de Fleury pour avoir une explication, mais qu'il n'avait point reçu de réponse. « Vous devez l'avoir reçue, » dit le roi.

Calonne, pris en mensonge, s'esquiva en disant qu'il n'avait pas encore eu le temps de lire ses dernières lettres, mais que, si Sa Majesté le permettait, il allait dans le moment les ouvrir, et reviendrait lui en rendre compte; le roi lui dit d'y aller, et il revint avec des explications sur cette lettre reçue et connue depuis plusieurs jours. Louis XVI lui dit qu'il en avait un double, que le garde des sceaux lui avait envoyé; alors Calonne ne douta plus que le ministre Miromesnil ne voulût le desservir, et dit au roi qu'il n'était pas surprenant que les notables se refusassent à tout ce qu'il proposait, parce qu'ils étaient soutenus secrètement par un parti dans le ministère; qu'il fallait que Sa Majesté se déterminât à renvoyer le garde des sceaux ou lui; qu'il offrait très-volontiers de se retirer, étant dégoûté par toutes les contradictions qu'il éprouvait, et qu'il ne tenait au ministère que par le désir de mettre à fin la grande entreprise qu'il avait entamée pour la restauration des finances. Le roi consentit au renvoi du garde des sceaux; le comte de Montmorin fut chargé d'aller lui demander sa démission. Miromesnil reçut le coup avec courage, et même y mit beaucoup de grandeur d'âme; il dit au comte de Montmorin qu'il pouvait mettre le roi dans l'embarras, parce que, comme survivancier du chancelier, suivant ses provisions, en cette qualité il était inamovible, mais qu'il n'était touché que du malheur d'avoir déplu à Sa Majesté, et il donna sa démission de l'un et l'autre office.

Calonne fit nommer garde des sceaux le président Lamoignon, avec lequel il avait des relations secrètes, et qui était au parlement le chef du parti opposé à d'Aligre, ennemi de Calonne. Non content de ce succès, le contrôleur général voulut encore faire renvoyer le baron de Breteuil; mais le roi, qui savait que la reine l'honorait de ses bontés, voulut lui en parler auparavant, et la reine, irritée, représenta au roi qu'il ne devait pas sacrifier ses bons serviteurs à un homme tel que Calonne, qui l'avait embarqué dans une entreprise que tous les hommes éclairés déclaraient inexécutable, et qu'il fallait que Sa Majesté se défît d'un ministre insensé et haï. En effet, Calonne fut renvoyé dans le moment même où il venait de faire destituer le garde des sceaux et de lui faire donner un successeur.

Le jour où cette chute tant désirée arriva, c'était un contentement universel dans Paris; chacun s'empressait d'en porter la nouvelle dans tous les quartiers de la capitale et de la mander en province. Les gens de lettres eux-mêmes, qui s'étaient laissé pensionner amplement par la vanité intéressée de ce faux Colbert, étaient les premiers à désapprouver son administration et à regarder son renvoi comme un événement très-heureux pour la nation.

A sa sortie du ministère, Calonne fut exilé en Lorraine, puis il s'expatria. Sa disgrâce fut accompagnée de reproches et d'humiliations; il fut obligé de se dépouiller de la décoration du cordon bleu qu'il portait comme trésorier de l'ordre du Saint-Esprit. Pendant la révolution, dans une conférence avec l'empereur Léopold, il exposa les moyens d'opérer une contre-révolution, qu'il prétendait être très-facile. L'empereur observa qu'indépendamment de la révolution, la France était dans une situation embarrassante par le mauvais état des finances. « Ce » n'est pas là une difficulté, répondit Calonne, je » ne veux pas plus de six mois pour rétablir les » finances. — Monsieur, repartit l'empereur, il est » fâcheux que vous n'ayez pas eu cette idée quand » vous étiez en place. »

On ne peut voir sans regret que Calonne, doué de beaucoup d'esprit naturel et d'une pénétration qui atteignait tout ce qui peut être compris sans méditation, soit tombé dans tant de fautes et d'inconséquences, que son ministère n'offre aucun établissement utile, et ait été aussi funeste pour l'État. D'après ce que nous venons d'exposer, ce ministre ne peut être disculpé d'avoir compromis l'autorité royale par de fausses assertions faites au nom du conseil, et contradictoires d'autres assertions précédemment faites au même nom; d'avoir lésé les droits de la couronne par la création de nouvelles assemblées provinciales, avec concession de la répartition des impôts dont la couronne était en possession; d'avoir altéré la constitution de l'État en privant les Français du droit de consentir les impôts, qui leur appartenait essentiellement quand ils étaient assemblés; d'avoir convoqué des notables pour obtenir d'eux un consentement à une création et une augmentation d'impôts qu'ils n'avaient pas le droit d'accorder; d'avoir acheté ce consentement qu'il n'a point obtenu par la restriction des droits de la couronne; d'avoir, pour remédier à la crise des finances, inventé et proposé des projets insensés et pernicieux; une transmutation subite d'impôts, qui eût produit dans tout le royaume les plus terribles insurrections, et qui même, si elle eût pu être établie, n'aurait point atteint le but annoncé, et élevé les revenus de l'État au niveau de ses charges et de ses dettes; d'avoir, par une malheureuse facilité, par négligence, par complaisance, par intrigue, fait une énorme et scandaleuse profusion de la fortune publique : ce qui a ouvert l'abîme de la révolution et rend Calonne responsable non-seulement des maux qu'il a faits, mais de ceux qu'il a entraînés; ses torts sont prouvés, nombreux, graves; le cri général qui s'est élevé contre lui n'a point excédé la mesure d'une exacte justice; et sa réputation devait naturellement se ressentir de la douleur produite dans les esprits par le douloureux aperçu de la ruine de l'État.

# BOUVARD DE FOURQUEUX,

CONTRÔLEUR GÉNÉRAL DES FINANCES.

AVRIL A MAI 1787.

D'après le mécontentement général qui s'était élevé contre l'administration de Calonne, le roi crut devoir confier les finances à un homme d'une excellente réputation, et choisit Bouvard de Fourqueux. Sous le rapport de la probité, de la moralité et de tout genre de vertus, le choix ne pouvait être meilleur; mais Fourqueux était d'une constitution faible, d'un âge avancé, et n'avait jamais rempli aucune place d'administration: défauts auxquels l'esprit peut difficilement suppléer. Il fut fort surpris de l'offre d'une place sur laquelle ses vues ne s'étaient jamais portées, et qu'il ne désirait nullement: il la refusa.

La reine, joignant ses instances à celles du roi, lui dit: « Vous ne démentirez pas, monsieur, le ca-
» ractère que vous avez toujours montré d'honnête
» homme et de bon serviteur du roi; réfléchissez
» que ce n'est point vous qui demandez cette place,

» que c'est nous qui vous l'offrons, qui vous prions
» de l'accepter; qu'il s'agit du bien de l'État; qu'il
» n'est personne en France en qui nous ayons plus
» de confiance qu'en vous; dans une telle situation,
» refuser vos services, ce serait un manque essentiel
» à vos principes, et une ingratitude envers le roi. »

Fourqueux persistait toujours dans ses refus; mais, voulant en adoucir l'amertume, répondit qu'il avait d'autant plus de répugnance pour cette place, que, s'il l'acceptait, il croirait devoir demander de grands sacrifices dans les dépenses personnelles de Leurs Majestés, et qu'ainsi il s'exposerait à leur déplaire, ce qui serait pour lui un grand malheur. « Non,
» reprit la reine, tous les sacrifices que vous indi-
» querez, nous les ferons volontiers; rien ne nous
» coûtera quand vous le croirez nécessaire. » Fourqueux, timide et reconnaissant de tant de bontés, garda le silence, qui fut pris pour un consentement.

Dès qu'il eut pris possession de ses nouvelles fonctions, son premier soin fut, d'après la situation critique dans laquelle se trouvaient les finances, de s'assurer de la quantité de fonds existants dans le trésor royal, et de vérifier le compte qu'en avait fourni Calonne; mais, par une suite de la légèreté de ce ministre, le compte se trouva fautif, soit par infidélité, soit par inexactitude. Entre autres erreurs, des sommes qui étaient portées comme étant dans les caisses du trésor avaient été confiées pour divers objets à différentes personnes. Lorsqu'on voulut faire rentrer ces sommes, la plupart des dépositaires prétendirent qu'elles étaient dépensées, et il n'en rentra qu'une très-petite partie. Un seul individu avait reçu cinq à six millions pour soutenir le cours des billets des fermes des rescriptions, etc. Il répondit à la demande de ces fonds qu'ils avaient été dépensés par ces opérations; au lieu d'argent, il offrait un compte, et on ne sait si ce compte a jamais été rendu. Il a fini par mettre un terme à toute discussion en se tuant.

Fourqueux, voyant la crise des affaires, et les mesures sévères qu'elles nécessitaient, voulut y remédier par de grands retranchements dans la dépense. Les sacrifices qu'il proposa furent rejetés, parce qu'ils blessaient des intérêts personnels; mais le consentement fut promis à la suppression d'autres objets, pourvu qu'il n'y eût pas les mêmes obstacles.

Tandis que Fourqueux cherchait des suppressions de dépense dont il pût faire adopter la convenance, et qu'il témoignait sa répugnance pour l'administration des finances sans ce préalable, un homme plus accommodant s'offrit pour surmonter ces difficultés; ce fut l'archevêque de Toulouse, doué de beaucoup d'esprit, hardi dans ses conceptions, habitué au maniement et aux intrigues des affaires politiques.

# LOMÉNIE DE BRIENNE,

PREMIER MINISTRE,

# LAURENT DE VILLEDEUIL,

CONTRÔLEUR GÉNÉRAL DES FINANCES.

MAI A AOUT 1787.

Il y avait déjà longtemps que Loménie de Brienne, archevêque de Toulouse, songeait à se frayer la route au ministère. L'évêque d'Orléans fut chargé par le duc de Choiseul de choisir un ecclésiastique qui eût des mœurs et de l'instruction pour être instituteur de Marie-Antoinette d'Autriche. L'évêque eut recours à l'archevêque de Toulouse, qui jeta les yeux sur l'abbé de Vermont, employé à la bibliothèque du collége Mazarin. Cet abbé fut envoyé à Vienne, où il enseigna à lire et à écrire, le catéchisme et les principes de la langue française, à la jeune archiduchesse. Il eut soin de se rendre agréable dans ses leçons à cette princesse, dont il gagna la confiance. Nommé son lecteur lorsqu'elle fut reine de France, il conserva auprès de cette princesse l'accès le plus intime, et il eut sur son esprit le crédit que donne, surtout auprès des princes, une ancienne habitude. Il écrivait toutes les lettres de la reine, l'instruisait de tout ce qui pouvait lui être utile de savoir, et ne manquait pas de louer, le plus adroitement qu'il lui était possible, son protecteur l'archevêque de Toulouse, et de parler surtout de ses talents pour l'administration.

Pendant quinze ans il parla sans cesse et en vain de l'archevêque de Toulouse; le roi ne croyait point devoir appeler au ministère un ecclésiastique; il s'en expliqua plusieurs fois d'une manière positive. De Brienne ne perdit point courage; quoique d'une santé altérée, il s'occupait sans cesse d'affaires et d'intrigues, et se mêlait de toutes les petites querelles domestiques et intérieures; il était dans toutes les confidences, et quatre ou cinq femmes du premier rang n'entreprenaient rien sans le consulter: *Il faut en parler à l'archevêque de Toulouse*, était leur refrain dans toutes les circonstances intéressantes.

Il n'allait que rarement dans son archevêché, mais dans le séjour qu'il y faisait, il s'appliquait à faire quelque chose de marquant pour l'utilité publique, et cherchait plus l'éclat que la solidité. Il répandait des charités qu'il avait soin de ne pas rendre secrètes; il faisait des mandements, des circulaires aux curés de son diocèse; et, quand les échos de sa province avaient répété ses éloges, et qu'ils avaient percé jusque dans la capitale, il y revenait jouir de sa renommée.

A la tenue des états de Languedoc, il se distingua par la clarté de ses rapports; il eut le même succès à l'assemblée du clergé. Plusieurs, dans ce corps, possédaient plus de mérite réel, d'éloquence et d'instruction; mais il avait pour lui le suffrage de la multitude qui en imposait. Ses relations avec les ministres le mettaient à même de saisir les circonstances pour se faire valoir et se procurer de nouveaux moyens de réputation, par les différentes missions dont il se faisait charger. Il s'était insinué auprès de Calonne, qui s'adressa à lui pour le choix des membres du clergé qui devaient être appelés à l'assemblée des notables. L'archevêque intrigua sourdement, pendant la tenue de cette assemblée, contre Calonne. On a vu que ce dernier, disgracié peu de temps après, fut remplacé par Bouvard de Fourqueux, vieux conseiller d'État, usé par l'âge, et qui n'avait aucun des talents nécessaires, surtout dans un temps aussi critique; c'était envoyer un cheval de fiacre disputer le prix à la course au Champ de Mars. L'archevêque sentit que ce fantôme ministériel s'évanouirait bientôt, et il redoubla d'intrigues pour lui succéder; ses démarches ne tardèrent pas à être couronnées de succès; il fut choisi pour administrer les finances; et, comme on pensait alors qu'un prélat dans le conseil devait avoir un rang supérieur, on crut la place de contrôleur général au-dessous de l'archevêque; il fut créé président du conseil de finances, et on lui subordonna le contrôleur général, dont la nomination lui fut abandonnée et dont il revêtit Laurent de Villedeuil. De Brienne ne tarda pas à être principal ministre, titre qui fut donné à Mazarin et à Richelieu dans leurs patentes.

A cette époque, les mesures financières se rattachent plus que jamais aux événements politiques; l'assemblée des notables, qui avait été convoquée sous Calonne, continuait ses conférences et fit six propositions:

1º Un emprunt de 60 millions en rentes viagères;

2º L'établissement des assemblées provinciales dans tout le royaume;

3º Le remplacement en argent de la corvée en nature;

4º Une réforme dans les gabelles;

5º Le reculement des barrières aux frontières du royaume;

6º Un conseil de finances, composé de cinq personnes prises dans les trois ordres, sans places dans l'administration, sans traitements, vérifiant tous les six mois les caisses du trésor royal; les grâces, dons, pensions, traitements rendus publics tous les ans par la voie de l'impression.

Les délibérations de l'assemblée des notables étaient modérées et sages; si on les avait suivies, on aurait peut-être évité la révolution. Sur ces six propositions, il n'y en eut que trois d'adoptées en partie. L'emprunt eut lieu; des assemblées provinciales furent créées dans plusieurs provinces; la corvée fut convertie en prestation pécuniaire; un conseil de finances fut établi, non d'après le plan des notables : il fut composé du chancelier ou garde des sceaux, du premier ministre, chef du conseil, des ministres d'État, du contrôleur général et de deux conseillers d'État.

Le parlement de Paris eut à délibérer sur deux édits bursaux qui lui furent transmis avec injonction de les enregistrer : l'un portait établissement d'un droit de timbre sur les provisions, brevets, commissions d'offices quelconques, et sur les actes civils; l'autre remplaçait les vingtièmes par une subvention territoriale de 80 millions. Le parlement demanda que la nécessité et l'urgence de ces impôts lui fussent prouvées. Le ministre refusa des éclaircissements, ainsi que la communication réclamée des états de dépense et de recette dont les notables avaient eu connaissance; enfin une plainte au parlement de Paris sur les abus d'autorité et les prodigalités de l'ex-contrôleur général Calonne fut reçue avec autorisation d'informer. Un arrêt du conseil évoqua la plainte et défendit au parlement de donner suite à son arrêt. Le parlement fut exilé à Troyes : il se réunit dans cette ville, demanda la convocation des états généraux, fut rappelé et vint reprendre séance dans la capitale.

Une vague théorie était un faible secours pour conduire les affaires dans le moment le plus orageux; l'archevêque n'avait aucune idée du crédit et des combinaisons depuis longtemps adoptées pour procurer des ressources, en attendant qu'on pût employer des moyens plus efficaces. On aura peine à croire, et cela est pourtant vrai, qu'il ne connaissait pas la différence des *billets* et des *actions* de la caisse d'escompte, dont il ne put jamais concevoir l'organisation et le jeu. Peu de ministres ont montré autant d'impéritie jointe à autant de présomption; enfin on a prétendu, non sans quelque apparence de raison, que cette incapacité, dont il fit preuve sur la scène ministérielle, tenait au dérangement de sa santé. On ne vit en lui que la réunion des défauts les plus graves d'esprit et de caractère : précipitation dans les décisions, incohérence dans les déterminations, inexécution des paroles données, même sur des objets peu importants, où la prudence proscrivait la mauvaise foi. Sa conduite vis-à-vis des agents de change lui fit beaucoup de tort dans le public; il voulut en augmenter le nombre, d'autant que les pourvus de ces offices avaient fait des fortunes énormes dans le trafic des fonds publics. Comme ils désiraient éviter d'avoir des concurrents, ils offrirent une somme considérable pour que leur nombre ne fût point augmenté; mais dès que cette somme fut payée, de nouveaux offices furent créés.

# LOMÉNIE DE BRIENNE,

### PREMIER MINISTRE,

## LAMBERT,

#### CONTRÔLEUR GÉNÉRAL DES FINANCES.

AOUT 1787 A AOUT 1788.

Au milieu de tous ces grands événements politiques, le changement du contrôleur général des finances reste, pour ainsi dire, inaperçu; mais ce qui ne l'est pas, c'est l'accroissement continuel de la dette de l'État et les besoins d'argent qui se font de plus en plus sentir.

On propose un emprunt graduel et successif pendant cinq ans de 420 millions :

| | |
|---|---|
| La première année... | 120 millions. |
| La seconde....... | 90 |
| La troisième...... | 80 |
| La quatrième...... | 70 |
| La cinquième..... | 60 |
| Total... | 420 millions. |

Cet emprunt consistait partie en rentes perpétuelles à *cinq* pour cent et partie en rentes temporaires à *quatre* pour cent, remboursables en vingt ans; plus, chaque année, une loterie de rentes viagères; ceux qui désiraient convertir leurs rentes perpétuelles ou temporaires en rentes viagères y étaient autorisés. Cette conversion finit par être autorisée pour toutes les rentes sur l'État.

On fut obligé de tenir un lit de justice pour faire enregistrer ces projets d'emprunt par le parlement, qui s'y était refusé. Pour éviter la convocation promise des états généraux et trancher les difficultés avec le parlement, nouveau stratagème de la part de Brienne; il essaya d'établir une *cour plénière*, destinée à enregistrer les lois et édits sur les impôts : cette cour, qui n'a jamais été installée, devait se composer des princes, des grands officiers de la couronne, d'un certain nombre de magistrats, maréchaux de France, lieutenants généraux, etc., etc. Le capitaine des gardes devait y avoir voix délibérative.

Enfin, parut un édit qui annonçait que dorénavant tout payement quelconque se ferait les trois cinquièmes en argent et les deux autres en billets sur le trésor royal, portant cinq pour cent d'intérêt. C'était forcer le public de prêter au gouvernement, à bas intérêt, un argent qu'il ne pouvait trouver malgré les intérêts qu'il offrait, ayant perdu tout crédit : en ce moment il n'y avait plus que 500,000 livres au trésor royal, toutes les caisses étaient épuisées ; l'archevêque avait même pris celles des spectacles et l'argent d'une loterie ouverte en faveur des malheureuses victimes d'une grêle qui avait ravagé une grande étendue de pays.

Cette opération fut appréciée; l'on y reconnut les préliminaires d'une banqueroute. Il est facile d'imaginer l'effroi et la rumeur produits par cette mesure extrême. L'alarme fut telle à la cour, que le comte d'Artois crut qu'il n'y avait pas un moment à perdre pour éclairer le roi; il lui démontra la misérable administration de Brienne et lui présenta l'urgente nécessité de le remplacer sur-le-champ, et, malgré sa répugnance, de rappeler aux finances Necker, comme celui qui avait la confiance de la nation, et le seul capable de tirer l'État de l'horrible crise où il se trouvait.

A la suite de cette conversation, il y eut un comité de deux heures entre le roi, la reine et de Brienne, au sortir duquel ce ministre fut hué par le peuple, à Versailles, quoiqu'il eût donné sa démission. Il y a peu d'exemples d'une transition aussi subite du comble du désespoir et de la rage au contentement, à l'ivresse, qui éclatèrent dans Paris lorsqu'on y sut le renvoi de l'archevêque et le rappel de Necker; chacun disait : « Connaissez-vous le » grand événement? L'archevêque de Sens est chassé;

» Necker est rappelé : Necker, après lequel nous sou-
» pirons depuis si longtemps ! Tout va bien aller. »

Il est certain que Necker est peut-être le seul exemple d'un administrateur qui soit parvenu à réunir autant de voix et une opinion de confiance aussi générale. Il n'avait contre lui que les gens qui cherchaient à s'enrichir aux dépens des autres, à profiter de la détresse publique pour faire une fortune prompte, ainsi que les courtisans, qui craignaient de trouver son autorité en opposition avec les faveurs qu'ils attendaient de leur crédit. On redoutait encore de grandes économies. Quant aux hommes sensés, ils doutaient que Necker, plus financier qu'homme d'État, pût arrêter l'essor des idées révolutionnaires et commander aux événements.

De Brienne, qui ne voulait pas que sa retraite eût l'air d'une disgrâce, demanda le chapeau de cardinal, divers bienfaits pour sa famille, et obtint tout ce qu'il voulut. Le renvoyer fut une nécessité indispensable ; lui accorder, pour la plus insensée des administrations, le cardinalat, la plus grande récompense qui, pour les plus grands succès, puisse être accordée à un ecclésiastique, fut une injustice qui révolta contre le gouvernement : des émeutes eurent lieu dans Paris, l'effigie de Brienne fut brûlée au pied de la statue de Henri IV. La tolérance des insultes que la populace fit à l'ex-ministre fut une haute imprudence et conduisit au mépris de l'autorité et plus tard à sa destruction.

# NECKER,

PREMIER MINISTRE DES FINANCES.

(Second ministère.)

---

26 AOUT 1788 AU 11 JUILLET 1789.

Le rappel de Necker fut provoqué par plusieurs causes : l'apparence d'une banqueroute, ce qui écartait presque tous les prétendants à l'administration des finances. Les projets qu'il annonçait pour le bonheur public avaient exalté les esprits; le vœu général des capitalistes et des banquiers, intéressés plus particulièrement au crédit de l'État, désignait Necker comme le restaurateur des finances; la nation commençait déjà à avoir de l'attrait pour la méthode séductive qui avait substitué l'emprunt à l'impôt; on était mécontent des honteux expédients mis en usage par les autres ministres, et on n'avait pas vu sans beaucoup de joie, sous la première administration de Necker, le déficit comblé, plus d'un demi-milliard emprunté pour les dépenses de la guerre sans recourir à de nouveaux impôts; la somme des revenus annuels dépassant de 10 millions la somme des dépenses, les finances soustraites aux caprices et aux habitudes ruineuses de l'arbitraire, l'économie et la justice introduites dans le système des impôts, la régularité portée dans la comptabilité, les assemblées provinciales, dont Turgot et Malesherbes avaient conçu l'idée, essayées et rétablies : ces beaux résultats avaient acquis à Necker une grande renommée en Europe, où il était encore plus admiré que jugé; détesté des courtisans, il était devenu le favori de la nation.

Necker, en reprenant la direction des finances, trouva le trésor épuisé, les impositions de tout genre consommées par anticipation et tous les effets publics dépréciés. Il y avait à peine 500,000 livres dans les caisses, soit en argent, soit en valeur, et cependant il fallait trouver plusieurs millions dans la semaine pour faire face à des dépenses urgentes dont le retard pouvait compromettre la sûreté de l'État. Le nom seul de Necker fit renaître la confiance comme par magie. Les premiers mois du second ministère de Necker sont peut-être l'époque de sa carrière publique où il a fait preuve de la plus rare habileté; ses industrieuses et justes combinaisons, et le succès qu'elles ont obtenu, tiennent du prodige; et cependant ce n'est point l'époque de son administration qui a été l'objet principal des éloges de ses partisans, parce que les hommes sont plus touchés, plus reconnaissants du bien qu'on leur fait que des maux qu'on leur évite, lors même que le service est plus grand.

« Le nouveau ministre reprenait le portefeuille dans une circonstance qui lui conférait de grands avantages; il avait l'entrée au conseil, qui jusqu'alors lui avait été refusée (1); il n'était plus dans la dépendance du comte de Maurepas; de Vergennes, qui depuis avait eu le crédit prépondérant et qui s'était déclaré hautement le contradicteur de ses idées, et même l'improbateur de ses intentions, n'existait plus; le garde des sceaux Lamoignon, par le vice et le mauvais succès de ses dernières opérations, avait perdu son influence, et nul ministre n'avait ni la pensée ni le courage de s'opposer à ses projets, ni le crédit nécessaire pour les faire rejeter. Malgré tous les avantages que lui donnait une telle position, il eut la sage et politique réserve de ne point tenter par lui-même de changements dans la forme des institutions; il se détermina à n'agir que par les états généraux, dans la conviction que les grands projets qu'il avait conçus et les améliorations qu'il estimait nécessaires devaient être opérés par eux. En conséquence, il réserva tous ses efforts pour leur donner une constitution conforme à ses vues, leur conférer une

---

(1) Voyez pages 41 et 55.

très-grande énergie, leur faire sentir que c'était à lui qu'ils devaient leur existence et leur force, afin de s'en rendre maître et de s'en servir comme d'un instrument. Dans cette vue, il imagina et réussit à donner au tiers état un nombre de députés double de chacun des autres ordres : ce surcroît de représentants conduisait nécessairement à l'accroissement du nombre des suffrages, et il présumait que la prépondérance qui en résulterait serait à la disposition de celui à qui elle serait due.

Necker dit aux membres des états généraux : « On ne saurait rétablir la fortune de l'État qu'en
» agissant avec ménagement sur les intérêts par-
» ticuliers. Vous n'avez pas seulement à faire le
» bien, mais, ce qui est plus important encore, à
» le rendre durable et à l'abri des injures du temps
» et des fautes des hommes....... » Le ministre présenta les comptes très-détaillés du trésor pour l'année courante (1789); il annonça que le déficit de 56,150,000 livres serait facilement comblé par divers moyens dont il donna l'aperçu; que les anticipations s'élevaient à 260 millions. Les 76 millions de remboursements suspendus par l'arrêt du 16 août 1788, quelques autres dettes arriérées, avec 80 millions de rentrées qui se trouvaient en retard, formaient le véritable embarras des finances et nécessitaient des emprunts.

Le 11 juillet 1789, Necker reçut du roi une

lettre conçue en ces termes : «`Depuis que je vous
» ai engagé, monsieur, à rester dans votre place,
» vous m'avez demandé de prendre un plan de con-
» duite vis-à-vis des états généraux, et vous m'avez
» montré plusieurs fois que celui de condescen-
» dance extrême était celui que vous préfériez, et
» que, ne vous croyant pas utile pour d'autres,
» vous me demandiez la permission de vous retirer
» si je prenais un parti différent. J'accepte la pro-
» position que vous m'avez faite de vous retirer
» hors du royaume pour ce moment de crise, et je
» compte que, comme vous me l'avez dit, votre
» retraite soit prompte et secrète. Il importe à votre
» droiture et à votre réputation de ne donner lieu
» à aucune commotion. J'espère qu'un temps plus
» calme me mettra à portée de vous donner des
» preuves de mes sentiments pour vous. »

Les courtisans avaient proposé de mettre Necker à la Bastille, craignant, disaient-ils, son immense popularité et quelque rébellion. Mais le roi avait répondu : « Je suis sûr qu'il obéira avec scrupule » et disparaîtra sans éclat. » En effet, Necker, qui avait reçu la lettre à trois heures, dîna comme de coutume avec les amis qu'il avait invités, sans que personne pénétrât son secret; ne le confia qu'à sa femme, en sortant de table; monta avec elle, à cinq heures et demie, en voiture, comme s'il n'allait faire que sa promenade habituelle; et à deux cents pas de son hôtel, donna l'ordre de le conduire à la première poste : ses amis et sa propre fille ne surent son départ que le lendemain.

Pendant les dix mois de son second ministère, Necker s'était occupé sans relâche de prévenir la disette dont la France était menacée. MM. Hope lui avaient demandé sa caution personnelle pour se charger de l'approvisionnement de Paris. Ministre, il leur avait offert deux millions de sa fortune, déposés au trésor royal. La disgrâce, l'exil, ne changèrent rien à ses dispositions. Arrivé à Bruxelles, après avoir voyagé jour et nuit pour sortir de France sans être reconnu, son premier soin fut d'écrire à MM. Hope qu'il leur continuait sa caution. Il traversa l'Allemagne pour se rendre à sa terre de Coppet, près de Genève.

La nouvelle du renvoi de Necker excita dans Paris une commotion générale; dire que le peuple fit fermer tous les théâtres, c'est donner une idée de l'émotion qu'éprouvèrent les habitants de la capitale, car l'interruption des spectacles est pour les Parisiens le signe de désolation le plus manifeste; en un mot, le départ de Necker devint un jour de deuil et faillit être un jour de sang; son buste, promené dans Paris comme le palladium de la liberté, fut salué par des milliers de spectateurs. Le renvoi de Necker était le prétexte de tous les rassemblements et le sujet de toutes les conversations populaires; il n'était question que de cette affaire dans les séances de l'assemblée nationale, qui nomma une députation pour demander au roi le rappel de Necker : le monarque sentit les conséquences qu'entraînait le droit que s'arrogeait l'assemblée sur la nomination des ministres et sur la composition du conseil. Il prévint la demande officielle de l'assemblée, et envoya dire au président qu'il rappelait Necker. L'assemblée nomma une députation qu'elle chargea de témoigner au roi sa reconnaissance. Le roi remit au président une lettre écrite de sa propre main à Necker, par laquelle il invitait ce ministre de se rendre à Versailles. Il engagea le président à communiquer cette lettre à l'assemblée, et à la presser d'y en joindre une en son nom. Lally-Tollendal fut chargé de faire cette lettre; il la rédigea dans les termes les plus flatteurs. Un employé des finances, M. Dufresne Saint-Léon, fut chargé de prendre des chevaux de poste et de porter sur-le-champ à Necker ces deux missives.

Par un de ces jeux bizarres de la fortune, Necker se trouva à Bâle, dans l'auberge où venait d'arriver la duchesse de Polignac, que les alarmes de l'amitié et la fureur des partis avaient obligée de fuir de France. Ils se rencontrèrent avec surprise, s'entretinrent avec curiosité, presque avec sympathie. Ce fut la favorite de la reine qui apprit au ministre disgracié le soulèvement que sa retraite avait causé :

les barrières incendiées, la Bastille prise et détruite, la nomination et la démission des cinq nouveaux ministres. Necker était à peine sorti de cet entretien qu'il rentra chez la duchesse, tenant à la main les lettres du roi et de l'assemblée nationale qui l'invitaient à venir reprendre la place dont on l'avait éloigné. Voici la lettre de Louis XVI à Necker :

« Versailles, le 16 juillet 1789.

» Je vous avais écrit, monsieur, que dans un
» temps plus calme je vous donnerais des preuves
» de mes sentiments; mais cependant le désir que
» les états généraux et la ville de Paris témoignent
» m'engage à hâter le moment de votre retour. Je
» vous invite donc à revenir le plus tôt possible re-
» prendre auprès de moi votre place. Vous m'avez
» parlé en me quittant de votre attachement : la
» preuve que je demande est la plus grande que
» vous puissiez me donner dans cette circonstance. »

Necker n'hésita point à reprendre le timon des affaires, et se mit sur-le-champ en route pour revenir.

# NECKER,

PREMIER MINISTRE DES FINANCES.

(Troisième ministère.)

## 29 JUILLET 1789 AU 4 SEPTEMBRE 1790.

Jamais circonstance plus solennelle ne s'est présentée dans la vie d'un homme d'État : la gloire de Necker était à son comble ; sa popularité ne pouvait plus s'accroître ; son voyage de Bâle à Paris fut une marche triomphale. Les acclamations les plus vives retentissaient à son entrée dans chaque ville ; le peuple se pressait autour de lui ; on dételait ses chevaux ; les citoyens de toutes les classes traînaient sa voiture aux cris de *Vive Necker !* Les femmes de la campagne se mettaient à genoux sur son passage : en aucun temps un ministre n'a inspiré de tels transports.

A son arrivée à Versailles (1), on vit toute la po-

---

(1) 28 juillet 1789, au soir.

pulation et les quatre compagnies des gardes françaises aller au-devant de lui. Les corps civils et militaires se rendirent au contrôle général et le félicitèrent de son heureux retour. Necker vint le jour suivant faire son entrée à Paris; il partit au bruit de la musique des gardes françaises; les milices de Versailles et de Sèvres composaient un brillant cortége; on avait disposé sur la route des piquets de dragons; une multitude immense l'attendait à la barrière des Bons-Hommes; une garde nombreuse de citoyens, précédée de détachements de cavalerie, environna sa voiture : une joie folle éclatait de toutes parts; l'air retentissait des cris de Vive la nation! vive Necker! Hommes, femmes, enfants, accouraient sur son passage; les uns lui présentaient des bouquets, lui offraient des couronnes; d'autres couvraient de baisers les mains de madame Necker; tous appelaient Necker le père du peuple, le sauveur de la nation.

Le ministre accueillit avec une orgueilleuse modestie des hommages qui n'appartenaient qu'au souverain. Cet enthousiasme ne devait pas être de longue durée : avant peu nous allons voir Necker perdre sa popularité et toute espèce d'influence sur l'assemblée nationale. On ne tardera pas à s'apercevoir que tout le système social était changé; il existait toujours un roi, une assemblée représentative, un peuple; mais le pouvoir et la force n'étaient plus dans les mêmes mains; l'anarchie commençait déjà à se faire sentir : le trésor était vide; l'organisation financière détruite; les impôts, dont la réforme était promise, cessaient d'être payés; le produit des autres branches de revenu était presque nul. Un emprunt devenait donc indispensable pour faire face aux dépenses urgentes; mais Necker, qui, quelques jours auparavant, était l'idole de la France, Necker, que l'assemblée nationale avait redemandé, avait déjà perdu son influence et sa popularité; il n'eut pas le crédit de fixer le taux de ce premier emprunt de 30 millions; il l'avait proposé à cinq pour cent; toutes les mesures de le réaliser étaient prises, les soumissions faites, l'emprunt rempli d'avance. L'assemblée, plus confiante dans ses propres lumières que dans celles du ministre, réduisit l'intérêt à quatre et demi pour cent. Les capitalistes retirèrent leurs soumissions; à peine put-on placer 2,500,000 livres.

Cet échec fut fatal à un second emprunt de 80 millions, moitié en argent et moitié en effets publics, que Necker se vit contraint de proposer bientôt après.

Plus tard Necker mit sous les yeux de l'assemblée nationale le tableau de la situation du royaume, la détresse du trésor public accrue, les revenus suspendus par la misère du peuple, ou interceptés dans plusieurs provinces par les troubles; 50 millions versés dans les différents marchés de l'Europe pour acheter la subsistance du citoyen et pesant contre la France dans la balance du commerce; le voyageur repoussé du royaume par le malheur des divisions; le Français fuyant sa patrie et portant à l'étranger nos richesses, en les dérobant à la circulation; la défiance attachée à toutes nos opérations, la ressource même des anticipations évanouie, le numéraire disparu, le vide dans toutes les caisses. Le déficit ordinaire, qui dans le mois d'avril précédent était de 56 millions, s'élevait en ce moment (24 septembre 1789) à 61 millions; il faut pour le service des trois mois suivants 81 millions en sus des rentrées présumées; il faut 81 millions pour l'année suivante, et en outre il est indispensable de procéder à l'extinction d'une partie des anticipations qui dévorent les revenus de l'État. Après cet affligeant tableau, le ministre exposa ses moyens pour remédier à la pénurie du trésor.

M. de Montesquiou présenta au nom du comité de finances le résultat des travaux de ce comité, appliqués au plan d'amélioration proposé par Necker. Après avoir supputé dans le plus grand détail la quotité du déficit, les réductions nécessaires pour le combler, le produit des impôts existants et des impôts à établir, il déclara que le plan du ministre paraissait digne que l'assemblée l'adoptât de confiance; Mirabeau fut aussi de cet avis, soit qu'il le pensât comme il le disait, soit qu'il fût persuadé que les ressources proposées seraient insuffisantes et qu'il ne fût pas fâché d'exposer le ministre à une méprise, ou que, sollicité par les banquiers et les capitalistes, il ne crût pas devoir faire manquer une mesure conforme à leurs intérêts. Il était question dans le projet d'une contribution patriotique du quart du revenu, et de proposer à l'assemblée de décréter que la vaisselle d'argent serait reçue à raison de 54 francs le marc à la Monnaie, et à 58 francs pour être placés dans le précédent emprunt; enfin de transformer la caisse d'escompte en une banque nationale. Mirabeau avait du goût pour les discussions de finances, sans qu'on puisse dire que la solidité de ses idées y fût aussi réelle que l'art et l'adresse avec lesquels il savait présenter ses opinions.

« Il y a trois jours, dit Mirabeau, que le ministre
» des finances vous a peint les dangers qui vous en-
» vironnent avec l'énergie que réclame une situation
» désespérée. Il vous demande les secours les plus
» urgents; il vous indique des moyens, il vous
» presse de les accepter. Votre comité de finances
» vient de vous soumettre un rapport parfaitement
» conforme à l'avis du ministre; c'est sur cet avis et
» sur ce rapport qu'il s'agit de délibérer.

» Examiner le projet du ministre des finances,
» c'est une entreprise tout à fait impraticable. La
» seule vérification des chiffres consommerait des

» mois entiers ; et si les objections qu'on pourrait lui
» faire ne portent que sur des données hypothétiques,
» les seules que la nature de notre gouvernement
» nous ait permis jusqu'ici de nous procurer, n'au-
» rait-on pas mauvaise grâce de provoquer des ob-
» jections de cette nature dans des moments si pressés
» et si critiques?

» Il n'est pas de votre sagesse, messieurs, de vous
» rendre responsables de l'événement, soit en vous
» refusant à des moyens que vous n'avez pas le loisir
» d'examiner, soit en leur en substituant que vous
» n'avez pas celui de combiner et de réfléchir. La
» confiance sans bornes que la nation a montrée
» dans tous les temps au ministre des finances, que
» ses acclamations ont rappelé, vous autorise suffi-
» samment, ce me semble, à lui en montrer une illi-
» mitée dans ces circonstances. Acceptez ces propo-
» sitions sans les garantir, puisque vous n'avez pas
» le temps de les juger; acceptez-les de confiance
» dans le ministre, et croyez qu'en lui déférant cette
» espèce de dictature provisoire, vous remplirez vos
» devoirs de citoyens et de représentants de la nation.
» Que si, à Dieu ne plaise, le premier ministre des
» finances échouait dans sa pénible entreprise, le
» vaisseau public recevrait sans doute une grande
» secousse sur l'écueil où son pilote chéri l'aurait
» laissé toucher; mais ce heurtement ne nous dé-
» couragerait pas; vous seriez là, messieurs, votre

» crédit serait intact, la chose publique resterait tout
» entière. »

Accueillie d'abord avec enthousiasme, cette proposition parut ensuite mécontenter tout le monde. Les uns trouvaient qu'en l'adoptant l'assemblée avait l'air d'abandonner sans discussion les intérêts qui lui étaient confiés ; d'autres croyaient y voir l'intention de faire peser toute la responsabilité sur le ministre. Il a fallu, à deux reprises, toute l'éloquence, tout le talent de Mirabeau, pour ramener les opinions au point où il les avait déjà réunies ; voici les paroles remarquables qu'il prononça avec l'accent de la plus véhémente impression :

« Deux siècles de déprédations et de brigandages
» ont creusé le gouffre où le royaume est près de
» s'engloutir. Il faut le combler, ce gouffre effroyable.
» Eh bien, voici la liste des propriétaires français ;
» choisissez parmi les plus riches, afin de sacrifier
» moins de citoyens. Mais choisissez : et ne faut-il
» pas qu'un petit nombre périsse pour sauver la
» masse du peuple ? Allons, ces deux mille notables
» possèdent de quoi combler le déficit. Ramenez
» l'ordre dans vos finances, la paix et la prospérité
» dans le royaume ; frappez, immolez sans pitié ces
» tristes victimes ; précipitez-les dans l'abîme, il va
» se refermer. Vous reculez d'horreur, hommes pu-
» sillanimes ! Eh ! ne voyez-vous pas qu'en décré-
» tant la banqueroute, ou, ce qui est plus odieux

» encore, en la rendant inévitable sans la décréter,
» vous vous souillez d'un acte mille fois plus cri-
» minel, et, chose inconcevable! gratuitement cri-
» minel; car enfin cet horrible sacrifice ferait du
» moins disparaître le *déficit*. Mais croyez-vous,
» parce que vous n'aurez pas payé, que vous ne
» devrez plus rien? Croyez-vous que les milliers,
» les millions d'hommes qui perdront en un instant,
» par l'explosion terrible ou par ses contre-coups,
» tout ce qui faisait la consolation de leur vie, et
» peut-être leur unique moyen de la soutenir, vous
» laisseront paisiblement jouir de votre crime? Con-
» templateurs stoïques des maux incalculables que
» cette catastrophe vomira sur la France; impassibles
» égoïstes, qui pensez que ces convulsions du dés-
» espoir et de la misère passeront comme tant d'au-
» tres, et d'autant plus rapidement qu'elles seront
» plus violentes, êtes-vous bien sûrs que tant
» d'hommes sans pain vous laisseront tranquillement
» savourer les mets dont vous n'aurez voulu dimi-
» nuer ni le nombre ni la délicatesse?..... Non, vous
» périrez; et, dans la conflagration universelle que
» vous ne frémissez pas d'allumer, la perte de votre
» honneur ne sauvera pas une seule de vos détesta-
» bles jouissances.

» Voilà où nous marchons..... J'entends parler de
» patriotisme, d'élans de patriotisme, d'invocations
» au patriotisme. Ah! ne prostituez pas ces mots de

» patrie et de patriotisme. Il est donc bien magna-
» nime l'effort de donner une portion de son revenu
» pour sauver tout ce qu'on possède! Eh! messieurs,
» ce n'est là que de la simple arithmétique; et celui
» qui hésitera ne peut désarmer l'indignation que
» par le mépris que doit inspirer sa stupidité. Oui,
» messieurs, c'est la prudence la plus ordinaire, la
» sagesse la plus triviale, c'est votre intérêt le plus
» grossier que j'invoque.....

» Votez donc ce subside extraordinaire, et puisse-
» t-il être suffisant! Votez-le, parce que si vous avez
» des doutes sur les moyens (doutes vagues et non
» éclaircis), vous n'en avez pas sur sa nécessité et sur
» notre impuissance à le remplacer, immédiatement
» du moins. Votez-le, parce que les circonstances
» politiques ne souffrent aucun retard, et que nous
» serions comptables de tout délai. Gardez-vous de
» demander du temps; le malheur n'en accorde ja-
» mais..... Aujourd'hui la banqueroute, la hideuse
» banqueroute est là, elle menace de consumer vous,
» vos propriétés, votre honneur..... et vous déli-
» bérez! »

Ce discours improvisé produisit un effet extraordinaire sur les membres de l'assemblée, d'opinions
et de passions contraires; tout l'auditoire fut élec-
trisé; un seul député se leva et dit : *Je demande à
répondre à Mirabeau.* Il resta le bras tendu, immo-
bile et muet, comme si son entreprise l'avait glacé

d'épouvante. Ce fut pour Mirabeau un véritable triomphe; il obtint les suffrages de la majorité, et le plan du ministre fut adopté de confiance.

L'assemblée nationale s'empara bientôt de l'administration du trésor public; elle se rendit les négociations faciles en créant pour 400 millions de papier-monnaie; cette masse déjà énorme d'assignats se trouvait avec 160 millions de billets de la caisse d'escompte, qui avaient cours forcé. Ces 400 millions d'assignats devaient être garantis par les ventes des domaines de la couronne et du clergé, jusqu'à concurrence d'une pareille somme; ils pouvaient être reçus en payement pour l'achat de ces domaines nationaux.

Parmi les réformes financières qui furent discutées dans l'assemblée nationale, le premier article porta sur les dépenses du roi et de sa maison, à laquelle on donna le nom de *Liste civile*, à l'instar des Anglais. L'assemblée envoya une députation au roi pour le supplier de fixer la somme qu'il désirait pour sa maison et sa famille; le président, chef de la députation, devait prier Sa Majesté de consulter moins son esprit d'économie que la dignité de la nation, qui demande que le train d'un grand monarque soit environné d'un grand éclat.

Le roi, en témoignant sa sensibilité, répondit qu'il attendrait pour s'expliquer que le payement des rentes et des dépenses générales fût assuré: « Ce

» qui me regarde personnellement, ajoutait ce mal-
» heureux prince, est dans la circonstance présente
» ma moindre inquiétude. » Cette réponse, où se
peignait l'âme du vertueux Louis XVI, fut rendue
à l'assemblée et applaudie avec émotion. La liste civile fut fixée à 25 millions, et un douaire de 4 millions fut assigné à la reine.

On continua l'examen des dépenses; celle des
pensions frappait surtout la législature; on regrettait 29,900,000 livres distribuées annuellement en
grâces pécuniaires: les abus étaient trop excessifs
pour que l'on n'y apportât point sur-le-champ un
prompt remède. On décréta d'abord le payement,
jusqu'au 1er janvier 1790, des pensions de 3,000 livres et au-dessous, et le payement provisoire de
3,000 livres pour les pensions plus fortes. Le maximum pour les septuagénaires fut porté à 12,000 livres; on arrêta qu'il n'en serait payé aucune à tout
Français absent sans mission expresse. Enfin, on suspendit, à compter du 1er janvier 1790, toutes les
pensions jusqu'à ce qu'elles eussent été revues et réglées par l'assemblée. Alors fut créé le fameux comité des pensions (1), qui porta ses recherches sur

---

(1) Voici la liste des membres de ce comité : Camus, Gou-
pil de Préfeln, Gaultier de Biauzat, l'abbé d'Expilly, le
marquis de Montcalm-Gozon, le baron Félix de Wimpffen,
Freteau, Treilhard, de Menou, de Champeau-Palasne, Cot-
tin, L. M. de L'Épeaux.

tous les comptes les plus cachés, et demanda à prendre connaissance du *livre rouge*, où se trouvaient portées les dépenses secrètes. Necker résista, avec une opiniâtreté dangereuse, à mettre l'assemblée dans la confidence de ce registre; mais ses efforts furent vains. La première communication du livre rouge a été donnée au comité des pensions chez Necker, en présence de Montmorin, ministre des affaires étrangères, le 15 mars 1790. Necker ayant rappelé au comité le désir que le roi avait qu'on ne prît pas connaissance de la dépense de son aïeul, les membres du comité y consentirent et s'abstinrent de porter un œil curieux sur cette dépense; ils commencèrent la lecture de ce livre au premier article du règne de Louis XVI.

La lecture finie, le comité demanda que le livre rouge lui fût envoyé au lieu de ses assemblées, pour y être examiné librement et pour que les membres du comité pussent prendre toutes les notes qu'ils jugeraient à propos. On consentit à ce que la seule portion qui avait rapport au règne de Louis XV fût scellée d'une bande de papier. L'envoi demandé eut lieu.

Camus, membre du comité de finances, s'exprime ainsi dans son rapport (1): « Il résulte de la lecture

---

(1) Séance du 18 mars 1790.

» de ce livre de nouveaux motifs d'amour pour le
» roi. Tous les Français y verront qu'au moment
» où ses ministres le trompaient pour verser des mil-
» lions sur d'inutiles courtisans, il ne prenait rien
» pour lui, et qu'entouré de déprédations qu'il ne
» connaissait pas, il sacrifiait même ses jouissances
» personnelles à la bienfaisance et à l'économie. »

Les partisans de la révolution, ennuyés de Necker, lui suscitaient chaque jour de nouveaux désagréments. Necker, entretenu dans l'agréable pensée que le salut de la France et la tranquillité de l'Europe reposaient sur son existence ministérielle, avait de fréquentes discussions avec le comité de finances. Peut-être qu'effrayé de l'abîme où était plongée la monarchie, il se flattait encore de diriger les événements; mais Necker, malgré son immense popularité, n'avait recueilli de ses travaux que la haine des uns, le mépris des autres et l'indifférence de la multitude..... On voulait s'en débarrasser. Camus l'accusa de faire passer de l'argent au comte d'Artois. Necker répondit à cette accusation par une longue lettre. Il s'y plaignait des assertions calomnieuses répandues dans d'infâmes libelles, dont jusqu'à ces derniers temps il avait ignoré l'horrible puissance. Il assurait qu'il était le plus ancien et le plus fidèle ami du peuple, que chaque jour il devenait plus attristé, voyant, par le cours des délibérations, qu'il était inutile à la chose publique; que, ses forces s'affaiblissant sous le travail, les inquiétudes, les épreuves de tout genre, il aspirait à trouver le repos et à s'éloigner pour toujours du monde et des affaires; qu'il désirait connaître promptement si d'aucune part on avait des reproches à lui faire, certain qu'il était de ne s'être jamais distrait un moment du bien public et de la rigide observation de ses devoirs; qu'il ne craignait point d'être appelé à toutes les preuves que les représentants de la nation jugeraient nécessaires.

Les protestations de Necker ne lui rendirent point sa popularité. L'état des finances devenait de jour en jour plus alarmant, les impôts ne se payaient point, le déficit augmentait dans une progression effrayante. Il fallait de grands et de prompts moyens pour subvenir aux dépenses et ramener le crédit public. L'assemblée nationale, loin d'approuver les mesures d'ordre que proposait Necker, profita de ces circonstances malheureuses pour fonder la révolution sur la plus solide base, celle de la fortune publique, par la vente des domaines nationaux.

On discutait pour savoir si les effets donnés en remboursement aux créanciers de l'État seraient en quittances de finances, comme le proposait l'abbé de Montesquiou au nom du comité, dont il était rapporteur, ou en assignats, à la volonté des créanciers, ou seulement dans cette dernière monnaie; il s'agissait, en un mot, d'en créer pour 1,900 millions.

Mirabeau sentit tout de suite les avantages qu'offrait à la révolution ce dernier mode de payement : il les soutint avec force et avec toute la subtilité de sa dialectique. Il avait l'avantage de parler dans son opinion et dans le sens de la majorité, qui voulait la révolution. Mais quelque intéressants qu'aient été les discours qu'il prononça à ce sujet, nous en ferons le sacrifice, nous bornant aux passages qui offrent le plus d'intérêt :

« Je propose d'acquitter, dès à présent, la dette
» exigible, la dette arriérée et les finances des charges
» supprimées. C'est à cette partie de la dette publique
» que je borne le remboursement actuel que nous
» devons faire, et je propose pour cela une émission
» suffisante d'assignats-monnaie; car les émissions
» partielles pourraient bien apporter quelques faci-
» lités momentanées au trésor public; mais, tout en
» affaiblissant le gage national, elles ne changeraient
» pas l'état de la nation.......

» Osons, messieurs, fixer le mal dans son éten-
» due, ou plutôt pénétrons-nous de cette espérance,
» tout se ranimera; les affaires marcheront vers un
» rétablissement général; les esprits agités par le be-
» soin et par la crainte reprendront leur calme quand
» l'industrie sera réveillée, quand les bras trouve-
» ront de l'occupation, quand un ressort énergique
» sera employé à un mouvement nécessaire, quand
» enfin la circulation des espèces, par des moyens

» sages et faciles, atteindra les classes moins aisées
» de la société.

» Eh! messieurs, si vous aviez dans les mains un
» moyen simple et déjà éprouvé de multiplier les
» défenseurs de la révolution, de les réunir par l'in-
» térêt aux progrès de vos travaux; si vous pouviez
» réchauffer par quelque moyen, en faveur de la
» constitution, ces âmes froides, qui, n'apercevant
» dans les révolutions des gouvernements que des
» révolutions de fortunes, se demandent: Que per-
» drai-je? que gagnerai-je? si vous pouviez même
» changer en amis et en soutiens de la constitu-
» tion ses détracteurs et ses ennemis, cette multi-
» tude de personnes souffrantes qui voient leur
» fortune comme ensevelie sous les ruines de l'an-
» cien gouvernement, et qui accusent le nouveau
» de leur détresse; si, dis-je, il existait un moyen
» de réparer tant de brèches, de concilier tant d'in-
» térêts, de recevoir tant de vœux, ne trouveriez-
» vous pas que ce moyen joindrait de grands
» avantages à celui de faire face à nos besoins, et
» que la saine politique devrait s'empresser de l'ac-
» cueillir?

» Or, considérez, je vous supplie, les assignats-
» monnaie sous ce point de vue; ne remplissent-ils
» pas éminemment cette condition? Vous hésiteriez
» à les adopter comme une mesure de finance, que
» vous les embrasseriez comme un moyen sûr et

» actif de la révolution. Partout où se placera un
» assignat-monnaie, là sûrement reposera avec lui
» un vœu secret pour le crédit des assignats, un
» désir de leur solidité; partout où quelque partie
» de ce gage public sera répandue, là se trouveront
» des hommes qui voudront que la conversion de
» ce gage soit effectuée, que les assignats soient
» échangés contre des biens nationaux; et comme
» enfin le sort de la constitution tient à la sûreté de
» cette ressource, partout où se trouvera un porteur
» d'assignats, vous compterez un défenseur néces-
» saire de vos mesures, un créancier intéressé à vos
» succès. »

Necker déclara qu'il ne pouvait donner aucun assentiment au plan du comité; qu'il le regardait comme infiniment dangereux; qu'en examinant les différentes propositions que l'on avait faites, il n'avait d'autre but, en ce moment, que d'opposer une première résistance à celle de ces propositions qui le frappait le plus et lui paraissait la plus désastreuse; mais qu'il n'en connaissait aucune qui ne fût préférable à un genre de ressource qui séduirait peut-être par sa simplicité, si cette simplicité n'était pas le renversement de tous les obstacles.

L'assemblée n'eut aucun égard aux observations de Necker; cependant le ministre avait raison : ce n'était pas tant d'après l'effet salutaire du moment que l'on devait juger les assignats, que d'après l'effet qu'ils auraient nécessairement dans la suite de la révolution.

Quelques jacobins, renforcés d'hommes de la populace, se portèrent autour de l'assemblée et demandèrent à grands cris le renvoi des ministres..... Necker, abreuvé de dégoûts et d'inquiétudes, écrivit au président de l'assemblée que sa santé était depuis longtemps affaiblie par une suite continuelle de travaux et de peines; qu'il différait pourtant d'un jour à l'autre d'exécuter le plan qu'il avait formé de profiter des restes de la belle saison et de se rendre aux eaux, comme on lui en avait donné le conseil absolu; qu'écoutant son zèle et son dévouement, empressé de déférer au vœu que lui avait témoigné l'assemblée, il s'était livré à un travail extraordinaire sur l'état des finances; qu'un nouveau retour qu'il venait d'éprouver des maux qui l'avaient mis en grand danger cet hiver, et les inquiétudes mortelles d'une femme aussi vertueuse que chère à son cœur, le décidaient à ne point tarder de suivre son plan de retraite, en allant retrouver l'asile qu'il avait quitté pour se rendre aux ordres de l'assemblée; qu'elle approcherait, à cette époque, du terme de sa session, et qu'il serait hors d'état d'entreprendre une nouvelle carrière. Necker, après cet hommage à son éternel orgueil et au besoin toujours nouveau de parler de lui, ajoutait qu'il avait remis, le 21 juillet, le compte de la recette et de la dépense du trésor public, depuis le 1ᵉʳ mai 1789 jusqu'au 1ᵉʳ mai 1790; que l'assemblée avait chargé son comité de finances d'examiner ce compte; qu'à la vérité cet examen n'était pas fini, mais qu'il laissait en garantie de son administration sa maison de Paris et ses fonds au trésor public, consistant en 2,400,000 livres; qu'il demandait à retirer de cette somme 400,000 livres dont l'état de ses affaires lui rendait la disposition nécessaire; que les inimitiés, les injustices qu'il avait éprouvées lui donnaient l'idée de la garantie qu'il venait d'offrir; mais quand il rapprochait cette pensée de sa conduite dans l'administration des finances, il lui était permis de la réunir aux singularités qui avaient accompagné sa vie; qu'au reste son état de souffrance en ce moment l'empêchait de mêler à cette lettre les sentiments divers qu'en cette circonstance il eût eu le désir et le besoin de répandre.

L'assemblée reçut l'annonce du départ de Necker avec la plus humiliante indifférence : les factieux s'en réjouirent. Cet homme qui quelques mois auparavant avait traversé la France en triomphateur fut partout traité en fugitif qui se dérobe à une responsabilité qu'il appréhende. La municipalité d'Arcis-sur-Aube le fit arrêter à son passage dans cette ville, et manda ensuite à l'assemblée qu'elle attendait ses ordres sur la conduite qu'elle devait tenir à l'égard de Necker. Un nommé Montpassant

demanda que l'on défendît au ministre Necker de sortir du royaume. Enfin, des hommes plus charitables obtinrent que l'on ordonnerait à la municipalité d'Arcis-sur-Aube de remettre Necker en liberté; que l'on accompagnerait cet ordre d'une lettre propre à lui servir de passe-port et à assurer son voyage. « Je consens à la lettre, reprit d'un ton
» d'humeur Camus; mais que l'on se garde bien de
» complimenter l'ancien ministre sur son adminis-
» tration. »

Telle fut la fin de la carrière ministérielle de Necker; de cet homme qui, né sans biens, commis subalterne chez un banquier, devient son associé; fonde en son propre nom une maison de commerce, y acquiert une richesse rarement portée en France; par le commerce, à un tel degré; passe dans une carrière nouvelle, celle de l'administration, à laquelle il n'était point destiné; s'affranchit bientôt du supérieur qui lui avait été donné; acquiert la plus brillante réputation; et, après des revers qui n'attaquent que son existence ministérielle et ne portent point atteinte à la haute opinion qu'il a inspirée de son génie, parvient à se placer sur les marches du trône; se rend le conseil, le guide, le favori d'une grande nation; lie son existence ministérielle avec le salut de l'État; fait retentir de sa renommée toute l'Europe; inspire un enthousiasme qui ne permet pas d'apercevoir ses fautes, l'élève au-dessus des plus grands ministres, et croit voir en lui l'homme nécessaire : imposante illusion, qui n'est enfin détruite que par l'assemblée nationale, dont l'organisation lui avait paru le chef-d'œuvre de son habileté et le point d'appui de sa puissance.

La profession solennelle qu'il a faite d'une morale pure et de principes austères dans la régie de la fortune publique est un service rendu à l'administration; en vain ses ennemis ont voulu la faire regarder comme une vaine ostentation et une fausseté : cette intégrité était d'autant plus marquante qu'elle ramenait les hommes en place à une décence de procédés qui contient l'improbité. Malheureusement obligés à une censure fréquente pour être justes, nous trouvons une consolation à rendre hommage aux vertus de Necker; il est le premier ministre qui ait publié des comptes officiels, et ait instruit la nation du produit et de l'emploi des subsides; au milieu de la série des chefs de la finance, on remarque avec admiration l'homme de bien qui refusa les émoluments attachés à des fonctions pénibles, l'homme désintéressé qui versa deux millions de sa fortune privée dans les coffres de l'État.

# LAMBERT,

CONTRÔLEUR GÉNÉRAL DES FINANCES.

ANNÉE 1790.

Necker remplissait les fonctions de premier ministre; il avait sous lui Lambert, contrôleur général. A la retraite de Necker, Lambert continua d'être chargé de la direction des finances.

Un décret autorisa la caisse d'escompte à verser 20 millions dans le trésor public.

Nous avons déjà vu que l'on s'occupait à l'assemblée nationale d'une création de 1,900 millions d'assignats (1); un débat de cette importance ne pouvait se terminer de suite : dans la séance où la question fut décidée (2), Mirabeau fit de nouveaux efforts pour répondre aux nombreuses objections des adversaires du projet; son opinion était aussi

---

(1) Voyez page 127.
(2) 27 septembre 1790.

celle de la majorité de l'assemblée, qui, comme lui, voyait dans ce papier une garantie et une sûreté pour la révolution.

La majeure partie du discours qu'il prononça perdrait de son intérêt aujourd'hui ; les talents oratoires qu'il y développa ne s'appliquaient qu'au moment, et ils furent d'autant plus remarquables, qu'en tout ce sont toujours les circonstances qui influent le plus sur l'esprit des hommes, et qu'elles offrent d'autant plus d'obstacles à la persuasion, qu'elles se trouvent plus opposées aux principes que l'orateur établit. Le triomphe de celui-ci en fut plus grand, et ce fut le triomphe de Mirabeau.

« Il n'est pas dans la nature des choses, dans les
» conjonctures calamiteuses où nous sommes, d'user
» d'un moyen qui n'offre aucune difficulté ; celui des
» assignats-monnaie, sans doute, n'en est pas exempt.
» Ce n'est point ici l'objet d'un choix spéculatif et
» libre en tout point, c'est une mesure indiquée par
» la nécessité ; celle qui nous semble le mieux ré-
» pondre à tous les besoins, qui entre dans tous les
» projets qui vous ont été offerts, et qui nous donne
» au moins quelque empire sur les événements et
» sur les choses.

» Ainsi, messieurs, tout doit fortifier votre cou-
» rage. Si vous aviez prêté l'oreille jusqu'à ce jour
» à toutes les instances des préjugés, des vues parti-
» culières et des folles craintes ; votre constitution

» serait à refaire; aujourd'hui, si vous défériez à
» tous ces intérêts privés qui se croisent et se com-
» battent les uns les autres, vous finiriez par com-
» poser avec le besoin, vous concilieriez mal les
» opinions, et la chose publique resterait en souf-
» france. C'est d'une hauteur d'esprit qui embrasse
» les idées générales que doivent partir les lois des
» empires. Un administrateur qui viendrait nous
» vanter l'art de ménager tous les détails, comme
» formant le véritable génie de l'administration,
» vous donnerait sa mesure; il vous apprendrait bien
» le secret de tous les embarras qui ont fatigué sa
» marche, mais il ne vous apprendrait pas celui
» d'assurer la vôtre : osez être grands, sachez être
» justes, on n'est législateur qu'à ce prix. »

L'assemblée était restée, en quelque sorte, incertaine sur la détermination qu'elle devait prendre,
jusqu'à ce qu'elle eut entendu une seconde fois
Mirabeau. Le succès de l'orateur fut complet; il répondit victorieusement aux difficultés qu'on oppo-
sait à l'émission d'une aussi grande quantité d'assignats, et surtout à l'obligation de les recevoir comme
monnaie courante. Son discours entraîna la conviction du plus grand nombre de députés; et, après
avoir entendu quelques-uns d'eux sur des amendements proposés, l'assemblée décréta, à la majorité
de 552 voix contre 423, une émission de 800 millions d'assignats forcés et sans intérêt, lesquels de-

vaient être employés à l'acquit de la dette non constituée. Il ne pouvait en être fait de nouveaux que par un décret du corps législatif, et toujours sous la condition qu'ils ne pussent excéder la valeur des biens nationaux, ni se trouver en somme totale au-dessus de 1,200 millions en circulation (1).

---

(1) On a vu, page 123, qu'il y en avait déjà de créés pour 400 millions.

## VALDEC DE LESSART,

#### CONTRÔLEUR GÉNÉRAL DES FINANCES.

ANNÉE 1790.

Lambert s'étant retiré du contrôle général, Valdec de Lessart fut nommé à cette place, dont les fonctions étaient devenues presque nulles depuis que le comité de finances de l'assemblée nationale s'était arrogé le droit de régir les dépenses et les recettes de l'État; de Lessart ne fit, pour ainsi dire, que paraître au contrôle général des finances, qu'il quitta presque de suite pour prendre le portefeuille de l'intérieur; plus tard il fut ministre des affaires étrangères.

# TARBÉ,

### MINISTRE DES CONTRIBUTIONS PUBLIQUES.

#### MAI 1791 A MARS 1792.

Le ministère des finances disparut devant l'institution de la trésorerie nationale, qui en recueillit presque toutes les attributions sous la surveillance du comité de finances de l'assemblée nationale : Tarbé, ancien premier commis, fut nommé ministre des contributions; il était seulement chargé d'assurer l'assiette et la perception des impôts. Les deniers, une fois versés par les percepteurs dans les caisses des receveurs de district, y étaient exclusivement à la disposition des commissaires de la trésorerie, qui étaient au nombre de six;

M. Gaudin, depuis duc de Gaëte, ministre des finances, et plus tard gouverneur de la Banque de France;

M. Devaines, ancien premier commis des finances sous le ministère de Turgot;

M. Dutremblay, ancien magistrat de la cour des comptes, depuis directeur général de la caisse d'amortissement;

M. Savalette de Lange, ancien garde du trésor royal;

M. de la Fontaine, ancien premier commis du trésor royal, mort caissier général de la Banque de France;

M. Lhermina.

Ces six commissaires étaient préposés à la garde du trésor, et trois membres de l'assemblée nationale furent chargés de surveiller les opérations de ces commissaires, qui n'avaient de relation qu'avec le comité de finances de l'assemblée; ils devaient pourvoir au payement de toutes les dépenses générales, dans toute l'étendue de la France; ils devaient veiller à ce qu'aucune somme ne fût payée qu'en vertu du décret qui l'aurait mise à la disposition du ministre, et pour l'objet seulement auquel elle aurait été destinée. Les ordonnances délivrées par les divers ministres ne pouvaient être acquittées qu'après que le payement en avait été autorisé par le *visa* de *trois* au moins des commissaires de la trésorerie, qui, dans le cas où ils jugeaient une ordonnance irrégulière, devaient en suspendre l'acquittement et en référer au comité de finances; c'était l'objet de leur travail habituel avec le comité, qui se réunissait trois ou quatre fois par semaine, pour entendre leurs rapports et prononcer sur les difficultés (1). Les commissaires de la trésorerie devaient aussi subvenir, dans les pays étrangers, aux frais de tous les services des armées, du moment qu'elles avaient franchi les frontières. Des délégués de la trésorerie étaient placés auprès de ces armées, munis des pouvoirs qui leur étaient nécessaires pour maintenir l'observation rigoureuse des décrets et résister à toute prétention contraire.

Le comité de la trésorerie était tour à tour présidé par un des commissaires. Cette présidence durait un mois, pendant lequel celui qui exerçait cette fonction devait, à deux époques, travailler avec le roi. Ce travail se réduisait à mettre sous ses yeux l'état de situation des recettes effectuées, et à présenter à sa signature des ordonnances en masse, pour régulariser les sorties de fonds de la caisse générale. C'est à ces formalités insignifiantes que le parti républicain avait borné le concours de l'autorité royale à l'administration du trésor public.

A compter de 1791, les impositions se trouvèrent réparties d'après la nouvelle division de la France en départements et en districts; ces derniers étaient au nombre de cinq cent quarante-quatre; dans

---

(1) La même marche fut suivie jusqu'au 10 novembre 1799, époque du consulat.

chacun d'eux était établi un receveur, et il avait été ordonné que chacun de ces receveurs verserait directement à Paris le produit de ses recéttes.

Nous entrons dans une époque dont la situation est pénible à tracer; on continue de créer des assignats; les dons patriotiques fournis dans tout le royaume depuis deux ans font au total une somme d'environ 31 millions; et quel emploi faisait-on alors de la fortune publique? 2 millions de récompenses sont accordés aux personnes qui avaient concouru à l'arrestation du roi à Varennes. Le maître de poste de Sainte-Menehould, Drouet, y fut compris pour 30,000 livres. Notre plume se refuse à rappeler une foule de faits de cette nature, qu'il faut effacer de notre mémoire.

Dans la séance du 7 mars 1792, M. Laffon-Ladebat, président du comité de finances, fit à l'assemblée nationale un rapport sur l'état général des dépenses et des moyens pour l'année 1792. Il s'exprime en ces termes : « Quels que soient les » événements, le service de cette année exigera de » grandes dépenses; et puisque nous ne pouvons » vous donner que des aperçus sur quelques objets, » nous ne vous les présenterons que d'après les » calculs les plus vraisemblables, et en forçant » plutôt tout ce qui est encore indéterminé, qu'en » le réduisant, parce que nous croyons essentiel que » l'état général des dépenses annuelles ne soit jamais

» excédé. C'est ainsi que la confiance publique s'é-
» tablira; car le peuple sera toujours fondé à croire
» qu'on le trompe, quand, après des états très-
» économiques, on ordonnera ensuite, par de nou-
» veaux décrets, de nouvelles dépenses........ Une
» économie sévère est notre premier devoir : car
» nous n'avons pas le droit de demander à la nation
» des contributions plus fortes que celles qui sont
» nécessaires pour remplir ses obligations et salarier
» les fonctionnaires publics que l'administration et
» le servcie de toutes les parties de l'empire exigent.
» Tout ce qui excède ces limites excède aussi nos
» pouvoirs.

» Cette économie est d'autant plus nécessaire,
» qu'une grande partie de nos moyens est dévorée
» par la dette publique dont l'ancien régime a grevé
» la nation française, et qu'elle a eu la loyauté de
» vouloir acquitter....... Enfin, messieurs, dans la
» fixation du salaire des fonctionnaires publics, nous
» avons jugé qu'il était nécessaire d'éviter avec le
» même soin une fixation trop élevée, qui excite-
» rait la cupidité des intrigants, et une fixation trop
» réduite, qui écarterait le citoyen utile, mais peu
» favorisé de la fortune. Nous avons pensé qu'il
» fallait proportionner cette fixation aux talents que
» les différentes parties du service public exigent, à la
» responsabilité qu'elles entraînent, aux études et à
» l'expérience qu'elles supposent, et au temps enfin

» pendant lequel les fonctions publiques sont con-
» fiées. »

Cet état des dépenses et des moyens de l'année 1792, qui s'élève à 1,200,000,000, est un des mieux rédigés et des plus exacts que l'on ait vus pendant la révolution; il fait honneur aux talents et à la loyauté de M. Laffon-Ladebat, et lui mérita, peu de temps après, d'être mis en arrestation par ordre de la Convention.

Tarbé, convaincu qu'il ne lui était plus possible de faire le bien, voyant que le trône était forcé chaque jour à des concessions qui devaient le renverser, n'hésita point à demander sa démission, malgré l'extrême médiocrité de sa fortune; le roi, en l'acceptant, daigna lui en exprimer ses regrets dans une lettre écrite tout entière de sa main.

Une année de ministère, où Tarbé avait développé des talents distingués et fait profession d'attachement au trône et d'une probité à toute épreuve, lui valut, dans ces temps de calamité, la plus dure persécution; il fut compris dans un décret d'accusation, avec de Montmorin, Duport-Dutertre, Duportail et Bertrand de Molleville, et fut obligé de se cacher pendant trois ans pour se dérober aux fureurs des assassins (1).

---

(1) Sous l'empire, le duc de Gaëte, ministre des finances, lui fit obtenir une pension de 6,000 francs; il vécut dans la retraite et mourut en juillet 1806.

# CLAVIÈRE,

MINISTRE DES CONTRIBUTIONS PUBLIQUES.

(Premier ministère.)

MARS A JUIN 1792.

Clavière avait alors la réputation d'un homme habile en finances : le rôle qu'il a joué dans la révolution et ses liaisons avec Mirabeau autorisent à parler de son origine. Il avait été banquier à Genève, sa patrie, lorsque les troubles de 1780 le forcèrent de s'en éloigner : il vint à Paris, où il se lia avec des hommes de sa profession et publia quelques écrits sur les finances. Sous le ministère de Calonne, il fut un des plus ardents détracteurs du jeu sur les fonds publics et sur les actions de la caisse d'escompte et autres compagnies financières : ses goûts et ses opinions le lièrent avec Mirabeau, et ce fut à son école que ce dernier se fortifia dans les discussions de finance et les opérations de banque. Leur caractère avait quelque ressemblance. Clavière était ardent, irascible, ambitieux ; mais il n'avait pas dans le travail la clarté, la force, la logique de Mirabeau : celui-ci, pour faire réussir ses projets, ayant besoin d'hommes adroits et réfléchis, s'attacha Clavière et en fit plusieurs fois l'éloge dans les premières séances de l'assemblée constituante : alors, un mot de cet homme célèbre suffisait pour faire une réputation. Clavière ne fut point ingrat envers son panégyriste; il lui fut utile dans ses attaques réitérées contre Necker, qui, comme on l'a vu, fut précipité par Mirabeau du faîte de la grandeur.

Clavière se lia ensuite avec Brissot, et fut porté par le parti des girondins au ministère des contributions publiques. Le conseil était alors composé de Servan à la guerre, de Duranthon à la justice, de Roland à l'intérieur, de Dumouriez aux affaires étrangères : c'est ce qu'on a appelé le *ministère jacobin*. Les ventes de biens nationaux et les émissions d'assignats continuent; on en compte déjà pour 2,200,000,000; cependant à la bourse 156 livres assignats ne valent que 100 livres espèces.

# BEAULIEU,

MINISTRE DES CONTRIBUTIONS PUBLIQUES.

JUIN A JUILLET 1792.

Le roi, fatigué des ministres que la faction des jacobins lui avait imposés, renvoya Clavière et le remplaça par Beaulieu, dont l'administration ne dura guère que six semaines, et n'offre rien de remarquable.

# LEROUX DE LAVILLE,

MINISTRE DES CONTRIBUTIONS PUBLIQUES.

JUILLET AU 10 AOUT 1792.

Pendant dix jours que Leroux de Laville fut ministre, la monarchie fut sapée jusque dans ses fondements. Dans ces moments de terreur où chacun pensait à sauver sa vie, on ne sait même plus s'il existe un ministre des finances.

Les bijoux et les pierres précieuses du garde-meuble sont enlevés : ce vol est exécuté par d'obscurs brigands, émissaires de la commune de Paris, afin de couvrir une partie des dépenses occasionnées par les préparatifs et les massacres du 10 août et des journées suivantes. Le surplus de ces dépenses se trouve couvert par des assignats dont la fabrication n'est pas même mentionnée sur les registres. Une multitude d'indices ne permet guère de douter que la soustraction des pierres précieuses du garde-meuble n'ait été ordonnée par les meneurs de la commune.

De Laporte, intendant de la liste civile, fut envoyé à la mort sous le prétexte qu'il avait soudoyé les auteurs de libelles contre l'assemblée législative, et les commissaires de la trésorerie nationale furent à la veille d'éprouver le même sort. Dans la journée même du 10 août, une commission extraordinaire avait été nommée pour procéder à une vérification scrupuleuse des caisses de la trésorerie, et rechercher si les commissaires n'avaient pas fourni au roi des fonds pour aider la contre-révolution.

L'usage s'était établi, dans le principe, de payer la liste civile le *premier* de chaque mois pour tout le mois courant. Cette avance, qui n'avait jamais été autorisée, avait été depuis réduite à dix jours, de sorte que le second payement du mois d'août aurait dû se faire le 11 *au matin*. Il arriva ainsi que, par le fait, la trésorerie ne se trouvait pas en avance d'une obole. Si le renversement du trône avait eu lieu deux jours plus tard, on aurait trouvé qu'il aurait été avancé, la veille, près de 700,000 livres, et Dieu sait comme une telle avance aurait été interprétée dans ces premiers moments d'effervescence où l'on voyait la trahison partout!

La commission fit, au contraire, au milieu de la nuit, à l'assemblée, un rapport qui établissait qu'elle avait trouvé les caisses parfaitement en règle, et qu'il n'avait pas été fait la moindre avance au trésor de la couronne. Ce rapport valut aux commissaires de la trésorerie le refus de leur démission qu'ils avaient demandée, et ils ne purent qu'obéir à l'ordre qui leur fut donné de rester provisoirement à leur poste.

# CLAVIÈRE,

MINISTRE DES CONTRIBUTIONS PUBLIQUES.

(Second ministère.)

10 AOUT 1792 A JUIN 1793.

Après la fatale journée du 10 août, les révolutionnaires reforment un ministère sous la dénomination de *conseil exécutif*. Clavière rentre à l'administration des finances; l'assemblée législative ne tarde pas à annoncer que ses travaux sont terminés; dans le cours d'une année elle a rendu deux mille cent cinquante décrets, et laisse les finances dans l'anéantissement, après qu'il a été émis (21 septembre 1792) 2,200,000,000 d'assignats; cependant les créations d'assignats continuent toujours et dans une proportion tellement rapide, que le 5 mai 1793 la somme en circulation s'élevait à 3,100,000,000 un décret porte que la dette exigible liquidée se trouve réduite, par les remboursements effectués, à la somme de 600,000,000; il est encore établi que les ressources consistent en :

1° 500,000,000 d'arriéré des contributions ;
2° 500,000,000 de créances liquidées, sommes à recouvrer sur les sels et les tabacs, sur l'arriéré des fermes, des domaines et régies ;
3° 2,000,000,000 dus sur les biens nationaux vendus ;
4° 1,200,000,000 de bois et forêts ;
5° 300,000,000 des biens de la liste civile ;
6° 100,000,000 de bénéfices sur les domaines engagés ;
7° 50,000,000 de droits territoriaux qui sont dus ;
8° 50,000,000 de salines et salins ;
9° 3,000,000,000 de biens nationaux provenant d'émigrés, toutes dettes défalquées.

Total. 7,700,000,000, somme excédant de 4 milliards le montant des dettes ; ce qui, après les nouvelles émissions ordonnées d'assignats, devait présenter un excédant libre de 2,800,000,000.

Malgré ces belles situations financières que l'on expose au public, quelque temps après une loi établit un emprunt forcé d'*un* milliard imposable seulement sur les riches (1).

---

(1) 20 mai 1793.

La surabondance du papier-monnaie n'empêchait point le comité de la trésorerie de s'occuper avec activité des opérations relatives à l'achat du numéraire pour le service des armées.

Le payement de la solde, partie en numéraire et partie en assignats, a multiplié plus qu'on ne saurait le dire les embarras de la trésorerie. Les lois sur cette matière se sont succédé avec rapidité : toutes ont été déterminées par des circonstances impérieuses. Les diverses positions des armées sont devenues le motif d'autant de modifications différentes dans la manière dont elles devaient être traitées relativement au numéraire ; tous les cas n'avaient pu être prévus par les lois, dont l'urgence du service n'avait pas permis de méditer toutes les dispositions. De là les prétentions exagérées des corps, toujours soutenues par les ordonnateurs, la plupart sans expérience ; de là aussi la nécessité d'une lutte perpétuelle de la part de la trésorerie pour réduire ces prétentions d'après l'esprit de la loi, et faire céder l'intérêt particulier, toujours si actif et si pressant, à l'intérêt si souvent négligé de la chose publique.

Les dépenses extraordinaires n'ont eu et n'ont pu avoir pour base et pour mesure, en 1792 et l'année suivante, que les dangers de la patrie, et il n'était plus permis de calculer les sacrifices du moment qu'il a fallu résister à la coalition de l'Europe presque entière contre la France.

Dès les commencements de 1792, un décret avait mis à la disposition du ministre de la guerre une somme de 20 millions pour subvenir aux premiers préparatifs à faire pour repousser les hostilités dont la France parut alors menacée de la part de l'Angleterre : de nouvelles facilités du même genre furent successivement données jusqu'à concurrence de 45 millions. Des énonciations aussi vagues devaient rendre la surveillance de la trésorerie toujours de la plus grande difficulté et le plus souvent illusoire. Enfin la loi du 22 juillet 1792, qui avait déclaré la patrie en danger, ayant laissé aux ordonnateurs la faculté de disposer de tous les fonds des caisses publiques, sans restriction ni limites, l'administration de la trésorerie ne dut plus s'occuper que des moyens d'assurer partout à la fois la subsistance des volontaires qui se levèrent, sur tous les points du territoire, pour sa défense, et l'entretien de toutes les armées qui couvrirent bientôt la surface entière de la France. Il fallut distribuer en grande masse et les assignats et le numéraire dans divers dépôts, d'où les payeurs de la guerre pussent les tirer au moment même des besoins qu'il était impossible de prévoir ni de calculer.

La campagne de la Belgique, qui fut le commencement et le prétexte des plus énormes dilapidations, exigea des versements de fonds encore plus exorbitants. Le soin que le général Dumouriez avait pris d'écarter, dès les premiers instants de son entrée sur le territoire étranger, tous les agents de la trésorerie, mit tout à coup le service entier de cette armée hors de la surveillance des commissaires; les fonds furent, dans toutes les parties, à la disposition exclusive des divers ordonnateurs indépendants de la trésorerie et qui se constituaient seuls juges des besoins : le numéraire s'écoula avec la plus effrayante prodigalité. L'administration de la trésorerie adressa au comité de finances de continuelles réclamations; mais, sur le compte que ce comité avait rendu à la Convention nationale de l'état des choses, elle avait passé à l'ordre du jour, en autorisant le ministre de la guerre à disposer, comme par le passé, de tous les fonds nécessaires à la défense de la France, et il avait été dès lors évident que l'empire des circonstances et le succès de nos armes devaient tout justifier.

La Convention, en même temps qu'elle avait frappé de nombreuses réquisitions en hommes pour grossir les armées, avait décrété que les femmes de ceux qui seraient mariés recevraient chaque mois du trésor public un secours pendant que leurs maris seraient sous les drapeaux. Leur présence devait être attestée par les conseils d'administration des corps, et il était ordonné aux commissaires de la trésorerie de faire payer le secours promis à chacune des femmes qui se présenteraient munies de ce certificat.

A peine cette loi avait-elle été rendue, que quelques malveillants s'avisèrent de faire annoncer, au son de la caisse, dans les divers faubourgs de Paris, que les femmes des hommes qui servaient aux armées pouvaient se présenter le lendemain, dès le matin, à la trésorerie nationale, pour y toucher la somme qui leur était due. Le jour indiqué par cette proclamation, plusieurs milliers de femmes vinrent encombrer toute la partie de la rue occupée par les bâtiments du trésor, dont on avait eu soin de fermer les portes dès que de loin le bruit avait commencé à se faire entendre; on juge bien que cette foule, composée de prétendues épouses des défenseurs de la patrie, n'était en réalité que de la vile canaille que l'on eut beaucoup de peine à dissiper quand on leur demanda de remettre le certificat exigé par la loi pour constater la présence de leur mari sous les drapeaux, formalité qu'il eût été impossible à ces femmes de remplir; en résultat, il en coûta fort peu d'argent au trésor pour l'exécution d'une loi qui n'avait été qu'une véritable déception.

Nous ne pouvons passer sur les commencements de l'année 1793 sans déplorer l'horrible événement qui priva tout un peuple de son roi, et acheva de le laisser en proie à la plus profonde anarchie. La mort de Louis XVI fut pour la France la source de toutes les calamités financières dont nous allons exposer l'affreux tableau.

Tant qu'à la Convention le parti des girondins put faire face à ses adversaires, Clavière resta courageusement au poste difficile où ses amis l'avaient placé, malgré les attaques de Robespierre et de sa terrible faction, qui le dénonçaient tous les jours avec fureur; enfin il fut arrêté et décrété d'accusation. Lorsqu'on lui communiqua la liste des témoins qui devaient déposer contre lui, il s'écria : « Ce sont » des assassins! il faut me dérober à leur fureur. » Il se plongea un couteau dans le cœur; sa femme, animée du même courage et résolue dès longtemps à ne pas lui survivre, s'empoisonna en apprenant sa mort.

Tel fut le sort de cet homme pour qui Mirabeau avait eu une considération particulière, et dont les talents et le savoir lui servirent dans presque toutes les questions relatives aux finances, pendant la durée de l'assemblée constituante; quoique Clavière ait partagé les erreurs de la révolution, nous devons dire que, placé dans une position à acquérir de grandes richesses, il fit profession de la plus intacte probité, mourut pauvre, et laissa une fille unique à peu près dans le besoin.

# CONVENTION NATIONALE.

## DESTOURNELLES,

MINISTRE DES CONTRIBUTIONS PUBLIQUES.

JUIN 1793 A 1794.

A Clavière succéda Destournelles : le système de bouleversement et de destruction adopté par les révolutionnaires continue de s'étendre à toutes les branches de l'administration. On démonétise les assignats à face royale au-dessus de cent francs, en les admettant cependant en payement des contributions et des biens nationaux. Une loi fixe une indemnité de 18 francs par jour aux jurés du tribunal révolutionnaire, une autre accorde 40 sous par jour aux indigents de Paris, afin qu'ils puissent assister aux assemblées des sections; et comme à cette époque il ne devait rien y avoir de sacré, une loi ordonna de re-

mettre dans les caisses nationales les dépôts faits chez les notaires et les officiers publics. En même temps on voit paraître une nouvelle émission de 2,000,000,000 d'assignats. Un envoyé de la Convention fit dans le département de la Nièvre des proclamations incendiaires dont les habitants persécutés n'ont pas encore perdu les tristes souvenirs; l'une d'elles porte:
« Ce n'est pas assez de guillotiner les conspirateurs,
» il faut guillotiner les fortunes coupables. . . . . .
» Allez dans les maisons des conspirateurs, vous en
» avez le droit; saisissez leur or et venez le déposer
» sur l'autel de la patrie. »

Le même envoyé écrivit à la Convention (1):

« Citoyens collègues,

» . . . . . . Les offrandes continuent d'abonder
» à Nevers sur l'autel de la patrie; je vous fais passer
» un quatrième envoi d'or et d'argent qui s'élève à
» plusieurs millions. Le mépris pour le superflu est
» tel ici, que celui qui en possède croit avoir sur
» lui le sceau de la réprobation. »

C'est des confiscations, des emprunts forcés, des taxes arbitraires sur les suspects, des fouilles patriotiques pour la recherche du numéraire; c'est de toutes ces mesures d'extorsion et d'iniquité que se

---

(1) *Moniteur* du 9 novembre 1793.

compose le système financier de la terreur, dont l'esprit est, suivant l'expression en usage dans les tribunes des sociétés populaires, « de faire disparaître » la richesse du régime de l'égalité. »

Toutes ces dilapidations reçoivent des encouragements; un arrêté du comité de salut public (1) porte : « Considérant que les sociétés populaires sont néces- » saires à la propagation des bons principes, il leur » sera donné une somme de 100,000 livres. »

Parmi les membres de la Convention, Cambon était l'homme le plus influent lorsqu'il s'agissait de délibérer sur une mesure de finance; nous pensons qu'on verra ici avec plaisir le portrait qu'en a tracé Buzot dans ses *Mémoires sur la révolution* :

« Il y avait à la Convention nationale, dans le » nombre de ceux qui ouvraient ou fermaient à vo- » lonté les coffres de la nation, un certain homme » de grotesque allure, que l'ignorance de tout avait » rendu fameux dans l'art de faire des assignats et » d'acheter à des prix énormes l'argent auquel les » assignats ne pouvaient suppléer. Cet homme s'ap- » pelait Cambon, honnête fripon qui, en parlant » toujours de ménager les deniers du peuple, ne » savait bien ménager que les siens. C'est une chose » merveilleuse en son genre que la réputation de ce

---

(1) 15 novembre 1793.

» grossier charlatan : on en eût fait tout au plus un
» bon commis de négociant. Son esprit, aussi borné
» que son langage, ne savait rien concevoir au delà
» des idées les plus communes en finances comme en
» toute autre partie; mais né avec une sorte d'activité
» qui approchait quelquefois de la pétulance, de la
» folie; dispensé même, par une sorte de bonhomie
» apparente, de ménager ses expressions et de met-
» tre de la précision et de la justesse dans son dis-
» cours, il parlait sur les plus petites choses comme
» sur les plus importantes avec une chaleur, une
» impétuosité telles, que l'immodération même de
» son langage faisait adopter pour constant ce qu'on
» n'avait pu peser ni comprendre. La confiance qu'il
» avait en lui-même en inspirait aux autres : son
» orgueil, que la plus légère contradiction mettait
» en fureur, semblait en imposer aux plus sages,
» et son ignorance était si hardie, qu'on n'osait
» même lui en faire le reproche : du reste, vindi-
» catif, colère à l'excès et capable de tout pour ven-
» ger sa vanité offensée, Cambon pouvait tout impu-
» nément dans les finances, ce que personne même
» n'eût osé faire sans s'exposer aux plus justes repro-
» ches. Il n'était pas seulement devenu le fabricateur
» en titre des décrets d'assignats et le modérateur de
» l'administration financière, mais encore, de lui-
» même et à son gré, il faisait tous les marchés
» d'argent, et disposait de la fortune publique. »

Aussi voyons-nous Cambon, à la tête de la commission des finances, faire le rapport des comptes des recettes et dépenses; il lit à la Convention le fameux rapport sur la dette publique (1), sur les moyens à employer pour l'enregistrer sur un grand livre et la consolider, pour admettre la dette consolidée en payement des domaines nationaux en vente, pour retirer et annuler les anciens titres de créances, pour accélérer la liquidation, pour régler le mode annuel de payement de la dette consolidée dans les chefs-lieux de district, et pour retirer des assignats de la circulation. Ce rapport dévoile l'esprit d'anarchie et de bouleversement qui anime les auteurs de la révolution. Pour détruire tout ce qui a pu servir d'aliment à la monarchie, pour détruire les titres provenant de l'ancien régime ou des corps et corporations supprimés, la Convention veut que le grand livre soit le tombeau des anciens contrats et le titre unique et fondamental de tous les créanciers; que l'ancienne dette ne puisse pas être distinguée de celle qui a été contractée par la révolution. Cette opération faite, on veut que le capitaliste désire la république, qui sera devenue sa débitrice, et qu'il puisse craindre de perdre un capital en la perdant. Cette grande mesure adoptée par la Convention est l'origine du grand livre

---

(1) Séance du 15 août 1793.

de la dette publique, que nous verrons réduire des deux tiers en 1798.

La destruction de la caisse d'escompte fut arrêtée : un décret de la Convention nationale (1) prononça sa suppression et celle de toutes les compagnies financières. On nomma des commissaires pour suivre la liquidation ou pour tâcher d'obtenir de la Convention nationale la réorganisation de l'établissement dans l'esprit que semblait présenter son décret. Tout projet de rétablissement fut inutile ; il fallut uniquement s'occuper de la liquidation dont M. Laffon-Ladebat fut chargé avec les conseils de sept des intéressés. Le résultat des pertes qu'ont éprouvées les actionnaires de la caisse d'escompte par la suppression de cet établissement a été d'environ 90 millions, ainsi que le constate le tableau ci-après.

---

(1) 24 août 1793.

## TABLEAU

*Des pertes qu'ont éprouvées les intéressés de la caisse d'escompte par la suppression de cet établissement.*

Le capital, en janvier 1793, était de. 112,000,000 de livres.

**PERTES RÉSULTANTES DES RÉPARTITIONS.**

| DATES des RÉPARTITIONS. | SOMMES RÉPARTIES. | COURS DES ASSIGNATS pour 100 liv. | PERTES. |
|---|---|---|---|
| 1793. Janvier et février. | liv. 8,853,845 | A 50 pour 0/0 | 4,426,922 |
| Octobre. | 11,350,845 | 30 pour 0/0 | 7,945,591 |
| Novembre et décembre. | 4,256,325 | 45 pour 0/0 | 2,340,978 |
| 1795. Août et septembre | 1,392,175 | 2 l. 5 s. p. 0/0 | 1,360,852 |
| A diverses époques. | 84,520,325 | Capitaux répartis en inscriptions viagères et perpétuelles, réduites des deux tiers. | 56,346,884 |
| | TOTAL des pertes. . . | | 72,421,227 |

Si on ajoute à ces pertes incontestables celles qu'ont faites les intéressés en revendant leurs inscriptions, surtout dans les années 1796, 1797, 1798, 1799 et 1800, on peut porter, sans exagération, la perte totale de l'établissement à plus de 90,000,000 de livres.

Au milieu de ce bouleversement général, s'il est un acte de la Convention qui puisse mériter quelque éloge, ce fut la suppression de la loterie. Ce décret (1), sorti d'une assemblée d'hommes barbares et corrompus, semble jeter un plus grand blâme sur les législateurs policés que nous verrons plus tard rétablir et soutenir un établissement si funeste, également réprouvé par la morale et la raison.

---

(1) 15 novembre 1793.

# COMMISSION DES FINANCES
## ET DES REVENUS NATIONAUX.

ANNÉE 1794 A NOVEMBRE 1795.

La mode alors était de créer des commissions exécutives; on supprima le ministère des contributions publiques, et on en confia les attributions à une commission des finances et des revenus nationaux, composée de trois membres honnêtes, instruits, ayant des talents; chacun des trois aurait pu seul conduire les finances, et jamais elles ne furent plus mal dirigées que sous leur réunion; ce que l'un avait commencé un autre le finissait: en un mot, il n'y avait plus d'ensemble dans les travaux.

Robespierre s'était prononcé contre l'administration de la trésorerie, qu'il accusait d'un esprit aristocratique et contre-révolutionnaire. Il est vrai que cinq ou six cents de ses nombreux employés n'avaient pu obtenir le certificat de civisme exigé par la loi, et qu'ils n'en conservaient pas moins leurs places; on savait que Robespierre avait l'intention de proposer la mise en accusation tant des représentants chargés de la surveillance que des six commissaires composant le comité de la trésorerie, et leur envoi au tribunal révolutionnaire, dont le jugement ne pouvait être douteux.

Dans ces moments de trouble, où tous les établissements publics étaient journellement menacés d'être investis par la populace, la trésorerie avait une garde ordinaire composée d'une quarantaine d'hommes et d'un détachement d'artillerie, avec deux canons braqués sur la porte d'entrée; souvent même cette garde ne fut pas suffisante pour défendre la trésorerie des factions armées qui se battaient dans Paris. Dans la célèbre journée du 8 thermidor (26 juillet 1794), la cour principale se trouva remplie de plusieurs centaines de gardes nationaux qui étaient venus s'y établir sans que l'on sût par quel ordre et s'ils appartenaient à la Convention ou au parti de Robespierre, qui venait d'être mis hors la loi; il fallut toute la prudence et tout le tact des commissaires de la trésorerie (1), hommes distingués et recommandables, pour délivrer le trésor de cette garnison dangereuse.

Les hôtels des monnaies sont supprimés; on ne

---

(1) Voyez la liste, pages 140 et 141.

conserve que celui de Paris, encore était-il inutile. On décrète pour une année une contribution extraordinaire de guerre, fixée au dixième des taxes du dernier emprunt forcé. L'assignat de 100 francs ne valait plus que 20 francs, il perdait déjà les quatre cinquièmes de sa valeur. Le numéraire était enfoui et ne reparaissait point ; on espère y suppléer en ordonnant une fabrication de monnaie de cuivre de 150 millions ; de là l'origine de ces gros sous qui ont longtemps encombré les caisses publiques, et qui circulèrent longtemps en grande quantité.

Enfin les demandes d'emprunts se succédaient avec une rapidité telle, que la nomenclature en serait trop longue et trop fastidieuse pour la rappeler ici ; seulement nous dirons que, dans cet état de crise, de calamité et de gêne, dans un accès que l'on ne saurait qualifier autrement que de démence, la Convention ne craignit point de proposer d'ouvrir un emprunt d'un milliard à *trois* pour cent d'intérêt annuel et perpétuel (1).

---

(1) 14 juillet 1795.

# DIRECTOIRE EXÉCUTIF.

## FAYPOULT,

MINISTRE DES FINANCES.

NOVEMBRE 1795 A FÉVRIER 1796.

La Convention laissa les finances dans l'état le plus déplorable où elles se fussent jamais trouvées. Le numéraire avait entièrement disparu ; le prestige du papier-monnaie était évanoui ; le louis coûtait 3,200 livres en assignats ; l'assignat de 100 livres ne valait que 15 sous ; l'émission des assignats dépassait déjà 40 milliards. La dette constituée, refondue en un seul et unique grand livre, devait s'élever, selon Cambon, à 200 millions d'intérêts, représentant un capital de 4 milliards ; le commerce était anéanti ; plus de luxe, et par conséquent plus d'industrie ; les fonctionnaires publics avaient à peine les moyens d'exister; les rentiers mouraient de faim; il n'y avait que la partie de nos armées vivant sur le territoire étranger qui ne souffrait pas de la misère publique.

C'était en vain que l'on avait été jusqu'à fabriquer des assignats de 10,000 livres; la planche ne pouvait plus suffire aux besoins, il fallait revenir au numéraire; mais cette immense banqueroute effrayait la timidité du Directoire.

L'avoir de la trésorerie, en numéraire, lingots ou argenterie des églises, montait à 28,804,000 livres, dont 5 millions en espèces monnayées. La majeure partie de ce numéraire était dans les caisses des payeurs de l'armée; la trésorerie n'avait effectivement que 250,000 livres.

Les assignats en caisse s'élevaient à 619 millions, valeur nominale; leur valeur réelle n'était que de 1,500,000 livres.

Cependant la dépense journalière était de 50 millions papier et 125,000 livres numéraire.

Le trésor public devait 63 millions en numéraire et 3,600,000,000 de livres en papier.

Le Directoire parut d'abord avoir l'intention de revenir au numéraire, et la manifesta en nommant au ministère des finances Faypoult, qui venait de faire paraître un petit ouvrage en faveur de cette opinion.

Le premier acte que l'on vit paraître fut une

demande de crédit de 3 milliards que le conseil des Cinq-Cents et le conseil des Anciens accordèrent de suite. Un mois après, on en ouvrit un nouveau de 21 millions numéraire en traites sur l'étranger.

Suivant un décret de l'année précédente, la contribution foncière de 1795 continuait, pour les maisons et les bâtiments, à être payée en assignats, valeur nominale, et les cotes des biens ruraux étaient acquittées moitié en assignats, valeur nominale, et moitié en grains, valeur de 1790; la perception de l'impôt financier devenait pénible et lente. En effet, qu'importaient à la trésorerie des assignats de 100 livres, quand un coup de presse lui en fournissait de 10,000 livres? Les rentrées en grains ne produisaient que de faibles ressources; la situation devint si critique, que le Directoire ordonna un emprunt forcé de plus de 600 millions, dont chaque taxe, réglée d'abord en numéraire, pouvait être payée, au gré des prêteurs, en numéraire, ou en lingots, ou en grains, ou en assignats reçus pour la centième partie de leur valeur nominale : c'est-à-dire qu'on pouvait donner 100 livres assignats pour 20 sous numéraire.

Faypoult avait proposé qu'aucune taxe ne pût excéder 6,000 livres. Le conseil des Cinq-Cents s'indigna de ce ménagement pour les riches, et il supprima ce maximum; aussi les administrations de départements, chargées de la confection des rôles, s'abandonnèrent à toutes les préventions, à toutes les animosités, et l'arbitraire ridicule des taxes en empêcha le recouvrement.

En légalisant la dépréciation du papier-monnaie, on crut la diminuer, on ne fit que l'augmenter encore : en vain les caisses publiques recevaient l'assignat au centième de sa valeur nominale, les particuliers ne le prenaient que pour un trois centième ; car l'assignat de 100 livres ne valait plus que 7 à 8 sous.

Ce mode de percevoir l'emprunt était trop onéreux pour le gouvernement ; huit lois interprétatives le changèrent successivement : on finit par recevoir les assignats au prix où se vendait le louis à la bourse de Paris. Ce cours, constaté tous les cinq jours par deux agents de change, était aussitôt envoyé par le ministre dans tous les départements.

On conçoit quelle source de désordres et de vexations dut être cette perpétuelle fluctuation des lois ; jamais mesure financière ne fut d'une exécution plus difficile ; trente-deux circulaires partirent du ministère des finances dans le cours d'un mois. Au milieu de ce dédale inextricable, l'administration elle-même ne se reconnaissait plus ; fatiguée des réclamations de 100 mille individus taxés avec une exagération révoltante, elle accorda un nombre infini de décharges, et cet emprunt si désastreux pour les particuliers ne produisit presque rien au trésor public.

On n'osa pas encore démonétiser les assignats ; on laissa aux contribuables un mois et demi pour les donner, à raison de leur valeur nominale, en payement de leurs impôts arriérés. Ce terme expiré, ils devaient payer en numéraire ou en assignats au cours. Les percepteurs des communes s'empressèrent de payer pour les contribuables, de qui ils exigèrent ensuite en argent ce qu'ils avaient avancé pour eux en papier.

Depuis longtemps le gouvernement nourrissait les habitants de Paris, et leur vendait en assignats le pain et la viande que lui-même achetait en écus, suivant un rapport fait au conseil des Cinq-Cents. Les avances faites pour cet objet s'élevaient à 86 millions par an, valeur métallique. Ce changement, dont on n'était pas sans craindre les suites, s'opéra sans exciter le moindre mouvement ; la vente du pain et de la viande reprit son cours ordinaire.

Les agitateurs de 1789, en semant l'épouvante dans les campagnes, avaient contribué à amener la disette sur certains points de la France, et ils se servirent avec succès, contre l'autorité qu'ils accusaient de provoquer la disette, de ce mobile insurrectionnel, le plus puissant de tous : aussi les jacobins, dans mainte occasion, avaient pris des soins infinis pour subvenir à la subsistance de la nombreuse population de la capitale, et pour détourner le plus grand des dangers auxquels leur domination restait exposée.

# RAMEL,

MINISTRE DES FINANCES.

14 FÉVRIER 1796 AU 20 JUILLET 1799.

Faypoult ayant donné sa démission, le portefeuille des finances passa entre les mains de Ramel.

Le dénûment du trésor et la rareté du numéraire étaient tels, qu'au départ de Bonaparte (1) pour prendre le commandement en chef de l'armée d'Italie, tous ses efforts et ceux du Directoire ne purent composer que 2,000 louis qu'il emporta dans sa voiture. C'est avec cette somme qu'il partit pour aller conquérir l'Italie (2). Il a existé un ordre du jour, signé Berthier, où le général en chef, à son arrivée au quartier général, à Nice, annonce distribuer à chaque général sous ses ordres la somme de

---

(1) Le 23 février 1796.
(2) L'armée d'Italie a toujours été en situation de vivre sur le territoire étranger; il est même prouvé qu'elle avait remis des fonds au Directoire.

quatre louis en espèces, pour les aider à entrer en campagne : c'était une somme énorme; depuis long-temps personne ne connaissait plus le numéraire. Ce simple ordre du jour peint avec force et vérité l'état des choses en 1796.

La convention avait solennellement promis un milliard à l'armée. Le conseil des Cinq-Cents, dans tous les plans de finance, avait toujours soin de déduire ce milliard de la masse des bons nationaux disponibles, mais il ne fut point affecté à sa destination. Camus ayant présenté un projet de loi sur les pensionnaires de l'État, Dubois-Crancé réclama dans un discours le payement du milliard; il fut adjoint à une commission chargée de dresser un rapport sur cet objet et qui n'en fit jamais rien; on saisit même ce prétexte pour influencer des hommes de parti en répandant le bruit qu'il y avait eu des symptômes de mouvement au faubourg Saint-Antoine; que des femmes, se disant mères ou épouses de défenseurs de la patrie, s'étaient attroupées pour venir demander au conseil des Cinq-Cents le payement du milliard, mais que, ne s'étant trouvées qu'en petit nombre, elles n'avaient pas osé faire cette démarche.

On avait créé pour 45,578,810,040 livres d'assignats; on mit, en outre, depuis mars 1796 jusqu'au 10 septembre de la même année, pour 2,400,000,000 de mandats en circulation : la loi qui ordonnait la création des mandats en annonça sur-le-champ la dépréciation, en permettant de les donner en échange contre des assignats à trente capitaux pour un. Ainsi, pour 30,000 livres d'assignats, on avait 1,000 livres de mandats; mais comme 30,000 livres d'assignats ne produisaient en numéraire que 120 livres, 1,000 livres de mandats ne valaient également que 120 livres.

Frappé de mort dès sa naissance, ce papier périt bientôt après dans les mains du directoire, qui, n'osant cette fois recourir au corps législatif, créa lui-même un troisième papier qu'il nomma *rescriptions métalliques*, parce que ceux à qui il les donnaient pouvaient aller aussitôt en recevoir la valeur dans les caisses des neuf départements de la Belgique, où l'emprunt forcé se payait en numéraire; mais par une insigne mauvaise foi, à peine avait-on délivré une de ces rescriptions sur un des receveurs de la Belgique, qu'un courrier partait à l'instant pour aller chez le receveur prendre tout l'argent qu'il avait dans sa caisse. L'existence de ce troisième papier fut si courte, qu'on n'eut pas même le temps d'en graver la planche.

Le recouvrement des contributions directes était entravé par des rôles défectueux, et plus encore par les différentes manières de payer qui furent tour à tour établies et détruites. Voici la simple nomenclature des valeurs admises en payement des contributions (année 1796) :

Assignats, valeur nominale,
Grains,
Grains et fourrages,
Assignats, valeur représentative de grains,
Assignats au cours,
Mandats, valeur nominale,
Assignats au trentuple des mandats,
Mandats à l'octuple de la valeur numéraire,
Mandats, valeur représentative de 10 livres de blé,
Mandats au cours avec prime de 20 pour cent,
Mandats au cours sans prime,
Bons de réquisitions,
Inscriptions de la dette publique,
Lingots,
Numéraire.

On conçoit aisément quelle confusion ces différentes manières de payer devaient apporter dans la rentrée des impôts.

Une loi ordonna de fixer la dépréciation des assignats aux différentes époques de la circulation de ce papier-monnaie, dans le but de donner une base fixe sur les transactions faites pendant la durée de sa circulation.

## TABLEAU

### DE LA DÉPRÉCIATION DES ASSIGNATS A PARIS.

| | | | |
|---|---|---|---|
| **POUR 100 LIVRES EN ASSIGNATS.** | 1789. | Novembre............ | 95 liv. |
| | 1790. | Janvier............ | 96 |
| | | Juillet............ | 95 |
| | 1791. | Janvier............ | 91 |
| | | Juillet............ | 87 |
| | 1792. | Janvier............ | 72 |
| | | Juillet............ | 61 |
| | 1793. | Janvier............ | 51 |
| | | Juillet............ | 23 |
| | 1794. | Janvier............ | 40 |
| | | Juillet............ | 34 |
| | 1795. | Janvier............ | 18 |
| | | Juillet............ | néant. |
| **POUR 24 LIV. en numéraire.** | 1795. | 1er avril. . 238 liv. | 1er mai. . . 299 liv. |
| | | 1er juin. . 439 | 1er juillet. . 808 |
| | | 1er août. . 807 | 1er septemb. 1,101 |
| | | 1er octobre . 1,205 | 1er novemb. 2,588 |
| | | 1er décemb. 3,575 | |
| | 1796. | 1er janvier . 4,658 | 1er février. . 5,337 |
| | | 7 mars. . 7,200 | |

Ce n'était pas assez, dans cette révolution financière, que de pourvoir aux recettes de l'État; comme toutes les innovations avaient nécessairement une grande influence sur les transactions des particuliers, il fallait à chaque instant que l'autorité intervînt entre eux pour concilier autant que possible les divers intérêts; la loi, forcée de soumettre à une échelle commune une foule d'obligations diverses, commettait bien des injustices partielles, et occasionnait beaucoup de plaintes; en un mot, il fallait travailler à démonétiser les assignats sans produire une trop forte secousse; il y avait des représentants qui s'obstinaient d'autant plus à soutenir l'assignat qu'il se discréditait davantage; ils accusaient le royalisme et l'agiotage de sa dépréciation; ils regardaient comme de mauvais citoyens ceux qui n'avaient pas assez de patriotisme pour recevoir un louis en papier comme un louis en or, et ils croyaient encore possible de rétablir le crédit avec des amendes et la prison; mais les lois n'étaient plus capables d'arrêter l'effet d'une convention tacite entre tous les citoyens, et entre eux et le gouvernement, pour réduire peu à peu la valeur de l'assignat dans les mains où il passait. Sa valeur était fixée par l'opinion, par nos rapports commerciaux avec l'étranger et par le prix du change; elle était le résultat de toutes les causes qui avaient concouru à diriger ou à précipiter le torrent de la révolution.

Les financiers avaient toujours craint que, le papier-monnaie venant à manquer de valeur avant que le numéraire eût reparu en assez grande quantité pour les besoins de la circulation, qu'ils estimaient à deux milliards, toutes les branches de l'industrie ne fussent paralysées, et qu'il ne fût impossible aux contribuables de payer leurs impositions. Ces craintes ne se réalisèrent point : à mesure que la liberté des transactions particulières fut rétablie, le numéraire sortit comme de dessous terre; à mesure que le payement des revenus et des dépenses de l'État eut lieu en argent, il afflua dans la circulation. Une année à quinze mois suffisait pour compléter ce changement financier qui se fit, non sans beaucoup de discours, d'essais inutiles, de lois illusoires, de tiraillements; il y eut bien une crise, mais elle n'entrava point la marche du gouvernement.

On croit rêver quand on pense qu'il a été émis plus de 45 milliards d'assignats, que, quand on en brisa la planche, le louis valait près de 7,000 livres en assignats. La génération qui n'a point vu ce papier-monnaie aura de la peine à croire qu'après avoir reçu des assignats au pair, sous peine de mort, il fallut plus tard payer avec ce papier 400 livres la livre de sucre, 230 livres la livre de savon, 140 livres la livre de chandelle, et tous les objets de consommation dans cette proportion.

Avant de quitter le règne du papier-monnaie, jetons un coup d'œil rapide, non sur tous les maux qu'il a produits, ils seraient incalculables, mais sur plusieurs classes d'individus qui en ont été les victimes.

Les négociants et marchands qui avaient vendu

des productions ou denrées contre des assignats qu'ils avaient conservés en portefeuille, sans remplir leurs magasins de nouvelles marchandises, se trouvèrent ruinés, parce que le signe représentatif qu'ils avaient entre les mains se trouva n'avoir presque plus ou point de valeur.

Le sort des rentiers et de beaucoup de fonctionnaires publics était aussi malheureux ; ils touchaient leurs revenus en assignats valeur nominale, et étaient obligés de payer leur dépense en numéraire. En 1796, on accorda d'abord aux rentiers quelques indemnités graduées, puis on les paya en assignats au trentuple, en mandats à l'octuple, puis un quart en numéraire ; et lorsque enfin on se décida à les payer tout en numéraire, on suspendit les payements.

Le plus grand mal qu'aient produit les assignats fut le remboursement en papier des dettes contractées en argent. Des débiteurs furent assez peu délicats pour rendre, avec 10,000 livres d'assignats, qui ne valaient pas 500 livres, la même somme qu'on leur avait prêtée en argent, et ils ne rougirent point de dire qu'ils se croyaient libérés ; l'État lui-même avait le premier donné l'exemple de cette profonde immoralité, et il allait en donner un autre encore plus scandaleux et plus déplorable.

La loi générale sur les finances de 1798 ordonna que toute rente perpétuelle ou viagère, ainsi que toutes les autres dettes de l'État, anciennes et nouvelles, liquidées ou à liquider, seraient remboursées, savoir : deux tiers en bons au porteur; libellés *Dette publique mobilisée*, lesquels bons ne seraient échangeables qu'en biens nationaux, et seraient reçus en payement de la portion du prix payable avec la dette publique. Le troisième tiers, conservé comme valeur numérique, serait inscrit sur le grand livre, et porterait un intérêt de cinq pour cent payable par semestre. Ce troisième tiers (*tiers consolidé*) est devenu depuis l'origine de la dette publique actuelle.

Les bons dits *deux tiers* perdirent à l'instant même de leur émission 70 à 80 pour cent, et devinrent peu de temps après sans aucune valeur; ce fut une véritable banqueroute de la part du gouvernement : ce mépris solennel des engagements les plus sacrés doit exciter à jamais l'indignation de la postérité; plus de 200,000 familles se trouvèrent ruinées en un seul jour; un nombre considérable de rentiers, de pensionnaires, perdirent tout à coup le fruit des travaux et des épargnes d'une vie utile et laborieuse, et virent les jours de leur honorable vieillesse en proie à toutes les horreurs de la misère.

A côté de ce manque de foi paraît le rétablissement de l'institution la plus méprisable, la plus funeste qu'ait tolérée le pouvoir; la réduction des deux tiers de la dette publique est suivie de la réorganisation de la loterie : ce profit illicite et condamnable, fait sur les sueurs et les privations du peuple, viendra chaque année aux recettes du budget; il n'en sera pas moins la source d'une foule de vols, de suicides, et imprime une espèce de honte à l'administration du dix-neuvième siècle.

Pour subvenir aux frais des préparatifs d'une descente en Angleterre, on ouvre un emprunt de 80 millions divisé en 80 mille actions de 1,000 francs chacune, rapportant cinq pour cent d'intérêt et remboursable en dix ans.

On devait faire, pendant chacune des dix années, un tirage de primes, et pour les fonds de ces lots on consacrait le quart des contributions ou prises qui résulteraient des victoires de nos armées sur le territoire britannique; ces lots, hypothéqués sur des combats futurs et encore incertains, ne tentèrent personne, et l'emprunt tomba dans l'oubli.

A cette époque, le territoire de la France, sous la dénomination de république, formait quatre-vingt-dix-neuf départements; la loi relative aux dépenses et recettes de l'an VI (du 22 septembre 1797 au 22 septembre 1798) offre un total de 616 millions.

Au nombre des dilapidations les plus scandaleuses qui aient éclaté sous le directoire, on peut citer celles commises par plusieurs spéculateurs cachés sous le nom de *J.-B. Dijon et compagnie;* cette troupe d'agioteurs s'était engagée à fournir au trésor public 2,500,000 livres en numéraire, moyennant 100 millions de mandats, dont 40 millions payables à la trésorerie et 60 à lever sur les caisses de quelques départements. Les agents de la compagnie se mirent à parcourir en poste les provinces, vidèrent les caisses, et firent une récolte de 651 millions mandats, au lieu de 60 millions convenus. Cette somme, évaluée et calculée d'après le cours des mandats à l'époque où la compagnie les avait extraits des caisses publiques, s'élevait à plus de 9 millions. Le dommage était immense, la fraude était patente; en pénétrant tous les mystères de la compagnie Dijon, on vit bien qu'elle avait été soutenue et encouragée par une haute protection qui ne pouvait pas avoir été gratuite : quoique accusée de concussion au conseil des Anciens, on fit si bien que l'on traîna les choses en longueur, qu'on gagna du temps et que les meneurs restèrent impunis. Tout ce grand scandale, dont le résultat avait coûté cher au public, finit par la destitution de quelques obscurs commis.

Nous devons à la vérité de dire que Ramel était un homme laborieux, simple dans ses goûts et dans ses mœurs, étranger à l'intrigue, éloigné des spéculations de fortune, et que l'on doit voir en lui non un prévaricateur, mais un ministre trompé; il y eut aussi illusion, engouement, erreur de la part des commissaires de la trésorerie, qui furent joués par une compagnie d'intrigants plus adroits et plus puissants que le ministre et ses agents.

# ROBERT-LINDET,

MINISTRE DES FINANCES.

20 JUILLET AU 10 NOVEMBRE 1799.

Ramel ayant été abreuvé de dégoûts et dénoncé avec une fureur nouvelle par les ultra-révolutionnaires, qui l'accusaient d'être la cause des malheurs de la république, il fut obligé de se retirer du ministère, où on le remplaça par Robert-Lindet, qui fut lui-même renvoyé trois mois après, lors de l'installation du consulat.

Cette nouvelle administration fut de trop courte durée pour rien offrir de remarquable; la direction des opérations du trésor public se réduisait, pour le ministre, à présenter tous les dix jours au directoire exécutif un état de distribution qui affectait au service des divers ministères un certain nombre de millions dont il n'existait pas dans les derniers temps un centime au trésor. Il ne pouvait payer qu'avec les recettes opérées dans la matinée même du jour où les payements devaient se faire. La caisse ouvrait à deux heures et se refermait lorsqu'elle avait épuisé ses modiques ressources.

Les ministres n'en délivraient pas moins leurs ordonnances comme si le trésor pouvait les acquitter (1); mais aucun d'eux n'avait tant à souffrir que celui de la guerre du retard qu'elles éprouvaient, parce que les besoins de son département étaient les plus pressants comme les plus nombreux : aussi se montrait-il le plus impatient. C'était le général de division Bernadotte, que le directoire, frappé des revers que nos armées venaient d'éprouver, effrayé de leur affaiblissement et du mécontentement public, avait appelé au ministère de la guerre (2) comme le plus capable de remédier à d'aussi grands maux, et surtout de ramener la confiance nationale. Plein d'honneur et de patriotisme, le nouveau ministre se montrait non moins propre à administrer avec succès qu'à combattre avec gloire; il était sans cesse en instance pour obtenir les fonds alloués à son département : Robert-Lindet ne pouvait l'apaiser qu'en lui prouvant que sa caisse était vide.

Malgré cette difficulté d'obtenir les fonds pour les dépenses les plus urgentes, malgré l'état de désorga-

---

(1) Ces ordonnances, jetées avec profusion sur la place, alimentaient un agiotage effréné qui ajoutait sans cesse au discrédit du gouvernement.

(2) 28 juillet 1799.

nisation où il trouva les diverses branches du département de la guerre et les obstacles de tout genre qu'il rencontrait à chaque pas pour y rétablir l'ordre, ce ministre y apporta tant d'application, tant de zèle et de célérité, que dans les premiers jours de décembre 1799 tous les services étaient assurés et les armées suffisamment renforcées, non-seulement pour résister à l'ennemi, mais pour reprendre l'offensive et le chemin de la victoire (1). Des opérations si salutaires, au lieu de concilier à leur auteur la juste admiration et la reconnaissance de ceux dont elles couvraient les fautes multipliées, qui avaient presque anéanti nos ressources militaires, excitèrent la jalousie et l'inquiétude de quelques membres du directoire qui, sans doute, songeaient déjà à changer, pour leur avantage personnel, la forme du gouvernement. Défiants en raison des torts qu'ils se sentaient, les talents et le grand caractère du général Bernadotte leur faisant ombrage, ils affectèrent de le croire dangereux, oublièrent ou feignirent d'oublier qu'à lui seul appartenait le mérite d'avoir rétabli les armées avec assez de promptitude pour assurer le succès de nos armes pendant cette cam-

---

(1) Voyez les Secrétaires d'État au département de la guerre, depuis Henri IV jusqu'en 1805, in-8°. Paris, Treuttel et Würtz, 1806.

pagne et les suivantes; et, par une obscure intrigue, ils parvinrent à lui ôter le département de la guerre (1); injustice qui augmenta sa considération dans l'opinion publique, loin de la diminuer, comme on s'y était attendu.

Brusquement évincé du ministère où il avait fait tant de bien, montré tant d'aptitude, et, comme général, admis à la retraite, ce vertueux citoyen s'occupa de rendre encore à la patrie un grand service dont le directoire ne pouvait le priver : c'était de laisser à ses successeurs au ministère un bel exemple qu'ils ont bien peu suivi, celui de rendre un compte public de son administration. C'est ce *compte rendu*, publié en mai 1800 (2), qui nous a porté à parler d'un ministre de la guerre dans un ouvrage consacré aux finances, parce que l'administrateur s'y montre autant que le guerrier, et que ce travail, trop peu connu, peut être cité comme modèle pour la manière dont doivent être traités et classés les matériaux dont se composent les comptes de l'administration de la guerre, et surtout pour l'art précieux de porter l'ordre et la clarté dans des détails aussi variés que nombreux.

Lors de la chute du directoire, Robert-Lindet se

---

(1) 15 septembre 1799.
(2) Prairial an VIII, 99 pages in-fol.

retira, emportant une grande réputation de probité; il avait 10,000 francs de rente en arrivant au ministère des finances, et n'en sortit pas plus riche, après avoir occupé un emploi où tant d'autres ont si scandaleusement augmenté leur fortune.

# CONSULAT.

## GAUDIN,
MINISTRE DES FINANCES.

10 NOVEMBRE 1799 AU 18 MAI 1804.

Au 10 novembre 1799, le consulat venait de succéder au directoire exécutif; il n'existait réellement plus vestige de finances en France; une faible somme de 177,000 francs était, à cette époque, tout ce que possédait en numéraire le trésor public d'une nation de trente millions d'hommes! C'était le produit de 300,000 francs que l'on avait obtenus la veille, et sur lesquels on avait fait cette réserve pour le service du lendemain; en un mot, les caisses ne renfermaient pas de quoi expédier des courriers aux armées et aux grandes villes qu'il fallait informer du changement de gouvernement.

Les premières dépenses furent faites avec des fonds prêtés au trésor public, à des conditions que l'urgence des circonstances n'avait point permis de repousser.

Les armées étaient sans solde, les fonctionnaires sans traitement; les bureaux des ministères n'avaient rien touché de leurs appointements depuis dix mois; la plupart des employés avaient épuisé leurs épargnes ou leur crédit, et étaient réduits aux derniers expédients pour vivre. Une foule d'ordonnances délivrées sur des fonds présumés restaient sans être payées; depuis plusieurs années des emprunts forcés et progressifs, déplorables ressources, desséchaient tous les canaux de la circulation et condamnaient la classe industrieuse à la misère, en paraissant n'appeler que les riches à la contribution nécessaire. Cette réunion de difficultés, loin de rebuter le premier consul, ne fit qu'enflammer son courage; indépendamment des soins qu'il donna à l'armée et aux affaires politiques, il se livra à un travail prodigieux sur l'administration, et s'occupa de substituer un plan de finances à la marche désastreuse qu'avait suivie le directoire. En cela il fut parfaitement secondé par M. Gaudin, depuis duc de Gaëte, un des hommes les plus probes et les plus laborieux que nous ayons vus à la tête des finances. Le directoire l'avait longtemps sollicité de prendre ce poste important sans pouvoir l'obtenir; Bonaparte fut plus heureux, M. Gaudin accepta le portefeuille qu'il lui offrit, parce qu'il était sûr d'être appuyé dans l'exécution de ce qui serait une fois décidé. Il fut le seul ministre qui ne fut pas déplacé depuis 1799 jusqu'en 1814.

A son entrée au ministère, M. Gaudin trouva donc le trésor dans un dénûment absolu; il fallait, premièrement, réorganiser la confection des rôles des contributions directes, tant pour une forte partie de l'arriéré que pour l'année courante; et l'institution, pour y parvenir, était encore à créer! Ce travail ne pouvait d'ailleurs, après son organisation, être exécuté que successivement pour chaque commune et ne se terminer qu'en plusieurs mois. Enfin les recettes de l'enregistrement, des douanes, des postes, etc., étaient entièrement affaiblies par l'effet des circonstances. Les rentrées étaient nulles pour le trésor, sur tous les genres de revenus, dans les départements de l'Ouest, encore en proie aux horreurs de la guerre civile.

Dans une telle extrémité, des ressources extraordinaires devenaient indispensables, et il n'est pas besoin de dire que ce n'était pas des combinaisons ordinaires du crédit qu'il fallait les attendre. Le gouvernement consulaire avait remplacé l'emprunt forcé par une *subvention extraordinaire*, fixée à 25 centimes des contributions foncières et mobilières, payable partie en numéraire, partie en billets ou autres valeurs mortes émises par l'État sous le directoire ; si cette disposition, en permettant de prendre pour des fractions de payement des papiers ou quittances du gouvernement, nuisait à la rentrée de l'argent, l'ensemble de cette mesure de justice et de bienfaisance, en consolant l'opinion, faisait succéder à de pénibles souvenirs de meilleures espérances ; elle détermina plusieurs banquiers à faire au trésor une avance sur la *subvention extraordinaire*, dont le produit en espèces devint en partie le gage de cette avance, faible à la vérité, mais qui mit du moins le gouvernement à portée de satisfaire aux besoins pressants.

Des rescriptions furent en même temps créées admissibles, comme numéraire, en payement des nombreuses propriétés nationales que l'État se disposait à vendre. On exigea des cautionnements en numéraire pour diverses fonctions, et le produit en fut affecté, en vertu d'une loi, au service des dépenses de l'année 1800 ; on procéda à la vente des marais salants situés dans les départements de l'Ouest et sur les côtes de la Méditerranée. Avec tous ces moyens réunis, on parvint à remplir les engagements du trésor.

Au conseil d'État, dans une discussion incidente sur la contribution foncière, le premier consul dit : « Votre système d'imposition est le plus mauvais de » toute l'Europe ; il fait qu'il n'y a ni propriété, ni

» liberté civile; car la vraie liberté civile dépend de
» la sûreté de la propriété. Il n'y en a point dans un
» pays où l'on peut chaque année changer la cote du
» contribuable. Celui qui a 3,000 francs de rentes
» ne sait pas combien il lui en restera l'année sui-
» vante pour exister. On peut absorber tout son
» revenu par la contribution; on voit, pour un
» misérable intérêt de 50 ou 100 francs, plaider
» solennellement devant un grave tribunal; et un
» simple commis peut, d'un seul trait de plume,
» vous surcharger de plusieurs centaines de francs !
» Il n'y a donc plus de propriété! Lorsque j'achète
» un domaine, je ne sais plus ce que je fais. En
» Lombardie, en Piémont, il y a un cadastre;
» chacun sait ce qu'il doit payer. Le cadastre est
» invariable; on n'y fait des changements que dans
» les cas extraordinaires, et d'après un jugement
» solennel. Si l'on augmente la contribution, cha-
» cun en supporte sa part au marc la livre, et peut
» faire ce calcul dans son cabinet. On sait alors ce
» qu'on a : il y a une propriété. Pourquoi n'avons-
» nous pas d'esprit public en France? c'est que le
» propriétaire est obligé de faire sa cour à l'admi-
» nistration. S'il est mal avec elle, il peut être ruiné;
» le jugement des réclamations est arbitraire : c'est
» aussi ce qui fait que chez aucune autre nation on
» n'est aussi servilement attaché au gouvernement
» qu'en France, parce que la propriété y est dans

» sa dépendance. En Lombardie, au contraire, un
» propriétaire vit dans sa terre sans s'inquiéter qui
» gouverne. On n'a jamais rien fait en France pour
» la propriété. Celui qui fera une bonne loi sur le
» cadastre méritera une statue. »

M. Bigot répondit : « Il y avait un cadastre en
» Provence et en Languedoc. On a toujours paru
» effrayé des dépenses et des longueurs d'un sem-
» blable travail pour la France; c'est qu'on veut le
» faire géographique et mathématique. »

Le troisième consul le Brun observa : « Qu'un
» cadastre général était une opération monstrueuse
» qui coûterait plus de 30 millions et exigerait au
» moins vingt ans. La mensuration et l'évaluation
» ne sont pas les opérations les plus difficiles; c'est
» la connaissance des rapports des divers départe-
» ments entre eux. »

Après avoir entendu les opinions de plusieurs
autres membres du conseil, il se trouva que Bonaparte avait professé les plus saines doctrines et posé
les vrais principes. La confection du cadastre fut
ordonnée.

M. Gaudin s'occupa activement de la réorganisation des perceptions directes, qui fut exécutée par
une direction générale composée, pour chaque département, d'un directeur, d'un inspecteur, pour
le seconder et le suppléer au besoin, et d'un contrôleur par arrondissement, chargés de faire con-

fectionner, sous leur responsabilité, les rôles des contributions directes, après avoir recueilli les renseignements nécessaires sur les mutations de propriété ou de domicile, et de vérifier les réclamations des contribuables, afin de mettre l'administration locale à portée de leur rendre justice. Cette méthode de perception était simple, elle ramena la confiance, et son utilité fut tellement appréciée, que c'est encore celle que l'on suit aujourd'hui.

La caisse d'amortissement fut créée, et malgré la médiocrité de ses moyens, elle eut une influence réelle sur l'amélioration de la dette publique, car la rente consolidée (1), qu'on avait vue au-dessous de 10 francs pendant le directoire, s'éleva successivement et fut cotée au-dessus de 80 francs, plus tard, sous le régime impérial.

L'ordre renaissait et avec lui la confiance. Pour favoriser la création d'un grand établissement de crédit et pour lui donner un gage de protection efficace, le gouvernement autorisa l'institution de la banque de France, et souscrivit pour 5,000 actions dont le montant fut versé en écus par la caisse d'amortissement.

On mit en circulation des *obligations* des rece-

---

(1) À cette époque il n'y avait pas plus de 38 millions de rentes.

veurs généraux ; le produit des cautionnements en numéraire à fournir par les receveurs généraux fut versé à la caisse d'amortissement, entièrement séparée du trésor public, quoique placée dans les attributions du ministère des finances, pour être appliqué au remboursement des obligations qui pourraient être protestées à leur échéance; ce fonds de garantie éleva sur-le-champ la valeur des obligations des receveurs généraux, que l'on parvint à négocier avec autant d'avantages que les meilleurs effets de commerce.

Le chaos dans lequel M. Gaudin trouva les finances était tellement grand et pénible à débrouiller, qu'en 1800 il ne fut pas encore possible de faire aucun budget : le premier fut établi en 1801.

Un an après, le ministère des finances n'eut plus qu'à s'occuper de la répartition des impôts, des moyens de recettes et de la préparation du budget à soumettre annuellement au corps législatif. La direction du service du trésor fut confiée à un autre ministre, M. Barbé-Marbois. Bonaparte imagina cette séparation dans des travaux d'une même nature; elle amenait la spécialité sur les plus petits détails, et lui convenait particulièrement parce qu'il croyait pouvoir ensuite mieux en saisir l'ensemble. Le ministre du trésor était, à ses yeux, un homme indispensable, non comme chargé du service de la trésorerie, mais comme contrôleur général : toutes les ordonnances de payement lui passaient sous les yeux; il pouvait donc découvrir les vols, les doubles emplois de fonds, les dilapidations, et les faire connaître au chef du gouvernement, ce qui arrivait en effet quelquefois.

Néanmoins, cette division de deux parties aussi étroitement unies que l'administration des finances proprement dite et le service du trésor, laissait deux autorités rivales, dont les attributions respectives, toujours si faciles à excéder de part ou d'autre, auraient pu faire naître mille difficultés, si Bonaparte n'eût pas tracé, dans beaucoup de circonstances, les limites de leur pouvoir respectif, et s'il n'eût pas ordonné et dirigé lui-même toutes leurs opérations. On verra plus tard, sous le régime impérial, que ce double emploi ne fut pas sans offrir de graves inconvénients.

Après des victoires éclatantes, le succès de nos armes ramena le calme dans l'intérieur de la France: la confiance commençait à renaître; trois années d'une administration habile, intacte et sévère, permirent de payer les arrérages des rentes en numéraire.

Enfin le nouveau mode adopté pour la gestion des finances, dont on attendait le succès avec impatience, ne tarda point à se consolider; l'intérêt des receveurs généraux et particuliers, étroitement lié à celui de l'État par les soumissions qu'ils souscrivaient, assurait la rentrée régulière du produit des contributions directes, qui se trouvaient entièrement réalisées au trésor public (en obligations à termes fixes) lorsque l'année commençait.

La perception des diverses administrations et régies était surveillée dans toutes ses parties, et l'accélération de la comptabilité conduisait à la prompte découverte des abus, s'il en était commis.

Des revenus suffisants paraient à toutes les dépenses réglées sans prodigalité, comme sans parcimonie.

Chaque mois, à jour fixe, le premier consul avait sous les yeux les états détaillés des recettes faites par le trésor public, ainsi que des payements effectués. Le bilan du trésor lui était en même temps présenté, et il déterminait, après une discussion approfondie avec les divers ministres, sur les besoins de leurs services respectifs, la somme dont chacun d'eux pouvait disposer dans le mois, pour chaque partie, d'après les moyens connus et constatés.

Ainsi, plus d'incertitude, ni dans la nature ou dans l'époque des recettes, ni dans le mode ou dans le terme des payements.

Bonaparte fut si satisfait de la situation du compte de l'an X (1802), qui lui fut présenté au commencement de l'an XI (1803) par M. Gaudin, qu'il en fit remettre quarante exemplaires au ministre des relations extérieures (M. de Talleyrand), afin de les envoyer de suite en Angleterre : « Il faut que ces » gens-là, dit-il, qui nous croient si mal dans nos » affaires, voient où nous en sommes, et le chemin » que nous avons fait en trois ans, malgré la guerre » et la situation dans laquelle nous avons trouvé la » France. »

A l'occasion d'un projet de loi sur les pensions civiles, Bonaparte dit : « Il y a deux objets dans ce » projet : le premier, donner de la publicité aux » pensions, qui sont toujours une occasion d'abus » et de cris plus exagérés que les abus; le second » établir les pensions civiles. Les pensions militaires » sont déjà réglées par les lois, il ne peut y avoir » d'incertitude à cet égard; mais il n'y a pas au- » jourd'hui moyen de donner une pension civile.... » Il faut pouvoir donner des pensions à des hommes » qui ont rendu des services civils, comme les pré- » fets, les juges des tribunaux, les conseillers d'État, » et à leurs veuves. Quand il n'y a point d'avenir » pour les fonctionnaires publics, ils abusent de » leur place. Le directoire, ne pouvant pas donner » des pensions, donnait des intérêts dans les affaires, » chose immorale. On avait promis 12,000 francs à » celui qui arrêterait un brigand; il a été arrêté, il » a fallu donner 12,000 francs : une pension eût » été plus économique. Des hommes de lettres sont » dans le besoin, le ministre de l'intérieur leur

» donne 200,000 francs par an. C'est une forme
» désagréable, il n'y a rien là-dedans de national,
» c'est une charité. »

L'altération d'une partie des monnaies et les embarras que causait la différence de la livre tournois au franc portaient, dans toutes les transactions, un désordre qui appelait un prompt remède. Une loi (1) avait bien posé les principes fondamentaux du nouveau système monétaire, qui est une application heureuse du nouveau système métrique ; elle avait aussi créé une unité monétaire réelle qui n'avait existé que fictivement jusque-là, sous le nom de livre tournois (2). Cette unité est le franc ; les autres pièces ne sont que des multiples ou des fractions de cette unité, qui doit être invariable sous le double rapport du poids et du titre ; l'adoption de ce nouveau système conduisait naturellement à la refonte des monnaies anciennes. M. Gaudin était d'avis que cette refonte se fît aux frais de l'État : on opposa l'intérêt du fisc, qui l'emporta sur l'opinion du ministre, et la valeur monétaire des pièces de

---

(1) Loi du 14 octobre 1795. — Loi du 28 mars 1803.
(2) Le franc est du poids de cinq grammes au titre de neuf dixièmes d'argent fin, et d'un dixième d'alliage. Les monnaies d'or et d'argent reçurent un titre uniforme énoncé par la même expression. Enfin l'échelle du titre fut poussée à un plus haut degré que dans l'ancien système.

24 sous, 12 sous et 6 sous fut réduite à 1 franc, à 50 centimes et à 25 centimes, au détriment des classes peu aisées, entre les mains desquelles se trouvaient ces menues pièces.

Le gouvernement consulaire prit tous les moyens possibles pour s'affranchir des fournisseurs et des financiers, dont les sources usuraires obstruaient et corrompaient l'administration par leurs intrigues et celles de leurs agents et de leurs nombreux acolytes; il envoyait des conseillers d'État en tournée dans les départements; leur mission s'étendait à toutes les branches des dépenses et des revenus; elle était toute d'observation et de censure; son premier objet était de vérifier la gestion et la situation de tous les préposés du trésor; ils devaient prendre des renseignements sur ceux qui inquiétaient les acquéreurs de domaines nationaux, et sur les munitionnaires qui dilapidaient la fortune publique. De retour à Paris, ils faisaient leur rapport au conseil d'État, et l'administration profitait de ces observations et de ces renseignements pour remédier aux maux nombreux que le directoire avait légués à ses successeurs.

Le premier consul, qui ne s'était encore fait connaître que sur les champs de bataille, commençait à jouir d'une certaine réputation dans les bureaux des ministères : on redoutait son coup d'œil rapide et sa perspicacité en matière de calculs; une fois il releva une erreur de 2 millions au désavantage de l'État. M. Dufresne, alors chef de la trésorerie, d'une probité intacte, n'en voulait d'abord rien croire; pourtant c'était une affaire de chiffres, il fallut bien en convenir. On fut longtemps à trouver la trace de cette erreur; enfin on la découvrit dans le compte d'un fournisseur, qui en convint aussitôt, sur la présentation des pièces justificatives, et restitua, alléguant qu'il s'était trompé.

Une autre fois, Bonaparte, examinant les états de la solde de la garnison de Paris, marqua un article de plus de 60,000 francs, affectés à un détachement qu'il assura n'avoir jamais été dans la capitale. Le ministre en prit note comme par complaisance, intérieurement convaincu que Bonaparte se trompait : c'était pourtant vrai, et la somme dut être supprimée.

# GOUVERNEMENT IMPÉRIAL.

## GAUDIN, duc de Gaëte,

MINISTRE DES FINANCES.

### 18 MAI 1804 AU 1er AVRIL 1814.

Napoléon, s'étant seul emparé des rênes du pouvoir absolu, s'occupa de centraliser le système des contributions et d'asseoir la rentrée des impôts sur des bases solides. La régie des droits réunis fut organisée; le gouvernement en profita pour faire une réduction sur les contributions foncières de 3,092,000 fr. en faveur des trente départements les moins fertiles : c'était le troisième dégrèvement que l'on avait opéré depuis la chute du directoire.

Tandis que nos armées cueillaient des lauriers à Austerlitz, plusieurs fautes financières donnaient à

Paris de vives inquiétudes, la rareté du numéraire se fit sentir; la banque de France, se trouvant assaillie de demandes pour le remboursement de ses billets, fut forcée de limiter la somme employée chaque jour aux échanges à 6 et 500,000 fr.; l'agiotage s'en mêla; on vendit ses billets comme les autres effets publics, et ils perdirent jusqu'à 70 francs pour un billet de 1,000 francs.

Le fait du discrédit public était réel; on avait par fraude fait souscrire 80 millions de rescriptions des receveurs généraux à prélever sur les revenus de l'année suivante, pour favoriser des spéculations particulières.

La fourniture du pain aux armées de terre et de mer était faite par une société de capitalistes dénommée *la Compagnie des vivres*. Pendant le séjour de la flotte espagnole à Brest, le gouvernement de Charles IV traita avec cette compagnie pour la fourniture complète des rations de vivres aux troupes et aux équipages qui étaient à bord de ses vaisseaux. Cela mit ces entrepreneurs dans le cas d'envoyer l'un d'eux, M. Ouvrard, à Madrid, pour régler les comptes de la compagnie avec le gouvernement espagnol.

M. Ouvrard, adroit à profiter de toutes les circonstances pour combiner de grandes affaires, ne fut pas plutôt à Madrid, qu'il se fit charger pour l'Espagne du service qu'il faisait en France; c'est-à-dire des approvisionnements de blés, ainsi que de la fourniture des vivres aux troupes de terre et de mer; pour les payements, il devait recevoir des valeurs en inscriptions sur le Mexique qu'il fallait faire toucher sur les lieux. Il se chargea en outre de faire venir en Europe le montant de toutes les créances que le gouvernement espagnol pouvait avoir sur le Mexique. L'opération était immense et absolument étrangère à la compagnie des vivres.

Pendant que M. Ouvrard s'occupait de ses nouvelles entreprises, ses coassociés se mettaient en mesure de faire face aux besoins du service qu'ils avaient à effectuer en Espagne. La première chose dont ils eurent besoin, fut des capitaux; les leurs étaient employés à faire le service des vivres en France, il fallut en créer de nouveaux pour celui de l'Espagne : pour en venir à leur but, ils intéressèrent dans leurs opérations le secrétaire général de M. Barbé-Marbois, qui leur donna tout l'appui qu'ils sollicitaient; il leur fit signer par son ministre 80 millions d'effets imputables sur le budget de 1806.

L'affaire transpira, parce que la compagnie des vivres mit en circulation une partie des 80 millions de papier pour se procurer des fonds. Napoléon, en examinant son carnet de distribution, avait d'abord attribué à quelque erreur la différence qu'il présentait; il avait fait faire des recherches, s'était assuré que l'émission était véritable, et avait vu avec effroi la cruelle situation où il se serait trouvé si la victoire lui eût été contraire dans un moment où, par une imprudence inconcevable, on avait laissé sortir du trésor une somme considérable.

Le déficit une fois reconnu, Napoléon, dans son courroux, retira le portefeuille (1) à M. Barbé-Marbois, et il destitua tous les agents du trésor public qui, ayant eu part dans cette affaire, avaient contribué à tromper la religion de leur chef.

On fit rentrer au trésor les traites qui étaient encore dans les mains des fournisseurs, et comme il y en avait une bonne partie en circulation, on mit le séquestre sur leurs biens; on suspendit les payements qu'ils poursuivaient dans différents ministères; enfin on apposa le séquestre sur leurs approvisionnements. Ces mesures jetèrent l'alarme parmi les bailleurs de fonds. Ils vinrent reprendre leurs capitaux; le discrédit de la compagnie des vivres augmenta, et elle fut obligée de se constituer en faillite; les fournisseurs ne purent faire face aux réclamations du gouvernement, on les incarcéra, et on n'en eut pas davantage. Quelques-uns firent des

---

(1) Il fut remplacé par M. Mollien, qui était directeur de la caisse d'amortissement.

sacrifices pour remplir leurs engagements, mais la plupart souffrirent sans vouloir payer.

Cette affaire, dont les suites furent graves, dénote qu'il y avait alors un vice radical dans le mode de contrôle des dépenses de l'État, et que la séparation de l'administration du trésor de celle des finances, loin d'avoir établi un véritable moyen de vérification, ainsi que Napoléon se l'était promis, n'avait fait que compliquer les ressorts administratifs et rendre plus difficile l'examen réel des opérations de finance.

Un fonds extraordinaire de 60 millions (porté depuis à 70) fut jugé nécessaire pour fournir aux excédants de dépenses des années 1801, 1802, 1803 et 1804. Il fut créé à cet effet (1) pour 60 millions de bons de la caisse d'amortissement, à divers intérêts, remboursables en plusieurs années, à des échéances fixes, sur le produit de la vente de domaines nationaux dont cette caisse était devenue propriétaire par diverses opérations, auxquelles on aurait pu reprocher de dénaturer son institution, si la modicité de la dette perpétuelle à cette époque n'avait pu justifier le peu d'importance que le chef du gouvernement attachait aux progrès de son extinction. Aussi la caisse d'amortissement ne fut-elle

---

(1) Loi du 24 avril 1806.

guère employée, sous le régime impérial, qu'à mettre le trésor à portée d'appliquer à des affaires ses valeurs considérables, en domaines situés soit dans l'ancienne France, soit dans les pays réunis, et d'autres objets qui ne pouvaient se réaliser qu'avec le temps, mais qui étaient propres à servir de gages à des bons portant intérêt, et remboursables, à époques fixes, sur le produit des ventes.

Une rente de 3 millions au grand livre fut de plus créée (en 1806) au profit de cette caisse, pour ajouter encore à ses moyens. Le succès de cette opération fut complet, et les bons, dont l'émission avait été autorisée par la loi, et qui ne furent émis qu'avec la circonspection convenable, n'éprouvèrent presque aucune perte dans la circulation.

Une taxe somptuaire, qui avait été établie avant 1800 sur les domestiques et sur les chevaux de luxe, donnait lieu à des recherches fatigantes pour les contribuables, et excitait des réclamations multipliées pour un produit médiocre; elle fut supprimée à partir de 1807.

La taxe d'entretien des routes n'avait pu parvenir à se naturaliser en France; elle excitait des rixes fréquentes, des plaintes continuelles, et produisait à peine 16 millions. Cette taxe fut supprimée et remplacée par un impôt sur le sel, à l'extraction des marais salants, lequel n'avait rien de commun avec le régime justement abhorré de l'ancienne gabelle, et laissait à la vente la même liberté qu'auparavant (1).

Les anciennes chambres des comptes avaient été remplacées, depuis la révolution, par une commission de comptabilité établie pour toute la France, dont l'organisation et l'autorité n'étaient pas suffisantes pour que la tâche qui lui était imposée pût être convenablement remplie.

Une loi du mois de septembre 1807 institua une *cour des comptes*, organisée à l'instar des anciennes chambres supprimées, et qui reçut les mêmes attributions. Le zèle des magistrats dont elle fut composée fit promptement disparaître un immense arriéré qui remontait, en partie, aux premiers temps de la révolution, et les formes qu'ils prescrivirent pour les divers comptes à présenter à la cour y portèrent une régularité dont la trace s'était perdue depuis longtemps. Le règlement de ces anciennes comptabilités a procuré des rentrées importantes au trésor public.

Du fond de la Prusse, Napoléon lance un décret (2) qui porte que le commerce des marchandises anglaises est défendu, et toute denrée, quelle que soit son espèce, provenant de l'Angleterre, est

---

(1) *Mémoires de M. le duc de Gaëte*, tome Ier.
(2) 21 novembre 1806.

déclarée saisissable et de bonne prise; telles sont les dispositions qui servent de base au blocus continental, idée grande qui offre à l'imagination un résultat prompt et admirable, dont l'exécution ne tarda pas à faire sentir l'impossibilité.

La promptitude avec laquelle ce décret fut exécuté causa de grandes pertes au commerce britannique; les prises nombreuses faites par les corsaires français achevèrent de donner un coup fatal à la navigation marchande de nos voisins, et exercèrent sur les changes une influence très-désavantageuse à la place de Londres; les dangers attachés aux expéditions marchandes de la Grande-Bretagne donnaient aux Anglais plutôt des pertes que des bénéfices.

La plus grande rigueur fut apportée à l'exécution des volontés du chef de l'empire; toutes les marchandises anglaises trouvées en France, en Hollande, dans les villes anséatiques, sont portées sur les places publiques et brûlées, sans s'informer si les objets saisis sont la propriété du commerce anglais ou s'ils sont devenus la propriété du commerce français; des peines afflictives et infamantes sont prononcées contre les contrebandiers, leurs intéressés et complices.

Les calculs les moins élevés portent à onze cents millions de francs les pertes que le système continental a pu causer à l'Angleterre; chez nous, les maisons de banque et de commerce éprouvèrent des embarras qui n'étaient que la conséquence de ceux de leurs correspondants, dont les affaires avaient souffert par suite d'une résistance de leur part aux mesures dont on voulait frapper le commerce anglais. En Hollande, les maisons les plus considérables faisaient leur liquidation et renonçaient aux affaires; en Belgique, on avait découvert une contrebande étendue qui avait pris le caractère d'un commerce régulier : non-seulement on l'avait arrêtée, mais on avait poussé les recherches de police jusqu'à vérifier les livres de toutes les maisons qui l'avaient fait, et on les frappa de tous les droits qu'elles avaient évité de payer. Quelques-unes en furent ruinées, parce qu'elles avaient vendu leurs marchandises en raison des facilités qu'elles trouvaient à les introduire, et cela ne porta aucune atteinte aux maisons anglaises, qui étaient déjà payées de ce qui leur était dû.

L'épouvante s'empara de tous les commerçants, les capitalistes retiraient leurs fonds; il y eut un moment où des maisons fort respectables, ayant leurs magasins remplis de marchandises, ne pouvaient rien vendre, et conséquemment réaliser aucune somme pour remplir leurs engagements; Napoléon vint bien à leur secours, mais quelques sommes qu'il avança ne purent préserver le commerce de Paris et celui des villes maritimes d'une catastrophe inévitable.

Les mesures violentes ne sont qu'éphémères ; un

décret impérial, daté d'Anvers (1), porte : « Aucun
» navire ne pourra sortir de nos ports, à destination
» de port étranger, s'il n'est muni d'une licence
» signée de notre main. » Napoléon fut donc le premier à violer le blocus continental en faisant un scandaleux trafic des licences qui déposaient contre son système prohibitif. La vente des licences donna naissance aux intrigues les plus basses : on en vendit jusqu'à 500,000 francs.

Quelques fabricants ont pu applaudir à l'essor que la saisie des marchandises anglaises a donné à leur industrie; la masse des négociants eut à gémir des licences qui établirent un privilége dans le commerce au profit de la Grande-Bretagne. Les commerçants porteurs de licence retirèrent bien quelque bénéfice de leur rôle d'intermédiaires, mais il n'est pas à comparer au profit des Anglais, qui vendaient 6 francs la livre de sucre qu'ils achetaient 8 à 9 sous. Les consommateurs français payèrent donc les marchandises envoyées par l'Angleterre un prix plus excessif que si la mer eût été libre.

Les canons pris à Austerlitz ne servirent pas seulement à élever la colonne de la place Vendôme, l'un des plus beaux monuments des âges modernes. Un jour, au conseil des ministres, M. le duc de Gaëte

---

(1) 2 juillet 1810.

demanda à Napoléon une vingtaine de canons. « Eh
» quoi! dit en riant le vainqueur d'Austerlitz, notre
» ministre des finances veut-il nous faire la guerre? »
Le duc de Gaëte observa qu'il y avait de vieilles
machines usées, fatigantes et dangereuses pour les
ouvriers employés à la fabrication des monnaies;
que si on lui accordait vingt canons choisis parmi
les plus mauvais, il ferait reconstruire les balanciers
de tous les hôtels des monnaies sur des modèles
mieux entendus et plus convenables, et que si on
voulait l'y autoriser, le nom d'Austerlitz serait gravé
sur chacune de ces machines. Ce nom d'une bataille
si célèbre et si glorieuse pour l'armée française décida Napoléon : il donna sur-le-champ l'ordre au
ministre de la guerre de mettre une batterie de vingt
canons à la disposition du ministre des finances. Ces
balanciers servent encore à frapper l'effigie de nos
souverains.

Enfin, on vit le gouvernement s'emparer du
privilége exclusif de la fabrication et de la vente
du tabac, dont il avait joui constamment avant la
révolution.

En 1811, on eut à souffrir de la disette; le blé
était fort rare dans les provinces méridionales, et
Napoléon, qui n'ignorait point que son despotisme
lui avait suscité un grand nombre d'ennemis, ne
fut pas sans inquiétude sur l'effet que cela pourrait
produire chez le peuple; il déploya, en cette occa-

sion, beaucoup d'activité, soit en se faisant délivrer l'état des magasins de blé, comme on lui aurait remis ceux de l'armée, soit en convoquant, presque tous les deux jours, un conseil de subsistances où assistaient tous ceux dont les avis pouvaient éclairer la marche de l'administration des vivres, à la tête de laquelle était Maret (1), homme fort recommandable par ses talents et son intégrité : on lui donnait des sommes énormes pour tenir l'approvisionnement de Paris au complet, afin de réparer la faute qui avait été faite en se servant pour l'armée des farines de la capitale, dont on avait laissé vider les magasins.

On fit de grands sacrifices pour tenir dans Paris le pain à un taux proportionné au gain de la journée de l'ouvrier : il fallut ajouter jusqu'à 12 et 15 francs par sac de blé pour que le pain restât à 16 sous les quatre livres. Il résulta de là que le pain se trouva à meilleur marché à Paris que dans les environs; en sorte que les gens de la campagne vinrent de tous côtés en acheter à Paris pour le porter au dehors et le vendre, ce qui augmentait la dépense de l'administration, chargée de tenir le pain à un prix modique.

En même temps que le gouvernement faisait tous

--

(1) Frère du ministre secrétaire d'État.

ses efforts pour maintenir la subsistance des pauvres au plus bas prix possible pour la circonstance, il leur fournissait les moyens de gagner leur vie en les faisant travailler. C'est à cette occasion qu'on fit ouvrir les travaux du canal Saint-Maur, qui joint la Marne à la Seine, en évitant quatre à cinq lieues de détour que cette rivière fait avant d'arriver à Charenton. Ces travaux s'exécutaient assez près de la capitale pour que les familles indigentes pussent y aller travailler et y subsister au moyen des fourneaux à la Rumfort, que l'on avait fait établir sur les lieux. Les travaux du canal Saint-Denis et du canal de l'Ourcq furent aussi activés dans le même but.

Nous devons néanmoins signaler ici un vice de l'administration impériale : on avait envoyé des auditeurs au conseil d'État dans tous les grands marchés de grains ; en les voyant arriver, tout le monde les devinait ; on savait bien que ces messieurs n'étaient point marchands de blé, que c'était pour le gouvernement qu'ils achetaient : aussi on leur vendait en conséquence. On crut que ces jeunes fonctionnaires soigneraient mieux les intérêts de l'État et économiseraient mieux les deniers publics, dont leurs intérêts particuliers étaient tout à fait détachés, que les agents d'une société de munitionnaires ne soignaient des affaires qui étaient uniquement les leurs, et économisaient un argent qui leur appartenait. Il en coûta des millions de plus que si on avait eu affaire à l'ancienne compagnie des vivres, que l'on regretta, parce que ses approvisionnements, faits à des prix beaucoup plus bas que ceux des membres du conseil d'État, tout en laissant une latitude de bénéfices aux fournisseurs, lui permettaient encore de servir le gouvernement à un prix plus modéré.

Le budget général de l'État comprenait une partie importante de l'Europe; on y voyait figurer les comptes des États romains, de la Hollande, des départements Anséatiques, réunis à l'empire français, et des provinces Illyriennes non réunies.

Le duc de Gaëte s'était occupé directement de l'organisation des finances en Ligurie, en Hollande et dans le pays de Munster. Le baron Janet, intendant des finances et du trésor à Rome, y opéra en deux années la liquidation de la dette publique, qui, lorsque le pape revint dans ses États, se trouva remboursée en totalité en domaines provenant des établissements ecclésiastiques supprimés; cette importante opération fut, dès les premiers moments de son retour, sanctionnée par Sa Sainteté, qui en reconnut tous les avantages. Une junte, établie à Florence, et dont le comte de Chabrol de Crouzol était membre, ainsi que le baron Janet, avait été antérieurement chargée de préparer l'organisation financière de la Toscane, dont la dette fut aussi liquidée et remboursée en domaines nationaux. Dans les départements Anséatiques, feu de Chaban rendit les mêmes services (1).

Veut-on connaître la marche suivie pour la répartition des revenus et des dépenses? Tous les ans Napoléon fixait le crédit annuel de chaque ministère et la dépense à faire pour chaque service. Tous les mois il déterminait, par un décret particulier, la somme partielle que chaque ministère et chaque service puiseraient au trésor pendant le mois. Ainsi, douze fois par an, dans une heure de travail, le chef du gouvernement impérial passait en revue toutes les dépenses, fixait la somme que chacun emploierait le mois suivant, et maintenait autant que possible la balance entre les dépenses et les recettes; ralentissant ou pressant les payements, augmentant ou diminuant les fonds des caisses partielles, suivant l'abondance des rentrées, l'exigence des besoins et les changements que les événements du jour pouvaient apporter. Enfin le ministre du trésor, contrôleur général des finances, ne devait payer les ordonnances qu'autant que le ministre ordonnateur s'était exactement conformé au budget de l'année et au crédit mensuel qui lui était ouvert.

On n'avait pas encore vu la perception de l'impôt mieux régie, et une comptabilité aussi exacte, aussi

---

(1) *Mémoires de M. le duc de Gaëte*, tome Ier.

bien ordonnée que sous le régime de l'empire; il y
eut bien quelques hauts fonctionnaires de l'État qui
firent de grandes fortunes, mais ce fut aux dépens
des souverains étrangers; il était devenu presque
impossible de tromper ou de voler l'État; l'ordre
des comptes était si bien établi et si bien simplifié,
que Napoléon avait toujours avec lui des états ou
se trouvait la situation complète des recettes, des
dépenses, de l'arriéré, des ressources ordinaires et
extraordinaires. Si les ministres de l'empire ac-
crurent leur fortune privée, ce fut par les bienfaits
et les récompenses de leur chef; tout en lui était
calcul : les grands officiers et les grands dignitaires
qui l'entouraient ont souvent reçu, indépendamment de leurs énormes appointements, des gratifications fréquentes, parfois des services complets
d'argenterie. Or, il avait un but au milieu de ces
profusions; il exigeait qu'ils tinssent maison, qu'ils
donnassent de grands dîners, des bals brillants. Il
avait distribué des millions de dotation à l'armée,
dont une grande partie était assignée sur le Monte-
Napoleone de Milan et sur des propriétés situées
soit en Italie, soit en Allemagne.

Néanmoins on ne peut s'empêcher de reprocher
à Napoléon d'avoir trop souvent été injuste vis-à-vis
des fournisseurs et généralement de tous ceux qui
traitaient avec l'État; préoccupé de l'idée qu'on
cherchait à voler le gouvernement, il se croyait

toujours en droit d'agir à la manière orientale et d'établir un tarif au rabais pour les entrepreneurs et pour ceux qui avaient des sommes à réclamer auprès des ministres. Lorsqu'il soupçonnait la moindre exagération dans un compte, il écrivait au bas : *Renvoyé au grand juge pour faire exécuter les lois*. Arrivés à ce point, les impliqués venaient d'ordinaire à composition plutôt que de se laisser poursuivre ; cet abus de la force contre la faiblesse est répréhensible dans un gouvernement, qui doit donner l'exemple de la bonne foi dans l'exécution des engagements convenus.

Napoléon faisait verser dans le domaine extraordinaire toutes les sommes qu'il recevait par droit de conquêtes, traités patents ou secrets. On en a beaucoup exagéré le montant. Le trésor, aux Tuileries, d'après les registres et les situations de mois, ne s'est pas élevé au delà de 120 millions en or. Les trois quarts de cette somme ont été employés pour subvenir aux dépenses de 1812 et 1813, et le dernier quart suivit le gouvernement lors de la retraite à Blois.

On a répété que Napoléon « avait fait entrer en
» France plus de 2 milliards en numéraire, sans
» compter ce que les individus pouvaient avoir rap-
» porté pour leur propre compte. » Cette assertion est erronée ; d'après les états justificatifs dressés en 1811 par le baron de la Bouillerie, la somme ren-

trée par suite des conquêtes ne s'élevait pas au delà de 357 millions, ou de 800 millions, en supposant la vente des biens retenus d'après les traités de paix, et donnés en dotation, et en évaluant approximativement ce que les individus avaient rapporté.

A l'égard de la dépense de la maison de Napoléon, tout était réglé avec un ordre infini. Le grand maréchal, duc de Frioul, avait établi son service avec convenance et économie. Nous avons sous les yeux un budget de 1805 pour le service du grand maréchal; en voici la copie :

## DÉPENSES ORDINAIRES
## DU SERVICE DU GRAND MARÉCHAL

POUR L'ANNÉE 1805.

| | |
|---|---:|
| Grand maréchal, trois préfets du palais, deux maréchaux des logis, trois adjoints. | 446,000 fr. |
| Un secrétaire général, premier quartier-maître, et premier maître d'hôtel contrôleur. | 46,000 |
| Gages des employés auprès de Sa Majesté. | 131,048 |
| Indemnités aux gens détachés en voyage. | 30,000 |
| Habillement des livrées. | 107,000 |
| Blanchissage. | 45,000 |
| Éclairage. | 180,000 |
| Chauffage. | 160,000 |
| Bouche. { Cuisine. | 360,000 |
| Office. | 150,000 |
| Cave. | 120,000 |
| Entretien de l'argenterie. | 20,000 |
| Id. de la lingerie, avec augmentation annuelle. | 80,000 |
| Id. de la porcelaine. | 20,000 |
| Id. des verreries, faïences et batteries de cuisine. | 10,000 |
| Frais de transport. | 15,000 |
| Pour les palais des Tuileries, du Louvre, Saint-Cloud, Saint-Germain, Meudon, Versailles, Trianon, Rambouillet, Fontainebleau, Laken et Strasbourg, y compris des secours à d'anciens domestiques, des indemnités pour nourriture aux officiers et soldats de la garde, les quartiers généraux, impériaux et baraques, les dépenses imprévues applicables à tous les services, les frais de bureau, les gens employés au service de l'impératrice, et l'habillement des livrées de son service. | 685,349 |
| Dépenses de la couronne des départements au delà des Alpes, dits du Piémont, palais de Turin et de Stupinits. | 89,800 |
| TOTAL. | 2,338,467 fr. |

L'année 1806, le budget du grand maréchal s'éleva à 2,770,841 francs, parce que les services furent augmentés, et qu'il fut assigné des fonds pour l'augmentation annuelle de l'argenterie (1,000 assiettes d'argent), pour les objets nécessaires pour compléter le petit vermeil, pour l'achat d'une batterie de cuisine, de verrerie et de faïence, pour le palais de Strasbourg et pour le château de Rambouillet, etc.

Les budgets de la maison de Napoléon étaient arrêtés et signés par lui : à la suite de la récapitulation générale de tous les services, il était formellement défendu, sous aucun prétexte, à chaque chef de service, de commander ou ordonner des travaux, achats ou fournitures, que jusqu'à concurrence des fonds affectés à chaque article de dépense.

Des décrets spéciaux ordonnaient les dépenses extraordinaires et non prévues par le budget. Les budgets particuliers des autres grands officiers, grand chambellan, grand écuyer, grand veneur, grand maître des cérémonies, ceux de l'intendant général et de l'intendant des bâtiments, étaient réglés et exécutés avec la même régularité et la même fidélité. Au moyen de ce budget général de sa maison, Napoléon savait, dès le premier jour de l'année, ce qu'il dépenserait, et jamais personne n'eût osé dépasser les crédits qu'il avait ouverts.

C'est une chose assez remarquable que, d'après

l'ordre établi dans les finances dès les premières années du ministère du duc de Gaëte, un simple particulier peut, à l'aide des budgets annuels, retrouver en un instant toutes les traces et recueillir les résultats principaux d'une administration de douze années de guerre, dans un pays aussi vaste que l'était la France avec les nouveaux départements réunis. En 1812, les finances de l'État se trouvaient dans un équilibre aussi exact que pouvaient l'être celles d'une grande nation : c'est-à-dire qu'il n'existait plus de réclamations que pour 30 à 40 millions de vieilles créances, dont la consolidation avait été annoncée par le compte de 1811 et adoptée provisoirement jusqu'à la concurrence de 20 millions (1).

Il est donc vrai de dire que l'équilibre entre la recette et la dépense n'a été dérangé que par les événements de la guerre de Russie, qui ont entraîné des pertes tellement grandes, qu'elles ont amené la chute du pouvoir impérial.

La balance du commerce, en 1788, n'offrait que 75 millions à l'avantage de nos exportations : c'est l'époque ancienne la plus favorable à la France, et la mer était ouverte; en 1813, cette balance était de 126 millions en notre faveur, et la mer était fermée : il faut bien en conclure qu'à cette époque nous in-

---

(1) Loi des finances du 20 mars 1813.

troduisions beaucoup moins de matières premières qu'autrefois, et que nous exportions beaucoup plus d'objets manufacturés. En un mot, c'est dire que les produits de notre sol avaient augmenté et que nos manufactures s'étaient perfectionnées.

Au total, la France était sans doute fatiguée par de longues guerres, mais elle n'était pas encore affaiblie. Comment notre population, notre agriculture et notre commerce n'auraient-ils pas prospéré? Il avait été dépensé 30 millions pour les ponts, 50 millions pour les canaux, 14 millions pour les desséchements, 277 millions pour les routes, et 100 millions pour la sûreté et la commodité de nos ports maritimes. Sauf les inconvénients du blocus continental, les affaires commerciales étaient soumises à la même loi et trouvaient les mêmes poids, les mêmes mesures, la même monnaie, la même protection. Depuis Bayonne jusqu'à Hambourg, depuis Rome jusqu'à Brest, les plus grosses voitures circulaient commodément; Amsterdam et Marseille communiquaient ensemble par les canaux de Saint-Quentin et du Centre.

La nécessité avait perfectionné nos arts mécaniques et chimiques : on s'était occupé de remplacer, dans nos consommations, le sucre de canne, l'indigo et la soude étrangère. Déjà la betterave nous avait donné 7 millions de sucre pesant, ce qui nous avait affranchis d'un tribut de 90 millions à l'étranger.

15.

Plus de 100 millions ont été consacrés aux embellissements de Paris.

Le Louvre et Versailles sont sortis de leurs ruines. Plus de 60 millions ont été employés à restaurer les résidences du souverain, plus de 30 millions à les meubler. Les diamants de la couronne, engagés à l'époque de nos troubles, ont été dégagés (1), de nouveaux y ont été ajoutés (2). Nos musées, vastes dépôts de nos trophées, ont été enrichis encore de tous les tableaux, de tous les objets d'art et d'antiquité acquis légitimement, ou par de l'argent, ou par des conditions de traités de paix connus de tout le monde, en vertu desquels ces chefs-d'œuvre furent donnés en commutation de cession de territoire ou de contributions. Plusieurs centaines de millions ont ainsi porté la splendeur de la France au plus haut degré, et ce qu'il faut dire, c'est que ces dépenses de luxe n'ont point été comprises dans celles des budgets annuels; elles ont été acquittées sur les fonds particuliers du chef du gouvernement, tandis qu'une dotation imputée sur le domaine extraordinaire assu-

---

(1) Le *Régent*, le seul qui restât des anciens diamants de la couronne de France, fut retiré des mains des juifs de Berlin, auxquels il avait été engagé pour 3 millions.

(2) Il y eut des achats de diamants faits pour la somme de 60 millions.

rait l'achèvement du Louvre et la réparation du château de Versailles.

Au milieu de tant de millions consacrés à la gloire et à la prospérité de la nation, les amis de l'humanité ne manqueront pas de remarquer 10 millions répandus dans la Vendée pour en cicatriser les plaies (1), et plus de 12 millions consacrés à construire des asiles aux orphelins et des refuges à la mendicité.

Les départements étrangers réunis à la France ont eu leur part comme les anciens. Il a été employé plus de 40 millions à l'ouverture de l'Escaut et au Pas d'Anvers; Ostende et Brekens ont coûté plus de 10 millions; le Helder et le New-Diep plus de 6 millions; la route d'Amsterdam et celle de Maëstricht 6 millions.

En Italie, plus de 26 millions ont été enfouis dans la seule forteresse d'Alexandrie. Les ponts et les digues du Pô, les ponts de la Scrivia et de la Doire, sont une

---

(1) Des milliers de bras travaillaient à joindre par un canal la Vilaine et la Rance, afin d'ouvrir aux caboteurs français un passage des côtes du Poitou à celles de la Normandie, sans doubler le cap d'Ouessant. Une nouvelle ville s'élevait au milieu de la Vendée, et huit nouvelles grandes routes allaient traverser l'Ouest; enfin des sommes considérables étaient, sous la forme de primes, distribuées aux Vendéens pour rétablir leurs maisons, leurs églises et leurs presbytères.

dépense de 3 millions. Les entreprises gigantesques du Simplon, du mont Cenis, du mont Genèvre et de la Corniche ont exigé plus de 30 millions. Les fouilles de Rome, faites dans l'intérêt des beaux-arts et de l'histoire, sont un article de 2 millions.

Sur la frontière du Rhin, les fortifications de Mayence et de Wesel, et la grande route de Metz à Francfort, ont employé plus de 25 millions. Comme cette nomenclature serait trop longue, nous omettons les travaux de Venise, la grande route de Paris à Hambourg, les fortifications de Dantzick, etc., etc.

Enfin, en douze années, il n'a pas été consacré moins d'*un* milliard aux travaux publics : 485 millions ont été employés à des entreprises nouvelles, et 515 ont servi à réparer ou à perfectionner d'anciens travaux. Ces dépenses immenses rendirent avec usure aux peuples voisins les tributs qu'ils nous ont payés, et vivifiaient les pays conquis autant que l'intérieur de la France, Rome et la Hollande comme Paris (1).

En 1813, on continuait de faire face à la fois à la guerre maritime et à la guerre continentale. Pour soutenir un tel fardeau, quelles sont les ressources de

---

(1) A cette époque, la France avait cent trente départements ; elle comptait 42,738,377 habitants ; sa superficie était de 75,957,301 hectares, en y comprenant les nouveaux départements réunis.

l'empire? La recette annuelle est d'environ 900 millions (1), sur lesquels il faut en prélever environ 350 pour la dette publique, les pensions, la justice, l'intérieur et les finances : il ne reste donc que 550 millions environ pour les dépenses de la guerre et de la marine; mais les désastres de la campagne de 1812 et les préparatifs de la campagne prochaine rendaient ces moyens très-insuffisants.

Les ministres demandèrent un supplément de 300 millions : alors Napoléon disposa des biens des communes et ordonna qu'ils fussent échangés contre des rentes sur l'État (2); il ordonna des impositions extraordinaires; le décret du 11 novembre 1813 prescrivit qu'en sus des contributions réglées par la loi du 20 mars 1813, il serait perçu 30 centimes additionnels au principal des contributions directes des portes et fenêtres et des patentes de 1813, un second décime ou un double droit par kilogramme de sel, et

---

(1) En outre, le revenu particulier des communes et des villes s'élevait à 128,000,000 de francs; savoir :

| | |
|---|---|
| Octrois. . . . . . . . . . . . . . | 65,300,000 fr. |
| Centimes additionnels. . . . | 42,700,000 |
| Produit des biens-fonds. . . | 20,000,000 |
| Total. . . | 128,000,000 fr. |

(2) Loi du 20 mars 1813. On estimait que cette opération devait produire une rentrée prochaine de 370 millions; mais cette mesure n'a point reçu son entière exécution, à cause des changements survenus depuis, en 1814.

10 centimes, par addition aux droits réunis et aux tarifs des octrois.

On venait de perdre l'Allemagne; il ne fallait plus songer qu'à maintenir l'intégrité du territoire et tirer le meilleur parti de ses dernières ressources. Des commandes sont faites aux dépôts de remonte, aux fonderies, aux manufactures d'armes, aux ateliers d'habillement, etc.; il faut de l'argent, la trésorerie n'en a plus, Napoléon en fait prendre dans son trésor privé, et 30 millions sont transportés des caves des Tuileries dans les caisses publiques. Ce secours, quoique apparent, était faible dans un moment aussi critique; le chef du gouvernement faisait seul des sacrifices; la nation mécontente gardait le silence.

Dans la matinée du 30 décembre 1813, Napoléon ayant fait fermer aux députés les portes de la salle des séances du corps législatif, les besoins du fisc et du recouvrement des impositions le firent recourir à un acte de despotisme qui aliéna contre lui tous les contribuables; le budget qui avait été préparé pour le corps législatif fut adopté le 7 janvier 1814 par le conseil d'État, et signé le surlendemain, 9 janvier, par Napoléon. Pour la première fois on vit, dans une matière aussi grave que l'impôt, le chef du gouvernement se passer du vote du corps législatif et du sénat, et un simple décret tenir lieu d'une loi de finances.

Il fallait s'occuper de mettre Paris en état de défense, et l'on manquait de fonds pour construire les palissades, barrières et les chevaux de frise nécessaires au plan adopté. Le comité de fortification pensa qu'il serait plus facile de dissimuler l'objet de ces travaux en chargeant le corps des ponts et chaussées de leur exécution, et en mettant la somme qu'il nécessitait à la disposition du ministre de l'intérieur, afin de ne pas effrayer les habitants et de leur cacher le danger. En même temps, le conseil d'État discutait le projet d'une taxe de dépense à imposer sur la ville de Paris, pour les défenses de la garde nationale et pour les travaux intérieurs de défense qu'exigeait la sûreté de la capitale : la somme demandée devait en apparence servir à former des ateliers de charité que rendait nécessaires la stagnation des ouvrages, donnant ainsi un but moins alarmant à des travaux que prescrivait un danger trop réel.

Enfin, la pénurie du trésor était telle, que Joseph Napoléon invita le ministre de l'intérieur à ouvrir d'urgence, pour le commencement de ces travaux, un premier crédit de 15,000 francs sur la taxe de défense, et à donner de suite au préfet de la Seine l'autorisation d'en faire les avances sur la caisse municipale.

Napoléon ayant abdiqué le pouvoir, on fit un traité, connu sous le nom de *Traité de Fontaine-*

*bleau* (1), dont les dispositions, toutes financières, prennent naturellement place ici. Après lui avoir assigné l'île d'Elbe en toute souveraineté et propriété sa vie durant, au terme du traité, il lui fut assuré un revenu annuel de 2,000,000 en rentes sur le grand-livre de France; il devait être réservé, pour les membres de sa famille, des domaines ou rentes sur l'État, produisant annuellement 2,500,000 fr.; les propriétés que Napoléon se trouvait posséder en France, soit comme domaine extraordinaire, soit comme domaine privé, devaient rester à la couronne; seulement, sur ces biens, il fut mis à sa disposition un capital de 2,000,000 destinés à être employés en gratifications en faveur des personnes qu'il désignerait, sur un état détaillé et signé de lui. Les généraux de la garde eurent 650,000 fr., ses aides de camp 450,000 francs, et les chefs de sa maison civile 900,000 francs.

Telle fut la fin du gouvernement impérial, dont les désastres des dernières années ont produit un arriéré de 503,983,190 francs.

---

(1) 11 avril 1814.

# GOUVERNEMENT PROVISOIRE.

## LE BARON LOUIS,

MINISTRE DES FINANCES.

1er AVRIL AU 3 MAI 1814.

M. Dudon, maître des requêtes, nommé par le gouvernement provisoire, se présenta à Orléans auprès de Marie-Louise pour constater la reprise des diamants, de l'argenterie et des fonds de la couronne : l'inventaire en fut fait conformément à un état qui en déterminait la valeur et la qualité; la plus grande loyauté présida à cette remise.

Des fourgons ramenèrent à Paris ces richesses, s'élevant à environ 60 millions, parmi lesquels se trouvaient 9,500,000 livres en or; le reste était de la vaisselle et des pierreries. Ces objets furent d'abord rapportés et déposés à la caisse de la liste civile, puis ensuite les 9,500,000 livres furent versées au trésor royal, pour être employées aux besoins du service public, qui était à la veille de manquer.

# RÈGNE DE LOUIS XVIII.

## LE BARON LOUIS,

MINISTRE DES FINANCES.

(Premier ministère.)

---

3 MAI 1814 AU 20 MARS 1815.

La France entière venait de saluer, par des acclamations universelles, Louis XVIII, entré solennellement dans la capitale. Le baron Louis fut confirmé dans ses fonctions de ministre des finances : ce poste était devenu difficile à bien remplir à cause de l'état de souffrance dans lequel le trésor se trouvait, par suite de trois campagnes malheureuses : celles de 1812, 1813, et des trois premiers mois de 1814.

Le nouveau ministre, dans un exposé sur la situation du royaume, présenté à la chambre des pairs et à celle des députés, et dans un rapport pré-

senté au roi, s'attacha particulièrement à critiquer l'administration de son prédécesseur; il alla même jusqu'à reprocher au duc de Gaëte d'avoir sciemment présenté de faux budgets : celui-ci répliqua article par article aux griefs qui lui furent imputés, et prouva, par des résultats numériques et incontestables, que le baron Louis s'était trompé dans ses évaluations; en effet, il estimait la dépense de l'arriéré antérieur au 1er avril 1814 à la somme de. . . . . . . . . . . . . . . . . 1,645,000,000 fr.
Et il fut justifié par le compte rendu postérieurement (1), au roi et aux chambres, du service de l'arriéré, qu'il avait été définitivement réduit par le résultat des liquidations à. . . . . . . . . 503,983,190

L'exagération avait donc été de   1,141,016,810 fr.

La dépense de l'année 1814 fut fixée à la somme de 827,415,000 francs, et la recette à la somme de 520,000,000. On décide qu'il sera pourvu, par des moyens extraordinaires, à l'excédant des dépenses de cette année et des années 1810, 1811, 1812 et 1813, réunies sous la dénomination commune de l'arriéré des dépenses antérieures au 1er avril 1814.

---

(1) En 1817.

Les moyens extraordinaires pour acquitter cet arriéré consistent à payer, au choix des créanciers, ou en obligations du trésor royal à ordre, payables à trois années fixes d'échéance, avec une indemnité de huit pour cent par an, ou en inscriptions de rentes cinq pour cent consolidés.

On affecte au payement et à l'amortissement des obligations du trésor royal :

1° Le produit de la vente de 300,000 hectares de bois de l'État;

2° L'excédant des recettes sur les dépenses du budget de 1815;

3° Le produit des ventes des biens des communes (1) et des autres biens cédés à la caisse d'amortissement.

Ce mode de payement adopté pour l'arriéré présentait une consolidation (2) volontaire en apparence, mais forcée en effet, en raison du discrédit dans lequel les obligations que le trésor prétendait donner à ses créanciers devaient évidemment tomber, si elles étaient distribuées dans un intervalle beaucoup plus court que celui dans lequel un payement en numéraire effectif aurait pu être réalisé, et cette condition pouvait seule donner quelque apparence d'utilité à un mode de payement qui devenait sans objet dès

---

(1) Loi du 20 mars 1813.
(2) C'est-à-dire un payement en rente consolidée.

que les créanciers ne pouvaient être satisfaits plus promptement en papier qu'ils ne l'auraient été en argent. On sait qu'au 20 mars 1815 il n'avait encore été émis que pour 36,800,000 francs d'obligations, et que, pour en soutenir le cours, il avait été nécessaire d'en racheter, en numéraire, pour plus de 22 millions, valeur nominale, tant à Paris que dans les départements.

Ainsi, de deux choses l'une :

Ou les émissions successives auraient dû être calculées dans la proportion des rachats que les faibles moyens du trésor auraient pu lui permettre de faire, et alors le payement de l'arriéré devenait interminable ;

Ou ces émissions auraient été faites avec la rapidité convenable pour que leur but, celui de payer promptement, fût atteint, et dans ce cas, les obligations éprouvaient une dépréciation impossible à calculer.

Les faits confirment cette assertion d'une manière incontestable. Les premières obligations émises ont perdu vingt pour cent, non compris l'intérêt de huit pour cent qui y était attaché sous le titre d'indemnité, et le cours ne s'est relevé que lorsque les faibles quantités qui étaient données en payement ont pu être rachetées par le trésor à peu près aussitôt qu'elles ont été émises. Autant eût-il donc valu payer directement en argent.

Mais si l'on a pu, dans les premiers temps où les liquidations étaient rares encore, limiter à volonté les émissions, il aurait bien fallu les multiplier à mesure que la masse de ces mêmes liquidations se serait augmentée, et l'on serait nécessairement retombé dans le premier inconvénient auquel un rachat continu aurait pu seul porter un remède momentané. Les créanciers étaient ainsi amenés, par le cours naturel des choses, à profiter de la faculté de la loi (1) qui les autorisait à faire inscrire leurs obligations au grand-livre.

Ce qui achève de confirmer que la consolidation eût été le résultat nécessaire des dispositions de la loi de finances de 1814, c'est que le principal moyen de remboursement des obligations reposait sur un excédant annuel de 70 millions dans les recettes du budget, à partir de 1815, et on sait que les aperçus qui avaient servi de base pour la formation du budget primitif de cette même année 1815, s'éloignaient tellement de la réalité, que l'excédant espéré se trouvait remplacé par un déficit effectif. Par conséquent aucune portion des recettes de 1815 n'aurait pu être appliquée au remboursement des obligations, et le discrédit de ces valeurs se serait accru d'autant : donc la consolidation était inévitable, nonobstant le crédit

---

(1) Article 29 de la loi du 23 septembre 1814.

ouvert sur les bois et sur les biens des communes, dont le produit, d'une réalisation incertaine et nécessairement lente, n'auraient pu satisfaire à un remboursement à époque fixe (1).

Tous les biens immeubles, actions de canaux, séquestrés ou confisqués pour cause d'émigration, qui n'ont pas été vendus et qui font partie des domaines de l'État, sont rendus en nature à ceux qui en étaient propriétaires ou à leurs héritiers ou ayants cause (2).

Conformément à l'article 23 de la charte, la liste civile est fixée, pendant la durée du règne actuel, à 25 millions pour la dépense annuelle du roi et de la maison civile ; 8 millions doivent être également payés annuellement, par le trésor, aux princes et princesses de la famille royale, pour leur tenir lieu d'apanage ; on détermine aussi le mode de conservation et d'administration des biens qui forment la dotation de la couronne. Enfin, les sommes dont le roi se reconnaît personnellement débiteur envers des particuliers, sont reconnues dettes de l'État, jusqu'à la concurrence de 30 millions.

---

(1) *Opinion préliminaire sur les finances* (octobre 1815), par le duc de Gaëte.
(2) Loi du 5 décembre 1814.

# LES CENT JOURS.

## GAUDIN, DUC DE GAËTE,

### MINISTRE DES FINANCES.

#### 20 MARS AU 8 JUILLET 1815.

Napoléon quitte l'île d'Elbe, traverse le royaume et arrive à Paris; il rappelle ses anciens ministres; le duc de Gaëte reprend le portefeuille des finances, le comte Mollien celui du trésor public, et déjà il fallait préparer et créer des ressources extraordinaires pour de nouvelles guerres.

Napoléon, en arrivant, trouva bien plusieurs millions au trésor; c'était fort peu de chose dans un moment où il pensait à se battre contre toutes les puissances de l'Europe, il lui fallait de l'argent, mais comment en trouver? Faire un emprunt était pour lui une opération impossible; dans le temps de sa grandeur, il avait trop maltraité les financiers pour qu'ils n'en eussent pas conservé des souvenirs amers; lever des impôts forcés, c'était trop dangereux. Dans cette situation, il fit venir M. Ouvrard, le questionna sur le meilleur parti à prendre; ce capitaliste rédigea un marché avec Napoléon, par lequel il s'engagea à compter 50 millions contre le transfert qui lui serait fait de 5 millions de rentes cinq pour cent, au prix de 50 francs (1).

La tâche la plus délicate restait encore à remplir: pour éviter une catastrophe sur la place, il fallait dérober aux regards du public la livraison des 5 millions de rentes; créer de nouvelles inscriptions, c'était augmenter la quantité de celles déjà inscrites au grand-livre; l'ordre fut donné de prélever ces rentes sur celles possédées par la caisse d'amortissement.

Ce fut par suite de cette négociation que l'année suivante M. le duc de Gaëte fut nominativement dénoncé par M. de Blosseville, membre de la chambre des députés, comme ayant autorisé illégalement, en mai 1815, le transfert et la vente d'une rente de 3,600,000 francs, appartenant à la caisse d'amortis-

---

(1) La rente était alors à 53 francs environ.

sement (1). Une commission fut nommée par le roi, sur la proposition du baron Louis, alors ministre des finances, pour l'examen de cette affaire, et il fut reconnu et déclaré que M. le duc de Gaëte avait été absolument étranger à cette mesure, véritable acte de la volonté personnelle de Napoléon, qui avait jugé utile au crédit que cette décision n'eût pas le caractère d'un décret; parce qu'elle ne devait être connue que quand elle aurait été conduite à son terme; car le produit de cette négociation secrète devait être porté au chapitre des ressources extraordinaires du budget, dès qu'il n'y aurait plus eu d'inconvénients à divulguer l'opération.

Malgré cette chicane, élevée mal à propos, le public sentit de suite que la probité du duc de Gaëte était intacte et au-dessus de tout soupçon; les éclaircissements donnés sur cette affaire ont prouvé que la totalité des fonds provenant de la négociation de ces 3,600,000 francs de rentes fut appliquée aux besoins du service; que l'urgence des circonstances exigeait

---

(1) Lorsque M. le baron Louis reprit le portefeuille des finances après les cent jours, il empêcha l'achèvement de l'exécution du traité fait avec M. Ouvrard. Ce financier avait déjà vendu d'avance, à bas prix, la totalité des 5 millions de rentes; et comme on ne lui transféra point la portion qui restait encore à délivrer, il lui en coûta une forte somme pour la remplacer.

que ces fonds fussent fournis sans délai; que, sans ce secours, les désordres publics et particuliers qui seraient résultés de l'interruption du payement des dépenses de l'armée, fussent devenus la cause d'une foule de violences contre les propriétaires ou contre les contribuables.

Les fournitures ne pouvaient se faire qu'argent comptant; la plupart des munitionnaires et entrepreneurs voulaient même des avances. Les manufactures de drap propre à l'habillement des troupes étaient nombreuses en 1812 et 1813; elles pouvaient fournir à tous les besoins de l'armée, qui était alors nombreuse, mais en 1815 il n'en existait presque plus. Dès le mois d'avril, le trésor fut obligé de fournir plusieurs millions aux fabriques de drap pour les relever.

Les fournisseurs avaient livré vingt mille chevaux de cavalerie avant le premier juin; dix mille tout dressés avaient été fournis par la gendarmerie, qui avait été démontée; le prix en fut payé comptant aux gendarmes, qui, dans huit jours, se remontèrent en achetant des chevaux de leur choix. On avait le projet de prendre de nouveau la moitié de ces chevaux dans le courant de juillet. Des marchés avaient été passés pour quatorze mille autres. Enfin on avait au 1$^{er}$ juin quarante-six mille chevaux de cavalerie et dix-huit mille d'artillerie.

Les finances commençaient à se ressentir de la

plaie que Napoléon venait de rouvrir; on aurait pu faire face à tout, si les recettes comprises dans le budget eussent été toutes réalisables de suite; beaucoup de gens, au lieu d'acquitter sur-le-champ un semestre ou une année de leurs contributions, comme cela se pratique souvent pour éviter l'embarras de payer plusieurs fois, ne versaient qu'un douzième déjà échu; les rentrées des impôts se percevaient donc péniblement, la Vendée était soulevée et laissait plusieurs départements sans recettes.

On vit se renouveler quelques offrandes patriotiques comme dans la révolution; en beaucoup de villes, les autorités et les principaux habitants furent obligés d'habiller et d'équiper à leurs frais des cavaliers. L'on organisa ainsi, soit par des dons volontaires, soit par des dons forcés, des escadrons de lanciers et de partisans. A Paris, un seul citoyen, riche propriétaire, donna 100,000 fr.; un autre fit remettre à Napoléon, le jour de la revue de la garde nationale, un rouleau de papier attaché avec un ruban de la Légion d'honneur. On l'ouvrit, il renfermait 25,000 fr. en billets de banque. Ces moyens mis en œuvre pour obtenir de l'argent étaient de véritables sacrifices pour des particuliers; en somme totale, c'était fort peu de chose pour le parti qui prétendait soutenir le gouvernement.

Les événements malheureux qui ont précédé et

accompagné la seconde abdication de Napoléon (1) sont assez connus; il nous suffit de dire que son retour de l'île d'Elbe nous a fait dépenser 600 millions en cent jours; ses conséquences seront funestes, nous allons voir nos finances délabrées par les subsides les plus durs et les plus onéreux.

---

(1) Elle eut lieu le 22 juin 1815.

# RÈGNE DE LOUIS XVIII.

## LE BARON LOUIS,

MINISTRE DES FINANCES.

(Second ministère.)

#### 9 JUILLET AU 26 SEPTEMBRE 1815.

Après trois mois de craintes et d'alarmes, les Français virent Louis XVIII rentrer au sein de la capitale. Le baron Louis reprit possession du portefeuille des finances.

Les besoins des armées alliées inquiétaient le gouvernement; on était tous les jours réduit aux expédients les plus onéreux et les plus précaires; les circonstances étaient telles, que l'on n'avait pas le choix des moyens et qu'il fallut s'arrêter à celui qui, en présentant le moins d'inconvénients, était le plus propre à soulager les départements qui avaient le plus souffert en appelant à partager leurs charges ceux sur lesquels les réquisitions n'avaient point porté. Une ordonnance royale (1) prescrivit donc la perception, à titre de réquisition de guerre, d'une contribution extraordinaire de 100 millions, répartie sur les divers départements en proportion de leurs ressources; cette ordonnance déclarait en outre qu'il serait statué par le pouvoir législatif, à la prochaine session des deux chambres, sur le mode d'une répartition définitive de cette contribution de guerre et du remboursement de sommes qui auraient été payées au delà du contingent définitif.

La ville de Paris fut autorisée (2) à créer et aliéner un million de rentes portant un intérêt de cinq pour cent, afin de se procurer les moyens de faire face aux dépenses extraordinaires occasionnées par l'occupation militaire (3).

---

(1) Du 16 août 1815.
(2) Ordonnance du 13 septembre 1815.
(3) D'autres ordonnances, en date des 4 octobre 1815 et 15 janvier 1817, élevèrent la quantité des rentes à émettre par la ville de Paris jusqu'à un million 500,000 fr. de rentes; mais l'aliénation de ces rentes n'a été consommée que pour une très-faible partie. Une nouvelle ordonnance (14 mai 1817) autorisa l'administration municipale de la ville à créer 33,000 obligations au porteur de 1,000 fr. chacune, remboursables de 1817 à 1829. Ce nouveau mode d'emprunt, en fournissant à la ville les moyens de liquider sa dette, lui procura les ressources nécessaires pour faire terminer la construction des abattoirs et autres grands établissements d'utilité publique, que le défaut de fonds n'avait point encore permis d'achever.

# LE COMTE CORVETTO,

## MINISTRE DES FINANCES.

26 SEPTEMBRE 1845 AU 7 DÉCEMBRE 1818.

On fut fort surpris de voir le comte Corvetto arriver à la tête des finances; cependant cet étonnement cessa lorsqu'on sut que c'était l'ouvrage de M. de Talleyrand. Tout était changé depuis un an dans la situation politique et financière de la France, et le gouvernement n'aurait pu commettre, sans le plus grand danger, les mêmes erreurs qu'en 1814.

C'est pour ainsi dire au milieu des ruines qu'il faut procéder pour relever l'édifice de la fortune publique, et ce sont surtout les contributions étrangères qui rendent la tâche de l'administration des finances plus délicate et plus pénible qu'elle ne l'a été en France à aucune époque; nous avons, de plus qu'en 1814, à payer aux étrangers 700 millions en numéraire (1) : cette somme doit être acquittée

---

(1) Traité du 20 novembre 1815.

par jour et par portions égales dans l'espace de cinq ans; il faut en outre payer annuellement, pendant trois ans, 130 millions pour l'entretien de 150 mille hommes de garnison étrangère; enfin, le gouvernement s'engage à liquider toutes les réclamations faites pour les sommes qu'il se trouve devoir dans les pays hors de son territoire actuel, soit à des individus, soit à des communes, soit à des établissements publics; une convention additionnelle avec l'Angleterre détermine que les sujets britanniques porteurs de créances sur le gouvernement français, lesquels, en contravention du traité de commerce de 1786, et depuis le 1er janvier 1793, ont été atteints par les effets de la confiscation ou du séquestre décrété en France, seront indemnisés et payés.

Ce n'est plus par comparaison avec les revenus ordinaires qu'il faut juger de l'énormité d'une telle contribution; c'est par le retranchement qu'elle opère sur les moyens de circulation et de reproduction dont elle privera les sujets de l'État. Un impôt ordinaire, quel qu'il soit, n'est, quant à la circulation intérieure, qu'un déplacement momentané d'espèces; à peine est-il entré dans les coffres du trésor qu'il retourne aux caisses particulières et dans les mains des contribuables eux-mêmes, par le payement des dépenses du gouvernement, et, en dernière analyse, rien n'est perdu pour le service général des transactions et des opérations du commerce, mais il n'en est pas ainsi d'un tribut exportable à l'étranger : il ne peut pas s'acquitter sans diminuer la masse des moyens d'échange nécessaires à la circulation intérieure et par conséquent à la richesse de l'État proprement dit, abstraction faite du fisc, qu'il ne faut jamais confondre avec l'État, quoique leurs intérêts soient communs : ce que les gouvernés payent à un gouvernement étranger est perdu sans retour; en un mot, l'impôt bien réparti, bien employé, ne nuit point à la vie, à la force de l'État; le tribut l'énerve et le ruine.

Malgré tous nos désastres, nous allons montrer à l'Europe que, sous le rapport financier, nous pouvons encore espérer et prétendre faire succéder à la gloire des armes, sujette à tant de revers, la gloire moins brillante, mais plus féconde en résultats heureux, de la sagesse dans les conseils et de la bonne foi dans l'exécution des engagements. Prête, en apparence, à succomber sous le poids de ses maux, la France saura faire sortir de cet état même d'accablement et de malheur un plan de libération, d'ordre et de fidélité qui fondera son crédit sur des bases inébranlables, et la maintiendra d'elle-même au rang de la première nation du monde.

Le budget des neuf derniers mois de 1814 est définitivement réglé, en recettes, à la somme de 533,715,940 francs 04 centimes, et en dépenses, à la somme de 637,432,562 francs 65 centimes.

Le budget des recettes de l'année 1815 est fixé à 753,510,000 francs, et celui des dépenses est réglé à la somme de 883,943,000 francs.

La contribution extraordinaire de 100 millions, ordonnée le 16 août 1815, par une simple ordonnance royale, pendant le séjour des armées alliées, est confirmée ainsi que les impôts et levées extraordinaires faits à la même époque : on décide que les 20 millions avancés par les départements pour l'habillement et l'équipement des troupes étrangères, seront remboursés par moitié dans les années 1816 et 1817.

On comprend, sous la dénomination d'*arriéré antérieur au 1er janvier 1816*, les excédants de dépenses des neuf derniers mois de 1814, de l'année 1815, et toutes les créances antérieures au 1er avril 1814, qui restent à liquider.

Il sera délivré aux porteurs de créances de l'arriéré des reconnaissances de liquidations portant intérêt à cinq pour cent sans retenue, payables par semestre. Les propriétaires de ces reconnaissances auront la faculté de les échanger contre des inscriptions de leur montant au grand-livre de la dette publique. Celles de ces reconnaissances qui n'auront pas été inscrites au grand-livre, seront acquittées suivant le mode qui sera fixé dans la session de la chambre de 1820.

Le budget de l'année 1816 se divise en ordinaire

et extraordinaire. Le budget ordinaire comprend les recettes et dépenses ordinaires. Le budget extraordinaire comprend les charges extraordinaires résultant du traité et des conventions du 20 novembre 1815, et les recettes extraordinaires destinées à les acquitter.

Les recettes ordinaires sont de 570,454,940 fr.
Les dépenses ordinaires sont de.............. 548,252,520

Différence en plus... 22,202,420 fr.

Les recettes extraordinaires, y compris l'excédant des recettes ordinaires, sont de 291,343,141 fr.
Les dépenses extraordinaires sont de.............. 290,800,000

Différence en plus... 543,141 fr.

Au nombre des ressources extraordinaires, on remarque que Louis XVIII, par un acte de générosité, accorde 10 millions sur sa liste civile, pour dégrever et secourir les départements qui ont le plus souffert de l'occupation militaire en 1815. Les retenues sur les traitements sont évaluées à 13 millions; un prélèvement de 5 millions est fait sur un crédit de 6 millions de rentes que le gouvernement est autorisé à créer; divers recouvrements, des centimes additionnels et contributions supplémentaires, forment le complément des recettes du budget extraordinaire.

Cependant tout allait de mal en pis; le mauvais plan de finances adopté en 1814, la contribution extraordinaire de 100 millions levée en 1815, avaient anéanti le crédit et toutes les ressources du trésor. Son service se faisait jour par jour; ce n'est pas assez dire, il se faisait d'heure en heure. L'inquiétude était générale, on ne pouvait pas trouver à négocier le faible crédit de 6 millions de rentes ouvert pour couvrir le déficit du budget; les banquiers, les capitalistes, refusaient de prendre ces rentes à quelque prix que ce fût. Il en était presque de même des bons royaux, qu'on ne pouvait négocier qu'à un et demi pour cent de perte par mois et pour de faibles sommes. Enfin le trésor royal, dénué de toutes ressources, fut obligé de suspendre ses payements aux alliés, et le service des vivres pour les armées d'occupation n'était plus assuré. On ne peut encore aujourd'hui se rappeler sans effroi le tableau de notre situation au moment dont nous parlons; des conseillers malveillants osèrent même traiter d'impuissants les efforts que ferait la nation pour supporter un tel fardeau.

Un ministre va nous tirer de cette crise plus financière que politique; il appelle auprès de lui les lumières des hommes versés dans la science du crédit public; ce ministre, c'est le duc de Richelieu, qui a sauvé son pays en fondant le crédit de la nation.

Il fallait remplir un déficit de 83 millions, ce qui portait, pour 1817, le déficit total à 314 millions, pour lequel il avait été demandé aux chambres un crédit de 30 millions de rentes (1). L'idée de faire de ce crédit la base d'un emprunt forcé avait été rejetée. Dans cette situation, on s'était adressé à MM. Baring frères et compagnie de Londres, et à MM. Hope et compagnie d'Amsterdam; on les engagea à aider de tous leurs moyens et de leurs relations le gouvernement français dans l'accomplissement de ses engagements envers les puissances alliées. On démontra que si le gouvernement français se trouvait réduit à payer avec le produit de rentes vendues au cours le prochain semestre de 70 millions pour la contribution de guerre de 700 millions, les alliés et la France en souffriraient : les alliés, parce qu'indépendamment de ce qu'ils seraient obligés d'attendre, ils verraient se discréditer la seule valeur avec laquelle il était possible de les payer cette année; et la France, parce que ses moyens de libération diminueraient à mesure que le discrédit augmenterait.

Cette situation et toutes les difficultés dont elle est

---

(1) Loi du 25 mars 1817.

accompagnée ne pouvaient s'améliorer qu'en donnant de la valeur aux rentes. Les accréditer, c'était ajouter aux moyens de la France et à la sûreté des alliés; ceux-ci prenant des rentes pour la contribution de 140 millions et pour les 160 millions destinés à la fourniture et à l'entretien des troupes, devaient les remettre, pour en opérer la vente pour leur compte, à MM. Baring frères et compagnie, et à MM. Hope et compagnie, avec lesquels ils pouvaient prendre des engagements selon les besoins de chacun d'eux. La totalité du service des alliés, et la contribution à leur payer, devaient se trouver ainsi complétement assurées. Ce plan fut adopté par les ambassadeurs des cours d'Autriche, de la Grande-Bretagne, de Prusse et de Russie. On publia en même temps une note diplomatique relative à la diminution d'un cinquième de l'armée d'occupation.

Cette mesure fut à peine connue du public que déjà les conséquences commençaient à s'en faire sentir; les maisons étrangères, chargées de l'opération, excitèrent une heureuse rivalité parmi les maisons françaises; la confiance renaissait, les fonds publics montaient, MM. Baring et Hope voulurent être acheteurs, au lieu d'être consignataires. L'intervention des puissances alliées fit tout le succès de l'opération.

Le traité de 30 millions de rentes passé avec MM. Baring et Hope, réunis à plusieurs maisons de Paris, fixait à 53 fr. 85 cent. le prix de l'inscription cinq pour cent. A peine le résultat de cette négociation fut-il connu, que bien des gens se plaignirent qu'on avait préféré les étrangers aux Français. Avant que l'opération eût lieu, les banquiers de Paris et les capitalistes s'étaient refusés à prendre des rentes, et, par la seule raison qu'il n'y en avait plus à vendre, tout le monde en voulait. Il est juste de dire que ces reproches n'éclatèrent que quand les fonds publics eurent repris faveur et que l'on put calculer les immenses sacrifices que la France venait de faire en livrant ses rentes à un taux très-bas; il est bien aussi d'observer que sans la participation des puissances alliées, le traité n'eût pu avoir lieu, et qu'elles avaient cru trouver un plus grand gage de sécurité en exigeant l'intermédiaire des maisons étrangères.

Les dispositions suivantes relatives aux pensions à la charge de l'État sont adoptées. Toutes les pensions du gouvernement seront inscrites sur le livre des pensions du trésor royal et payées sur les fonds généraux. Aucune pension ne pourra être inscrite au trésor qu'en vertu d'une ordonnance insérée au *Bulletin des Lois*, dans laquelle les motifs et les bases légales seront établis; nul ne pourra cumuler deux pensions ni une pension avec traitement d'activité, de retraite ou de réforme. Néanmoins, les pensions de retraite pour les services militaires pourront être cumulés avec un traitement civil d'activité. Le fonds permanent affecté aux pensions civiles et militaires est déterminé. Le ministre des finances présentera chaque année le tableau de toutes les pensions.

Une ordonnance règle l'émission des reconnaissances de liquidation à délivrer aux créanciers de l'arriéré; elle rend ces titres payables au porteur en principal et intérêts, et leur donne une forme qui puisse en faciliter la prompte négociation à la Bourse. La caisse d'amortissement est dotée d'un revenu annuel de 40 millions, outre le produit de 150,000 hectares de bois, qu'elle est autorisée à effectuer dans l'espace de six années, à partir de 1818. Les budgets des villes dont les revenus excèdent 100,000 francs seront rendus publics par la voie de l'impression. Les comptes à présenter annuellement par les ministres comprendront le règlement définitif des budgets antérieurs, dont le résultat, livré à l'examen des chambres, deviendra, pour être clos, l'objet d'une loi particulière. Telles sont les améliorations successives que reçoit le système financier, pour soutenir le choc des nouvelles créations de rentes; le ministre est autorisé à ouvrir des emprunts jusqu'à concurrence de 16 millions de rentes, dont le produit sera applicable aux dépenses de 1818 (1).

---

(1) Loi du 5 mai 1818, article 100.

Le duc de Richelieu voyant que les réclamations particulières à la charge de la France, faites par les cours d'Autriche, de la Grande-Bretagne, de Prusse et de Russie, signataires du traité du 20 novembre 1815, étaient devenues, par l'incertitude de leur durée et de leur résultat, une cause d'inquiétude toujours croissante pour la nation française, manifesta le désir de mettre un terme à cet état d'anxiété par une transaction destinée à éteindre toutes ces réclamations moyennant une somme déterminée; une convention fut donc signée à Paris (1), à l'effet d'opérer l'extinction totale des dettes contractées par la France dans les pays hors de son territoire actuel envers des individus, des communes ou des établissements particuliers quelconques, dont le payement était réclamé par les puissances alliées (2). Le gouvernement français s'engagea à faire inscrire sur le grand-livre de la dette publique une rente de 15,040,000 fr., représentant un capital de 300,800,000 francs. La France abandonna toutes réclamations sur les sujets des puissances étrangères; de leur côté, les puissances étrangères reconnurent que toutes réclamations et prétentions à cet égard se trouvaient éteintes.

Cette rente de 15,040,000 francs a été répartie

---

(1) Convention du 25 avril 1818.
(2) En vertu des traités des 30 mai 1814 et 20 novembre 1815.

entre les puissances alliées de la manière suivante :

| | |
|---|---:|
| Angleterre. | 3,000,000 fr. |
| Anhalt-Bernbourg. | 17,500 |
| Anhalt-Dessau. | 18,500 |
| Autriche. | 1,250,000 |
| Bade. | 32,500 |
| Bavière. | 500,000 |
| Brême. | 50,000 |
| Danemark. | 350,000 |
| Espagne. | 850,000 |
| États Romains. | 250,000 |
| Francfort. | 35,000 |
| Hambourg. | 1,000,000 |
| Hanovre. | 500,000 |
| Hesse électorale. | 25,000 |
| Grand-duché de Hesse, y compris Oldenbourg. | 348,150 |
| Iles Ioniennes, Ile-de-France et autres pays sous la domination de la Grande-Bretagne. | 150,000 |
| Lubeck. | 100,000 |
| Mecklenbourg-Schwerin. | 25,000 |
| Mecklenbourg-Strelitz. | 1,750 |
| Nassau. | 6,000 |
| Parme. | 50,000 |
| Pays-Bas. | 1,650,000 |
| Portugal. | 40,900 |
| Prusse. | 2,600,000 |

| | |
|---|---:|
| Reuss. | 3,250 fr. |
| Sardaigne. | 1,250,000 |
| Saxe. | 225,000 |
| Saxe-Gotha. | 30,000 |
| Saxe-Meinungen. | 1,000 |
| Saxe-Weimar. | 9,250 |
| Schwartzbourg. | 7,500 |
| Suisse. | 250,000 |
| Toscane. | 225,000 |
| Wurtemberg. | 20,000 |
| Hanovre, Brunswick, Hesse électorale et Prusse. | 8,000 |
| Hesse électorale et Saxe-Weimar. | 700 |
| Grand-duché de Hesse et Bavière. | 8,000 |
| Grand-duché de Hesse, Bavière et Prusse. | 40,000 |
| Saxe et Prusse. | 110,000 |

Un million de rentes fut encore accordé à titre d'indemnité à l'Espagne (1), outre les 850,000 fr.

---

(1) Une convention entre le cabinet de Madrid et celui des Tuileries, conclue le 30 avril 1822 et ratifiée à Paris le 18 mai suivant, eut pour but d'opérer le remboursement et l'extinction totale des créances des sujets français dont le payement fut réclamé à l'Espagne ; la somme de 425,000 fr. de rentes, représentant un capital de 8,500,000 fr., fut prélevée par le gouvernement français sur celle qui restait encore à cette époque en dépôt entre ses mains, et qui appartenait à l'Espagne en vertu des traités.

mentionnés ci-dessus pour cette puissance; ce qui éleva à 16,040,000 fr. la somme totale des rentes à créer et à délivrer aux pays alliés pour cet objet.

Par suite de cette convention, le ministère proposa aux chambres un projet de loi relatif à la création de 40 millions de rentes destinés à libérer entièrement la France vis-à-vis des étrangers; voici en quels termes s'exprima le duc de Gaëte, dans son rapport fait à la chambre des députés, au nom de la commission du budget : « Messieurs, la com-
» mission chargée d'examiner le projet de loi con-
» cernant la création de 16,040,000 fr. de rentes,
» pour l'entier payement des créances étrangères
» liquidées en exécution du traité du 30 mai 1814,
» et un crédit éventuel de 24 millions de rentes, des-
» tiné à compléter l'acquittement des sommes dues
» aux puissances alliées, conformément à l'article 4
» du traité du 20 novembre 1815, m'a imposé le pé-
» nible devoir de vous rendre compte de cette dou-
» ble disposition.

» Votre commission, persuadée de la sollicitude
» que le gouvernement a portée dans le règlement de
» cette difficile affaire, et se confiant, d'un autre
» côté, aux espérances données, pour la libération
» de notre territoire, en conséquence des dispositions
» d'une convention dont toutes les clauses onéreuses
» auront été si religieusement remplies par la France,
» cède, comme le gouvernement l'a fait lui-même,

» à l'inflexible nécessité, en vous proposant l'adop-
» tion pure et simple du projet de loi qui vous est
» présenté. »

Après ce rapport, aucun membre n'ayant demandé la parole, le président soumit la proposition de la commission au vote de la chambre, qui se leva *en masse*, comme par une seule et même impulsion, et se rassit *dans le plus profond silence!*

Cette époque est la plus curieuse des annales de nos finances; le crédit renaît au moment même où nous semblions près de succomber sous le poids de nos charges; il fallait procéder à une nouvelle émission de 40 millions de rentes. Le comte Corvetto se trouvait lié avec les preneurs du premier emprunt : aux termes des conventions, les compagnies étrangères devaient être admises dans la négociation du second. Le ministre parvint néanmoins à faire participer les capitalistes français pour la moitié de l'emprunt; cette fois il y eut une espèce de concurrence, et les rentes furent placées à 66 francs 50 centimes et 67 francs. Les capitalistes, les maisons de banque et de commerce de Paris et des départements, qui les années précédentes avaient repoussé avec effroi, comme fatale à leur crédit, toute opération de finance avec le trésor royal, furent convaincus, par l'exemple des maisons étrangères, qu'on pouvait acheter des rentes sur l'État avec avantage, sans rien perdre de sa considération; tous s'empressèrent d'aller se faire inscrire pour avoir une quote-part dans l'emprunt : on fut obligé, chose que l'on aura peine à croire, d'employer la force armée pour contenir la foule.

On a beaucoup critiqué les actes de l'administration du comte Corvetto; on les a même critiqués sans mesure. Il a accepté le portefeuille dans un moment où personne ne s'en souciait; le mal qu'il eut à réparer n'était pas le sien; l'inflexible nécessité de réaliser sur-le-champ des sommes énormes en négociant des emprunts l'a forcé de livrer les rentes de l'État à des prix onéreux au trésor. Pour sortir d'une situation mauvaise, il a fallu escompter les ressources de l'avenir; mais les circonstances étaient urgentes, elles ne laissaient point le choix des moyens; il fallait agir et agir vite pour sauver la nation et la délivrer du joug de l'étranger. Quand on considère les payements nombreux qui ont été faits à des intervalles si rapprochés, on est encore étonné de la marche rapide et pour ainsi dire magique avec laquelle on est sorti comme par enchantement de la position malheureuse où nous avaient placés les événements de 1815. Le duc de Richelieu a rendu, en cette occasion, d'éminents services à la patrie, par le talent, le zèle et l'activité qu'il a déployés dans les négociations qui ont amené la cessation de l'occupation étrangère : le 9 octobre 1818, une convention fut signée au congrès d'Aix-la-Chapelle, où tous les comptes entre la France et les puissances étrangères furent réglés et arrêtés à la somme de 165 millions de francs payables : 1° 100 millions en inscriptions de rentes aux cours du lundi 5 octobre 1818 (1); 2° les 65 millions restant acquittables par neuvième, de mois en mois, à partir du 6 janvier 1819, au moyen de traites sur les maisons Hope et compagnie et Baring frères et compagnie, qui furent remises, ainsi que les inscriptions de rentes mentionnées ci-dessus, aux commissaires des cours d'Autriche, de la Grande-Bretagne, de Prusse et de Russie, par le trésor royal, à la fin de novembre 1818, époque de l'évacuation complète et définitive du territoire français.

La confiance presque subite qui s'est manifestée dans la dette publique n'est pas due seulement à la riche dotation de l'amortissement et aux garanties que présentaient les ressources de la France sous une meilleure administration, il faut l'attribuer encore au mode adopté pour l'entier acquittement de l'arriéré avant et depuis la restauration, en y comprenant les engagements contractés pendant les cent jours : l'adoption de ce grand principe de payer

---

(1) Voici les cours authentiques de la rente cinq pour cent consolidés à la Bourse de ce jour : 75 fr. 75 c. pour le prix le plus haut, et 75 fr. 40 c. pour le plus bas, ce qui établissait un prix moyen de 75 fr. 57 c. 1/2.

toutes les dettes de l'État, sans égard à leur origine, a consacré le crédit du royaume.

Au milieu de cette crise financière, l'industrie commençait déjà à prendre un nouvel essor; une société de négociants et de capitalistes soumissionne un emprunt de 1,950,000 francs, à l'effet de concourir à l'exécution des travaux du port du Havre; le duc d'Angoulême donne lui-même l'élan en se mettant à la tête des souscripteurs pour une somme de 50,000 francs (1). On accepte l'offre faite par M. Honnorez de se charger de l'exécution du canal de la Sensée, et des réparations à faire aux parties adjacentes des rivières de l'Escaut et de la Scarpe : ces travaux sont évalués à 1,515,000 francs, et sont concédés moyennant les jouissances des péages du canal de la Sensée pendant un certain nombre d'années; on construisait d'après le même mode d'emprunt un pont à Bordeaux, un sur la Dordogne; on ouvrait une route entre Bordeaux et Libourne; en même temps une loi autorisait la ville de Paris à créer pour 7 millions de bons et à payer en espèces une somme de 500,000 francs pour l'achèvement du canal de l'Ourcq. Les traces de nos malheurs vont disparaître, la sagesse et la prévoyance de Louis XVIII consolident la monarchie constitutionnelle et nous préparent un heureux avenir.

---

(1) Acte des soumissionnaires souscrit le 10 avril 1818.

# LE COMTE ROY,

## MINISTRE DES FINANCES.

(Premier ministère.)

---

### 7 AU 29 DÉCEMBRE 1818.

Des raisons de santé forcèrent le comte Corvetto à donner sa démission (1). Le comte Roy, alors membre de la chambre des députés, fut nommé ministre des finances; il avait été rapporteur des budgets de 1817 et 1818, dans lesquels il avait proposé un grand nombre d'amendements et de réductions : les discours prononcés à la tribune par le comte Roy lui avaient déjà valu une réputation pour débrouiller le chaos des budgets.

---

(1) Il ne tarda pas à se rendre à Gênes, sa patrie; mais le climat natal ne put rien pour le rétablissement de sa santé; il mourut le 13 mai 1821, à l'âge de soixante-cinq ans.

Ce premier ministère du comte Roy fut de trop courte durée pour y rien signaler de remarquable : vingt-deux jours après son arrivée, il se retira revêtu du titre de ministre d'État et de membre du conseil privé.

# LE BARON LOUIS,

### MINISTRE DES FINANCES.

(Troisième ministère.)

29 DÉCEMBRE 1818 AU 19 NOVEMBRE 1819.

Le portefeuille des finances se retrouvait pour la troisième fois placé entre les mains du baron Louis ; on était vers la fin de l'année 1818, et on ne s'était pas encore occupé du budget de 1819 ; cependant il fallait recevoir les impôts ; une loi ordonna que provisoirement les contributions directes et indirectes seraient perçues sur le même pied qu'en 1818, et on ouvrit un crédit de 200 millions pour le payement des dépenses publiques, jusqu'à ce qu'elles aient été réglées définitivement par la promulgation de la loi des finances de 1819.

On est redevable au baron Louis de la création dans chaque département d'un livre auxiliaire du grand-livre de la dette publique. Ces registres, connus sous la dénomination de *petits grands-livres*, ont beaucoup contribué à classer des inscriptions de rentes parmi les habitants des provinces, et offert des facilités pour engager une multitude d'individus sur tous les points du royaume, à placer leurs capitaux en rentes sur l'État; cette mesure a concouru puissamment à la prospérité du crédit public.

Une nouvelle loi est rendue pour le monopole du tabac; cette question, d'un haut intérêt, fut traitée dans les chambres avec beaucoup de réflexion, et livrée à un examen sévère; il fut reconnu que la suppression de toute taxe particulière sur le tabac pouvait seule rendre la liberté de la culture d'un intérêt général; que la restriction qu'elle éprouve aujourd'hui ne porte guère de préjudice à l'industrie agricole; que malgré les améliorations que nous pouvons espérer dans notre situation financière, il n'arrivera pas de longtemps une époque où on puisse diminuer de 60 millions les charges de l'État, pour supprimer un genre de revenu qui procure au trésor cette même somme de 60 millions d'une manière si volontaire et si insensible pour les consommateurs.

On procéda au règlement définitif des budgets de 1815, 1816, 1817, et à la rectification provisoire de celui de 1818. La désignation des revenus et impôts, pour 1819, est annoncée en produits fixes ou présumés à 891,435,000 francs, et les dépenses à 869,516,123 francs; l'excédant des recettes de cette dernière année doit être appliqué à diminuer, par des remboursements successifs; la somme à laquelle s'élève encore le déficit désigné sous la dénomination de *passif des caisses antérieur au* 1$^{er}$ *avril* 1814.

Le baron Louis s'étant déclaré pour le maintien de la loi des élections, du 5 février 1817, il donna sa démission en novembre 1819, et quitta le ministère en même temps que le maréchal Gouvion Saint-Cyr, ministre de la guerre, et le général Dessoles, ministre des affaires étrangères.

# LE COMTE ROY,

## MINISTRE DES FINANCES.

(Second ministère.)

---

19 NOVEMBRE 1819 AU 14 DÉCEMBRE 1821.

Le comte Roy rentra au ministère. On se trouvait dans la même position que l'année précédente : arrivé en décembre 1819, le budget de 1820 n'avait pas encore été discuté, et cependant il fallait autoriser la levée des impôts; une loi ordonna provisoirement la rentrée des contributions directes et indirectes, d'après le mode suivi précédemment, et accorda au ministre des finances un crédit de 200 millions pour le payement des dépenses publiques. Le même retard se renouvela pour 1821 : il faut convenir que ces moyens provisoires entretenaient des abus; ils étaient le résultat du désordre produit dans les finances par l'invasion des alliés, désordre auquel le comte Roy s'occupa de remédier activement; car la tâche du ministre était toujours difficile à remplir : on avait la paix, le sol national était délivré, mais les charges de l'État étaient encore loin d'être allégées ; il fallut prélever sur le crédit en rentes, affecté au payement de l'arriéré (1), la somme nécessaire pour acquitter 7 millions en numéraire, dont le payement avait été stipulé par un arrangement conclu le 28 octobre 1819, pour l'exécution du traité du 17 décembre 1801 entre la France et la régence d'Alger.

La masse des reconnaissances de liquidation forme un total de 300 millions; l'échéance du remboursement du premier cinquième, s'élevant à 60 millions, arrive en 1821 ; on en offre le payement du capital, soit en numéraire, soit en annuités, au choix des porteurs. M. Bricogne imagine un système d'annuités tellement ingénieux que les porteurs, au lieu de demander le remboursement en argent, préférèrent opter pour des annuités payables en six années, et donnant soit six pour cent net d'intérêt, soit quatre pour cent d'intérêt, et en sus deux pour cent réunis et formant un fonds commun réparti en primes et lots par six tirages annuels au sort, offrant la chance de lots de diverses sommes dont le moindre est de 250 francs et le plus élevé de 50,000 francs. Plus tard, on arrête que les quatre

---

(1) C'est-à-dire l'arriéré de 1801 à 1810. (Loi du 24 juillet 1820.)

derniers cinquièmes restant à échoir des reconnaissances de liquidations, à raison d'un cinquième pendant chacune des années 1822, 1823, 1824 et 1825, seront remboursés en numéraire.

Le trésor royal possédait 12,514,220 francs de rentes provenant de restes de diverses créations de rentes allouées pour des budgets antérieurs dont l'État n'avait pas encore fait usage et dont il devenait cependant indispensable de réaliser le montant; le ministre procéda à la vente de ces rentes avec publicité et concurrence, et sur soumissions cachetées, à la compagnie qui offrit le prix le plus élevé : 85 francs 55 centimes (1) furent le maximum et le prix d'adjudication. D'après les conditions du marché, le payement de ces rentes eut lieu par quinzième, de mois en mois, du 6 octobre 1821 au 6 décembre 1822. Le propriétaire de chaque certificat d'emprunt jouissait du droit de réclamer l'inscription de rente afférente à chaque quinzième payé, en laissant néanmoins les deux premiers quinzièmes en réserve pour la garantie du trésor. Ce nouveau mode de donner l'emprunt, par adjudication, au plus offrant, établit une rivalité favorable au crédit du gouvernement; c'était une mesure franche et

---

(1) Cette compagnie était formée par MM. Baguenault et compagnie, Delessert et compagnie, Hottinguer et compagnie. L'adjudication eut lieu le 9 août 1821.

loyale; le public était instruit de ce qui se passait; il voyait avec plaisir l'empressement se manifester pour acquérir des inscriptions au grand livre : les emprunts précédents avaient été négociés à divers taux dont le prix commun, d'environ 57 francs 50 centimes, contrastait singulièrement avec le cours supérieur de 85 francs 55 centimes, qu'on venait d'obtenir.

Le second ministère du comte Roy fut marqué par des améliorations importantes; il détermina un nouveau mode de comptabilité offrant les garanties nécessaires pour prouver l'exactitude des faits exposés annuellement dans les comptes généraux des finances, afin qu'ils se trouvent en concordance avec les comptes particuliers soumis au jugement de la cour des comptes par les agents comptables dont ils retracent les opérations. La contribution foncière éprouva un dégrèvement de 19,617,229 francs 80 centimes, dont 13,529,123 francs 80 centimes sur le principal, et 6,088,106 francs sur les centimes additionnels : ce dégrèvement fut réparti entre les cinquante-deux départements les moins riches et ceux qui avaient souffert de l'invasion des alliés; il fut en outre accordé, sur les mêmes centimes additionnels de la contribution foncière, une réduction de 5 centimes, montant à 7,733,906 fr. 58 centimes : cette dernière réduction fut applicable à tous les départements.

Le duc de Gaëte, ancien ministre des finances, fut nommé gouverneur de la Banque de France : une loi fut rendue pour autoriser le partage des bénéfices que cet établissement tenait en réserve depuis sa création : cette répartition s'éleva à 202 fr. par action.

La ville de Paris créa 400,000 francs de rentes qu'elle négocia avec publicité et concurrence (1), dans la proportion des besoins, pour acquitter la valeur des propriétés à acquérir sur la ligne du canal Saint-Martin, et le prix des travaux nécessaires à l'ouverture et à la confection de ce canal; en même temps, un fonds annuel d'amortissement fut assuré pour racheter ces nouvelles rentes et celles créées précédemment (2). La ville de Dunkerque négocia 3,000 actions de 1,000 francs chacune, à l'effet de pourvoir à la dépense nécessaire au rétablissement de son port, dont les travaux furent évalués à 3 millions.

D'un autre côté, le gouvernement passait une convention avec M. Urbain Sartoris, qui s'obligeait à fournir 6,600,000 francs pour concourir à l'achèvement du canal du duc d'Angoulême et du canal Manicamp, et 8,000,000 pour la construction du

---

(1) Ces rentes furent adjugées à MM. Gabriel Odier et compagnie, à 99,05, prix le plus élevé qui fût offert.
(2) Par ordonnance royale du 13 septembre 1815.

canal des Ardennes et le perfectionnement de la navigation de l'Aisne; il acceptait l'offre faite par MM. Humann, Florent Saglio, Renouard de Bussière et autres capitalistes, de payer 10,000,000 pour concourir à l'achèvement du canal de Monsieur; il approuvait aussi la proposition faite par M. Froidefon de Bellisle et autres propriétaires du département de la Dordogne, de verser 2,500,000 fr. pour l'établissement de la navigation sur la rivière de l'Isle, depuis Périgueux jusqu'à Libourne.

La France oubliait ses revers et marchait à grands pas vers un état de prospérité toujours croissant. A l'arrivée du comte Roy au ministère, les cinq pour cent flottaient entre 67 et 70 francs; deux ans après, lors de sa retraite, ces mêmes fonds étaient au-dessus de 88 francs : c'était le commencement d'une ère nouvelle pour la consolidation du crédit et le résultat d'une administration sage et intègre.

# LE COMTE DE VILLÈLE,

MINISTRE DES FINANCES.

14 DÉCEMBRE 1821 AU 16 SEPTEMBRE 1824.

Le comte de Villèle avait marqué dans la chambre des députés, où il siégeait depuis plusieurs années; ses opinions, qu'il avait exprimées avec énergie en mainte circonstance, et surtout en matière de finances, lui avaient acquis une certaine réputation; voici en quels termes il parlait des comptes du budget, dans son discours prononcé le 5 février 1817 :

« Ce ministère (en parlant du département des
» finances) est divisé en plusieurs sous-adminis-
» trations, dont chacune a aussi son budget bu-
» reaucrate, dont vous ne pouvez connaître le
» montant, parce qu'il est prélevé sur le produit des
» impositions que chacune d'elles est chargée de
» percevoir, et dont on ne vous communique que
» le produit net.

» Ainsi le directeur général des postes, le directeur

» général de l'enregistrement, le directeur général
» des douanes, le directeur général des contributions
» indirectes ont aussi, sans doute, leurs bureaux
» avec des traitements actifs, des traitements tem-
» poraires, des traitements de réforme, des traite-
» ments de retraite, des traitements provisoires, et
» des indemnités pour suppression causée par rétro-
» cession de territoire; ils ont aussi leurs fonds pour
» papier, encre, registres, frais d'impression, bois
» et lumière, réparation des bâtiments, entretien du
» mobilier des bureaux, et habitation et menues dé-
» penses du petit ministère. Ils ont de plus que le
» grand ministère un petit conseil d'État, tout aussi
» peu utile que le grand, mais plus chèrement payé.
» Les directeurs généraux que je viens de citer ont
» sous eux quatre ou sept administrateurs généraux,
» qui forment, comme je l'ai dit, leur petit conseil,
» qui peut sans inconvénients et avec autant d'utilité
» pour l'État, être composé des chefs de division des
» différentes branches de ces administrations; tous
» ces rouages avaient été créés pour donner des pla-
» ces par un gouvernement qui devait conquérir le
» monde ou périr : il a succombé. Soyons assez
» sages pour ne pas persister dans le système impra-
» ticable de soutenir avec les impôts de quatre-vingt-
» six départements ce qu'aurait eu beaucoup de
» peine à supporter l'auteur de ce système avec le
» produit des dépouilles du monde.

» *Si le roi savait cela*, dit le peuple de mon pays
» lorsqu'il éprouve quelque injustice ou qu'il est
» témoin de quelque abus; si le roi savait en effet,
» si la chambre pouvait connaître toutes les dilapi-
» dations des deniers publics qui se sont perpétuées
» ou nouvellement introduites dans les diverses bran-
» ches de l'administration publique du royaume,
» les réformes que nous demandons obtiendraient
» un assentiment unanime. Vainement se flatterait-
» on qu'une commission du budget pût, en quel-
» ques semaines, pénétrer dans ce dédale; elle ne
» peut voir que les masses, et les détails seuls pour-
» raient faire connaître la vérité. On fait des retenues
» sur les traitements, et le montant de ces retenues
» est plus que doublé, pour quelques employés,
» par d'énormes gratifications; les chefs sont non-
» seulement logés, meublés, voiturés, chauffés,
» éclairés; plusieurs font passer leurs domestiques
» comme garçons de bureaux; on a vu, dit-on,
» jusqu'au confiseur, jusqu'à la femme de chambre,
» figurer dans les bureaux des administrations; le
» traitement d'une place, à Paris, n'est guère ordi-
» nairement que la moitié de ce qu'elle coûte à l'État.
» Comment les finances résisteraient-elles aux atta-
» ques simultanées et toujours croissantes d'un sys-
» tème de prodigalité ? C'est à vous, messieurs, à
» y mettre un terme, en ne votant que les fonds
» nécessaires aux dépenses indispensables, et en exer-

» çant envers les ministres qui outre-passeraient leurs
» crédits ou distrairaient les fonds de l'application
» que vous leur auriez donnée le droit que vous
» tenez de la charte et de leur responsabilité. »

Voilà quelles étaient les opinions de M. de Villèle quand il était député de la Haute-Garonne, sans place et sans pension; un tel langage était fait, sans contredit, pour séduire. Ayant présidé quelquefois la chambre en l'absence de M. Ravez, il se fit remarquer par l'impartialité qu'il mit dans cette importante fonction; sa conduite politique lui acquit des amis en assez grand nombre pour le pousser au ministère, où il est arrivé sous des auspices favorables. Parvenu au pouvoir, il s'est, comme beaucoup de ses prédécesseurs, identifié avec les abus qu'il avait si fortement condamnés.

Quinze jours après l'arrivée du comte de Villèle, les chambres se virent encore dans la dure nécessité de voter à l'avance les moyens d'assurer provisoirement le service du trésor royal pendant les trois premiers mois de 1822; puis il fallut, au bout de ce trimestre, avoir recours à la même mesure provisoire pour les trois mois qui suivirent.

Les moyens de libération de l'arriéré furent fixés définitivement, et l'acquittement de toutes les ordonnances antérieures au 1$^{er}$ janvier 1816 demeura établi à un capital de 350 millions, montant des reconnaissances de liquidation; le surplus qui se serait trouvé à régulariser et à payer devait l'être en numéraire, mais seulement jusqu'à la concurrence d'une somme de 11,197,872 francs. Divers crédits en rentes furent votés applicables au remboursement des reconnaissances de liquidation (1), avec la condition de ne disposer de ces rentes que par des négociations publiques avec concurrence, et en stipulant des termes de payement combinés avec les échéances des effets à rembourser.

Le minimum des rentes inscrites au grand livre, qui était de 50 francs, est diminué jusqu'à 10 fr.; cette réduction a pour objet de faciliter l'emploi des petits capitaux et d'encourager l'économie dans les classes laborieuses de la société; ce but n'aurait pas été entièrement atteint si le ministre n'avait ajouté, pour la transmission de ces petites rentes et la perception de leurs arrérages, des dispositions spéciales propres à diminuer, pour leurs possesseurs, les frais résultant des formes ordinaires pour les transferts de rentes.

L'influence du comte de Villèle commençait déjà à se faire sentir sur toutes les affaires publiques, et elle ne tarda pas à recevoir encore une plus grande extension lorsqu'il fut revêtu de la présidence du conseil des ministres.

---

(1) Remboursement qui s'opérait annuellement par cinquième et qui finissait en 1825.

Tous les rapports diplomatiques avaient cessé entre la France et l'Espagne; cent mille Français étaient prêts à marcher sous le commandement du duc d'Angoulême; des préparatifs militaires s'effectuaient avec activité des deux côtés des Pyrénées, et la guerre se montrait imminente à tous les yeux. C'est dans cette circonstance que le gouvernement demanda un secours supplémentaire de 100 millions. Il est des devoirs tellement impérieux et tellement manifestes, que la voix de l'intérêt, celle des passions elles-mêmes, est contrainte à se taire devant eux; il s'agissait de délivrer la Péninsule du fléau de la guerre civile, de désarmer des frères qui s'égorgeaient entre eux, et de rendre le sceptre à un Bourbon captif. Un Français, quelle que fût son opinion sur l'état d'hostilité où on était avec l'Espagne, ne pouvait hésiter sur le parti qu'il convenait de prendre; la masse de la nation regardait la guerre comme la seule garantie qui restait à la légitimité contre la révolte, à l'ordre contre l'anarchie, à la liberté contre la licence; elle était prête à faire tous les sacrifices pour assurer le succès d'une entreprise nécessaire, glorieuse et juste : aussi le secours supplémentaire de 100 millions fut voté à une immense majorité (1).

---

(1) A la chambre des députés, sur 258 votants, il y eut 239 boules blanches et 19 noires.

On affecta pour l'acquittement de ces dépenses :

1° Les ressources supplémentaires du budget de 1823, évaluées à . . . . . . . . . . 10,287,106 fr.

Et l'excédant des recettes sur les dépenses du budget de 1822, évalué à . . . . . . . . . . . . . . . . 32,658,801

Total : 42,945,907 fr.

2° Une création de rentes cinq pour cent consolidés de la somme de 4 millions de francs.

Cette dépense extraordinaire de 100 millions fut répartie, suivant les besoins, entre les ministres des affaires étrangères, de l'intérieur, de la guerre, de la marine et des finances; mais cette somme se trouva insuffisante, et excédée de 107,768,077 fr. La répartition totale eut lieu dans les proportions suivantes :

| | | |
|---|---|---:|
| Ministère des affaires étrangères (service extraordinaire). . . . . . . . . . . . . . . . . | | 1,000,000 fr. |
| Ministère de l'intérieur. | Pour secours aux réfugiés espagnols. . . . . . . . . | 610,000 |
| | Dépenses du commissariat civil de l'armée. . . . . . . | 30,992 |
| Ministère de la guerre. . . . . . . . . . . . . . | | 170,789,000 |
| Ministère de la marine. . . . . . . . . . . . . | | 14,588,187 |
| Ministère des finances. | Frais de la trésorerie de l'armée. . . . . . . . . . . | 950,000 |
| | Frais de service et de négociations, escompte et intérêts de la dette flottante. . | 5,500,000 |
| | Service extraordinaire des postes. . . . . . . . . . | 2,422,167 |
| | Avances au gouvernement espagnol. . . . . . . . . . | 11,877,731 |
| TOTAL. . . . . . | | 207,768,077 fr. |

Pour le ministère des affaires étrangères, cette augmentation de dépense d'un million n'avait pas seulement pour cause les événements dont l'Espagne a été le théâtre; la répartition pour ce département se rattachait :

1° A la rentrée en France, et le renvoi en Espagne de tous les agents politiques et consulaires;

2° La mission de M. Roger de Caux, agent diplomatique, envoyé en Espagne à l'ouverture de la campagne;

3° Le voyage de l'ambassadeur à Cadix;

4° Différentes missions, l'établissement de deux nouveaux postes consulaires, et les frais extraordinaires de courriers;

5° Enfin l'établissement et les traitements de l'ambassade de Portugal.

Les dépenses secrètes s'étaient accrues de 150,000 francs; 103,409 francs étaient relatifs à la création de deux cardinaux, et 161,915 francs aux dépenses qu'a nécessitées la tenue du conclave.

Les malheurs de l'Espagne avaient forcé un grand nombre d'habitants de toutes les classes à chercher un asile sur le territoire français; l'humanité, la justice, faisaient un devoir à notre gouvernement de venir au secours de ces victimes des fureurs révolutionnaires, dont le nombre augmentait chaque jour, et qui inspiraient d'autant plus d'intérêt qu'elles soutenaient la cause de la fidélité et du malheur.

Ce qui regarde les dépenses du commissaire civil exige une courte explication. Pour assurer le succès de l'intervention de la France, il fallait en faire bien connaître le but et écarter toute inquiétude d'une ambition étrangère. L'Espagne royaliste voulait être aidée, soutenue, sauvée; mais elle ne voulait être ni asservie ni humiliée, et d'anciens souvenirs mêlaient de quelque crainte sa confiance et son espoir. Le gouvernement français sentit ce qu'exigeait cette situation des esprits; il résolut de séparer avec soin le commandement militaire et l'administration du pays. Le premier ne pouvait appartenir qu'au chef de l'armée française : l'administration devait être confiée à des nationaux.

Il fut donc arrêté qu'une junte, un conseil, un gouvernement provisoire, serait créé avant qu'on pénétrât en Espagne; que cette junte, marchant sous la protection des armes françaises, établirait dans les pays successivement occupés les administrations locales, les tribunaux, les magistratures de tous les ordres, et travaillerait à l'organisation régulière d'une armée espagnole. C'est dans cet objet que le roi établit un commissaire civil auprès du prince généralissime, pour avoir la direction de toutes les affaires civiles et la correspondance avec les autorités espagnoles pour tout ce qui ne serait pas relatif au service militaire. Les frais de cette mission ne s'élevèrent pas à 31,000 francs.

La dépense la plus importante de cette campagne, et celle qui excita le plus l'attention des chambres, fut l'examen des fournitures faites au ministre de la guerre.

| | |
|---|---|
| Les dépenses extraordinaires des vivres s'élevaient à. . . . . | 40,701,000 fr. |
| Celles des fourrages, à. . . | 35,890,000 |
| Celles du chauffage et de l'éclairage à. . . . . . . . . . . | 2,350,000 |
| Enfin celles des transports généraux à. . . . . . . . . . . : . . . | 14,160,000 |
| Ensemble | 93,101,000 fr. |

Cette somme n'était pas en rapport avec la force numérique de l'armée et la durée des besoins; il y a dans cette disproportion des causes particulières que nous allons développer.

Dès le mois de juin 1822, les ordres les plus étendus furent donnés par le ministre de la guerre pour que des approvisionnements de réserve fussent préparés dans les places voisines des Pyrénées; des marchés furent passés en février 1823 pour la fourniture de la viande; une réserve considérable de fourrages, et l'établissement des transports des subsistances qui devaient suivre les corps d'armée quand ils s'éloigneraient de leurs magasins. Par suite de ce plan, une quantité immense de grains et de farine était dirigée sur Bayonne. Telles étaient les dispositions arrêtées, les mesures prises. Cependant l'armée marchait vers la frontière. Tout annonçait l'ouverture de la campagne, et des inquiétudes se répandaient sur la situation des magasins et sur la suffisance et la disponibilité des ressources préparées. Ces alarmes furent communiquées à l'intendant en chef, avec autorisation, néanmoins, dans la crainte que le mauvais temps ne contrariât les arrivages, de passer des marchés pour assurer le service des subsistances au delà des Pyrénées.

Cela se passait à la fin de mars; le duc d'Angoulême arriva à Bayonne le 30. Il fallait passer la Bidassoa le 7 avril, le roi l'ordonnait, et l'intérêt de l'expédition ne permettait pas un plus long retard; il fallait vaincre une révolution qui menaçait nos frontières, et confondre sous le drapeau blanc toutes les gloires françaises; c'était la première fois depuis nos malheurs qu'un Bourbon se trouvait à la tête de notre armée; il fallait réussir : l'amour-propre national, notre repos, notre avenir tout entier étaient mêlés dans le succès.

Le point le plus important était de pourvoir à tous les besoins; l'armée allait se répandre avec rapidité sur diverses parties de l'Espagne. Elle devait emporter avec elle des provisions pour plusieurs jours; et une fois engagée dans le pays, il devenait nécessaire que ses approvisionnements fussent assurés;

mais les événements avaient trompé à cet égard une partie des espérances.

Les documents justificatifs produits pour faire connaître la situation des magasins de vivres à cette époque montrèrent qu'il y avait loin de l'approvisionnement réel à celui qui avait été annoncé comme devant être réalisé à Bayonne; les états de situation offraient *un million* de rations de moins que les comptes semestriels; on explique cette différence par l'omission des denrées qui se trouvaient alors en route; l'équinoxe, le mauvais temps, d'autres circonstances en avaient empêché l'arrivée. Néanmoins, ce qui existait sur la frontière, joint aux quantités considérables qui se trouvaient déjà dans les magasins voisins, aurait pu paraître suffisant pour parer aux premiers besoins et assurer jusqu'à un certain point les subsistances postérieures si le service du transport avait été organisé. Il n'en était pas de même des fourrages; le pays était épuisé; les approvisionnements ne pouvaient se faire qu'au loin, et les quantités réalisées paraissent avoir été tout à fait insuffisantes.

Un marché avait été passé avec M. Rollac pour les transports à faire de la frontière sur les principaux magasins à l'armée; ce dernier ne se trouva pas en état de satisfaire à ses engagements, et le traité fut résilié. Aucune ressource n'existait donc de ce côté, et la plus importante partie du plan formé pour la subsistance de l'armée en Espagne se trouvait sans exécution. C'est dans cette position difficile que l'entreprise des transports et celle des vivres furent données à M. Ouvrard. L'entreprise des fourrages y fut réunie quelques jours après.

Beaucoup de personnes ne virent pas sans surprise l'admission d'un munitionnaire général dans les services de l'armée. Elles se sont demandé pourquoi l'administration militaire, qui avait de l'argent, du pouvoir, un personnel nombreux, n'avait pas fait elle-même ce qu'elle a chargé un autre de faire. Le temps pressait; on n'avait pas le choix des moyens, et des motifs dignes de considération pouvaient recommander celui qui a été adopté.

On était généralement convaincu qu'il fallait chercher à nourrir l'armée dans les provinces qu'elle allait occuper. L'idée de faire suivre les magasins au delà de l'Èbre offrait de graves inconvénients. Il était convenable et même économique d'adopter un autre plan et de traiter le plus tôt possible avec les provinces. Pour le faire avec avantage et sans inquiéter le pays par l'action de l'autorité, qui fatigue et blesse souvent, il était préférable de traiter par la voie amiable du commerce. La guerre qui allait commencer ne devait ressembler à aucune de celles qui l'avaient précédée, et les traditions de l'administration militaire devaient y être d'un faible secours.

M. Ouvrard avait trouvé le moyen de se rendre

nécessaire; il annonçait avoir pris des mesures pour s'assurer les ressources qui manquaient. Il répondait des subsistances et des transports. Les conditions imposées par le munitionnaire général n'ont-elles pas été exorbitantes et onéreuses pour le trésor? Ce qui paraît démontré, c'est que M. Ouvrard a senti l'avantage que lui donnait la position où se trouvait l'armée française dans un moment décisif, et qu'il a profité, dans l'intérêt de sa fortune, du besoin qu'on a pu avoir de ses ressources et de son activité.

Les marchés qui ont été passés avec lui, les conditions qu'il a exigées, le double emploi que l'exécution de ces traités a occasionné, ont grossi d'une manière fâcheuse les dépenses de l'État. Sans accuser personne, on ne peut s'empêcher de convenir que l'affaire des marchés d'Espagne atteste des désordres scandaleux, dont le mystère n'a point été éclairci; la satisfaction générale qu'a causée la gloire de nos armes dans la Péninsule a fait apporter beaucoup d'indulgence dans l'examen des comptes, et a engagé à glisser légèrement sur l'excès des dépenses; il est conforme à la justice et à la vérité de dire que les circonstances ont été impérieuses; que les sacrifices ont été pour ainsi dire commandés, et que des avantages réels sont au surplus sortis de ces inconvénients reconnus.

Tous ceux qui ont étudié la campagne de 1823 savent que le succès en est dû particulièrement à la promptitude avec laquelle tout a été exécuté. Si l'armée avait été forcée de retarder son entrée en Espagne, si elle avait hésité dans ses mouvements, si elle n'avait pas frappé ses ennemis du bruit toujours croissant de sa marche, de ses triomphes, des acclamations qui l'accompagnaient; si elle leur avait laissé le temps de se concerter, de se compter, de juger leurs avantages, le succès n'eût pas été compromis sans doute, mais il eût certainement été acheté par de longs travaux et de ruineux retards. Un hiver passé sous les murs de Cadix eût coûté plus cher à la France que les résultats des marchés passés avec M. Ouvrard.

L'accroissement de dépenses dans les frais du service de la trésorerie pour l'armée avait donné aux caisses de l'État une direction tout à fait nouvelle; au lieu de recevoir les excédants de recettes des départements du Midi par les moyens habituels, il a fallu, au contraire, faire refluer une masse de capitaux vers ces départements, il a fallu ensuite les diriger sur les différentes places de l'Espagne. Ce mouvement s'est opéré sur plus de 160 millions, dont 114 ont dû parvenir dans les caisses de l'armée, depuis Bayonne et Perpignan, jusqu'à Séville et Cadix.

Les moyens de transport, les pertes de change et d'agio, ont entraîné une augmentation considérable sur les frais; il en est de même pour ce qui touchait aux intérêts, escomptes et frais de négociations, qui présentèrent un accroissement de 4 millions. Quelques éclaircissements sont ici indispensables.

Au commencement de 1823, le trésor avait à payer, indépendamment des intérêts des cinq pour cent consolidés, les reconnaissances de liquidation qui arrivaient à échéance; il eut bientôt après à fournir encore aux dépenses de la guerre. Il avait, pour subvenir à ces divers besoins, les 19 millions de rentes affectés au payement de l'arriéré et les 4 millions de rentes dont la création était autorisée pour les dépenses extraordinaires; mais l'emploi de ces ressources devait être fait avec prudence. Le cours moyen des rentes cinq pour cent, au mois de mars 1823, était de 79 francs. A ce taux, les 23 millions de rentes n'auraient produit que 365,209,353 francs. L'opération eût été évidemment onéreuse pour le trésor.

Pour parer au remboursement des reconnaissances de liquidation, le comte de Villèle fit un emprunt de 100 millions à la Banque de France. Ces négociations se faisaient ordinairement à quatre pour cent; mais la certitude de la guerre rendit celle-ci plus difficile, et l'emprunt ne se fit qu'à raison de cinq. Pour fournir aux dépenses de la guerre d'Espagne, le ministre émit des bons royaux, à concurrence de 74 millions. Les conditions de la négociation furent peu favorables. On exigea cinq pour cent et un et demi de commission pour les mêmes bons, qui sont successivement retombés au taux de trois et demi pour cent.

Ce fut à l'aide de ces moyens que les ressources du trésor suffirent aux frais extraordinaires qu'exigeaient les circonstances; il en est résulté une augmentation de 4 millions dans la dette flottante; mais les événements ont prouvé que l'opération avait été avantageuse, puisque les 23,114,516 fr. de rentes négociées le 10 juillet 1823, avec publicité et concurrence au plus offrant, l'ont été au cours de 89 francs 55 centimes (1), ce qui a donné une augmentation de capital d'environ 48,762,387 francs, sauf la réduction résultant des termes de payement, divisés par vingtièmes, de mois en mois, du 8 août 1823 au 8 mars 1825.

Quelque dures qu'aient été les conditions imposées à la négociation des bons royaux, les chambres ne purent refuser leur approbation à une mesure dont les résultats ont été d'un avantage évident.

Au nombre des ressources extraordinaires portées aux comptes de l'exercice 1823, on remarque une somme de 6 millions prélevés sur les bénéfices que présentait, au 31 décembre 1823, la situation de la caisse des dépôts et consignations.

---

(1) MM. de Rothschild frères furent les adjudicataires; les autres compagnies n'avaient offert que 87 fr. 75 c.

Par un traité diplomatique du 29 janvier 1824, le gouvernement espagnol s'est reconnu débiteur d'une somme de 34 millions, tant pour l'avance de 11,877,731 francs qui lui fut faite en espèces que pour les sommes comptées, à titre d'avances, pour la solde, l'habillement et la nourriture des soldats espagnols appartenant à l'armée royaliste. Le commerce français fut indemnisé des pertes qu'il avait éprouvées par suite des captures faites en mer dans le cours de cette guerre.

L'année 1824, il fallut encore accorder des crédits supplémentaires pour satisfaire aux frais extraordinaires, suite indispensable de la campagne d'Espagne et de l'occupation de différentes places fortes dans la Péninsule. Le gouvernement espagnol nous constitua une créance de 24 millions qui, joints aux 34 précédents, a rendu ce pays débiteur de 58 millions envers la France.

Au mois d'avril 1824, le comte de Villèle présenta à la chambre des députés un projet de loi pour l'autoriser à substituer des rentes trois pour cent à celles déjà créées par l'État à cinq pour cent, soit qu'il eût opéré par échange des cinq contre des trois pour cent; soit qu'il eût remboursé les cinq au moyen de la négociation des trois pour cent.

L'opération ne devait être faite qu'autant,

1° Qu'elle aurait conservé aux porteurs du cinq pour cent la faculté d'opter entre le remboursement du capital nominal et la conversion en trois pour cent au taux de 75 fr.;

2° Qu'elle présenterait pour résultats définitifs une diminution d'un cinquième sur les intérêts de la rente convertie ou remboursée;

3° Que le trésor entrerait en jouissance de cette diminution d'intérêts au 1ᵉʳ janvier 1826 au plus tard.

Le ministre s'engageait à rendre un compte détaillé de cette opération dans le cours de la session suivante.

Voici en quels termes s'expliqua le comte de Villèle dans son exposé des motifs : « Notre rente a
» dépassé le pair (1); elle se vend au-dessus, avec la
» connaissance d'un prochain remboursement ou
» d'une réduction des intérêts à quatre. Elle serait
» à 110 et 115, si la loyauté du gouvernement ne
» l'eût porté à laisser pénétrer ses intentions à me-
» sure qu'il a conçu l'espérance de les réaliser.
» Deux dommages notables résulteraient pour la
» fortune publique de la continuation d'un tel état
» de choses : le premier est celui du rachat journa-
» lier des rentes à un taux supérieur au pair par la
» caisse d'amortissement, c'est-à-dire par le contri-
» buable; le second, la continuation pour l'État d'un
» intérêt de cinq pour cent, tandis que le cours de

---

(1) Le cinq pour cent était alors à environ 102 fr. 50 c.

» ses rentes ne le ferait ressortir qu'à un taux moins
» élevé pour ceux qui les achèteraient.

» Une administration prévoyante devait chercher
» les moyens les plus justes et les plus efficaces pour
» faire cesser ce dommage; vous auriez eu le droit
» de lui demander compte de son incurie, si elle fût
» restée indifférente à des faits trop liés à l'intérêt
» général et au développement de la richesse pu-
» blique pour ne pas attirer toute son attention.

» Nos réflexions sur cette importante matière nous
» ont porté à reconnaître que le seul moyen de tirer
» des circonstances actuelles tout ce qu'elles présen-
» tent de favorable était de se mettre en mesure de
» pouvoir offrir aux porteurs de nos effets publics,
» constitués à cinq, le remboursement de leur ca-
» pital ou la conversion de leurs titres dans des effets
» dont l'intérêt fût plus modéré.

» Il était encore de notre devoir de nous assurer
» les moyens d'opérer en réalité le rembourse-
» ment s'il était réclamé; car la justice de la mesure,
» comme sa réussite, reposaient sur cette possibilité.
» C'est après avoir acquis cette certitude et lorsque
» nous pouvons vous garantir qu'au moyen des
» latitudes que nous vous demandons, le succès
» de la conversion est indubitable, que nous nous
» présentons devant vous pour vous exposer notre
» plan, nos motifs pour l'avoir préféré, et vous de-
» mander votre concours pour le réaliser.

» La dette perpétuelle de l'État s'élève à 197 millions 014,892 francs de rentes cinq pour cent. On doit distraire de cette somme, quand on la considère sous les rapports de l'opération dont nous avons à vous entretenir en ce moment, environ 57 millions de rentes, qui appartiennent à l'État, à des établissements dotés par l'État, dont la possession est soumise à des conditions de reversibilité à l'État, ou bien encore dont l'usage est réglé par des lois particulières. Il serait inutile, impossible même, d'en comprendre la conversion dans la mesure générale qui nous occupe : inutile, si c'est sur nous-mêmes que nous opérons ; impossible, s'il faut rapporter par une loi générale des lois spéciales dont l'examen actuel nous éloignerait du but pressant et unique que nous devons avoir en vue, celui de la réduction des rentes qui ne seront pas toujours comme celle-là dépendantes de l'action de la loi, et sans rien préjuger sur les dispositions à prendre à leur égard dans l'avenir. Reste 140 millions de rentes cinq pour cent, que nous vous proposons de nous autoriser à convertir en 112 millions de rentes trois pour cent, ou à rembourser, si les rentiers le préfèrent, en négociant à d'autres le trois pour cent que ceux-là auraient refusé. . . . . . . . . . . . . . . . . . . . . . .

» La conversion une fois opérée, vous avez réduit de 30 millions les charges annuelles de l'État ; vous

» avez substitué à des effets publics constitués à cinq
» pour cent, et dans le cours desquels la crainte du
» remboursement ou de la diminution de l'action
» de l'amortissement devait jeter la perturbation que
» nous observons à la Bourse en ce moment; vous
» avez substitué, dis-je, du trois pour cent que vous
» avez émis au cours de 75 francs, c'est-à-dire au
» taux qui fait ressortir le capital des porteurs de
» cinq pour cent au pair, et fixe leur intérêt à quatre;
» mais vous avez dégagé cet effet de la crainte du
» remboursement ou de la diminution de l'amortis-
» sement. Il peut gagner trente-trois pour cent avant
» que vous rentriez dans le droit de le rembourser;
» et comme plus ce nouvel effet montera, plus vous
» accroîtrez la richesse publique en capitaux, et plus
» vous aiderez au développement de votre prospé-
» rité en diminuant les intérêts de l'argent; vous
» devez ménager avec le plus grand soin à l'amor-
» tissement toute la force possible pour vous aider
» à atteindre ces résultats. »

Plusieurs membres de la chambre des députés demandèrent au comte de Villèle quelles étaient les garanties sur lesquelles il appuyait son opération; qu'ils ne devaient point se dissimuler que, s'il s'était trompé dans ses calculs et ses appréciations, non-seulement le crédit public, mais les fortunes particulières pourraient en être ébranlés. Le ministre a, dit-on, signé un traité : pourquoi s'est-il abstenu de donner à ce traité la garantie la plus importante que puissent obtenir des transactions de cette nature, c'est-à-dire la publicité et la concurrence, garanties que des opérations législatives ont déjà déterminées dans des opérations précédentes, et qui ont été offertes par le ministre actuel lors du dernier emprunt? Il est de notre devoir, ajoutèrent les membres de l'assemblée, de demander communication de ce traité et de nous informer quelles sont les sûretés et la responsabilité qu'on nous présente en cas de non-réussite d'une opération de près de 3 milliards.

Le comte de Villèle répondit qu'il était prêt à donner à la chambre tous les renseignements qu'elle pouvait désirer sur cette matière, pourvu que ces renseignements fussent de nature à ne pouvoir compromettre le succès de la conversion : il observa que, sans partager l'opinion qu'on serait obligé d'avoir recours à l'emprunt d'une somme aussi énorme que 3 milliards, cette opération serait cependant très-forte; que par cela même il fallait éloigner la publicité et la concurrence, qui ne pouvaient s'accorder avec une négociation de ce genre, où il fallait réunir, bien loin de les diviser, le plus de forces possible pour pouvoir effectuer la conversion.

Le projet de loi à discuter offrait en peu de lignes une opération financière de la plus vaste étendue; quoique conçu dans l'intérêt général de l'État, il froissait une multitude d'intérêts particuliers, notamment dans la capitale : de là ces périlleuses spéculations de bourse, cette agitation des esprits qui s'est manifestée par toutes les issues ouvertes à la plainte, par les journaux, les brochures et les conversations. Le crédit public n'en fut point ébranlé, parce que la prospérité toujours croissante de la France et l'heureuse issue de la guerre d'Espagne consolidaient tous les trônes de la maison de Bourbon, et avec eux la tranquillité des différents États de l'Europe.

On examina si le gouvernement avait le droit de rembourser la dette, si la mesure était avantageuse, opportune et exécutable, enfin si l'épargne d'un cinquième sur les rentes serait compensée défavorablement par l'augmentation d'un tiers sur le capital. La chambre des députés adopta le projet de conversion, mais la chambre haute le rejeta : des hommes graves avaient examiné, prévu, calculé mûrement toutes les éventualités, toutes les chances d'une mesure dont la non-réussite devait avoir des conséquences funestes ; les pairs jugèrent que le rétablissement du crédit en France était trop récent pour que la conversion ne parût pas plus hardie qu'assurée ; réduire le taux de l'intérêt était sans doute une chose utile, mais il ne fallait pas la tenter prématurément ; on oubliait trop vite que ce n'était que par des créations de rentes qu'on avait remplacé et au delà le numéraire sorti du royaume par les impositions extraordinaires des alliés.

Au milieu de ce grand mouvement financier, d'immenses travaux s'exécutèrent sur tous les points du royaume : le gouvernement avait accepté les offres faites par des propriétaires, capitalistes et banquiers, de fournir des fonds pour l'achèvement de plusieurs entreprises de canaux dont voici l'énumération :

(1)
| | | |
|---|---|---|
| Canal de Bourgogne. | | 25,000,000 |
| Canaux de Bretagne. | Canal de Nantes à Brest. | 29,200,000 |
| | Canal d'Ile et Rance. | 6,000,000 |
| | Canal du Blavez. | 800,000 |
| Canal du Nivernais. | | 8,000,000 |
| Canal du duc de Berri. | | 12,000,000 |
| Canal latéral à la Loire de Digoin à Briare. | | 12,000,000 |
| Canal d'Arles à Bouc. | | 5,500,000 |
| Navigation du Tarn. | | 800,000 |

En même temps on affectait 655,200 francs pour l'achèvement des travaux du canal Marie-Thérèse ; on avait fait du canal d'Aire, à la Bassée, l'objet d'une concession pure et simple, dans laquelle M. Desjardins, concessionnaire, prit l'engagement

---

(1) Les canaux de Bretagne, le canal du Nivernais, le canal du duc de Berri et le canal latéral à la Loire, forment une seule entreprise, connue généralement sous le nom de *Compagnie des quatre canaux.*

d'exécuter les travaux à ses frais, risques et périls, dans le laps de quatre années, moyennant la jouissance des péages et autres produits pendant 97 ans 11 mois.

La construction d'une multitude de ponts, qu'il serait trop long d'énumérer, fut aussi mise à exécution. Beaucoup de villes furent autorisées à contracter des emprunts, pour élever dans leurs murs des établissements d'utilité publique, et, par des réglements administratifs, on rendit le capital de tous ces emprunts divisible en actions d'une somme modique, accessible à toutes les fortunes, et facile pour les transactions commerciales.

Ici se termine le règne de l'immortel auteur de la Charte. Louis XVIII avait trouvé la France sans ressources de crédit, le trésor était épuisé ; à peine fut-il assis sur le trône de ses ancêtres, que cent jours de malheurs et de désastres sont venus faire peser sur le royaume les maux les plus terribles qui aient jamais affligé le sol national ; nous venons de voir tout ce que fit pour nous cette sagesse souveraine, qui, au milieu d'une invasion armée, après des revers inouïs, sut relever notre patrie humiliée, et lui restituer sa dignité à l'étranger et sa prospérité intérieure.

# RÈGNE DE CHARLES X.

## LE COMTE DE VILLÈLE,

MINISTRE DES FINANCES.

16 SEPTEMBRE 1824 AU 4 JANVIER 1828.

Charles X signala son avénement au trône en annonçant qu'il emploierait son pouvoir à consolider les institutions fondées par son auguste frère. Rien ne fut changé dans le ministère, et le comte de Villèle restait toujours à la tête des finances.

Les obsèques de Louis XVIII et le sacre du roi régnant donnèrent matière à une dépense extraordinaire de 6 millions.

La restauration des finances marchait à grands pas vers son but; M. de Martignac, organe du ministère, fut chargé d'exposer les motifs du projet de loi tendant à accorder une indemnité aux anciens propriétaires des biens-fonds confisqués et vendus au profit de l'État dans les temps de nos discordes civiles. La confiscation contre les émigrés ne fut pas une peine établie, mais une vengeance exercée. Ce fut la confiscation en masse ; cette confiscation qui marche à la suite des proscriptions, celle qui fut jetée dans Rome par Sylla, et que la puissance de la force prononce contre tous ceux que poursuit son ressentiment. Ces lois violentes, ces lois de colère qui portent atteinte soit à l'existence, soit à la propriété d'une masse entière de citoyens, sont de grandes calamités par lesquelles tous les fondements de la société sont ébranlés ; dès l'instant où la terre du plus faible peut passer, par un acte d'autorité, au pouvoir du plus fort, il n'y a plus ni garantie ni sécurité, et le lien social est brisé.

Un dédommagement complet ne pouvait être accordé pour toutes les pertes éprouvées dans la révolution; celles qui se trouvent la suite de la confiscation prononcée contre les émigrés semblaient offrir un caractère plus distinct qui réclamait une idemnité, d'abord parce que les pertes des émigrés ont été entières, et que celles des autres n'ont été que partielles; parce qu'il y a eu dans la violence qui les a dépouillés de leurs biens quelque chose de tellement odieux et funeste, que l'on voulut, par un exemple mémorable et utile, montrer que sous un roi protecteur de tous les droits les grandes injustices devaient éprouver de grandes réparations.

On sentait la nécessité d'effacer sur de nombreuses portions de nos terres la trace des confiscations; on sentait surtout le besoin d'éteindre sans retour les divisions et les haines; malgré la sécurité des propriétaires de biens nationaux, malgré l'irrévocable sanction accordée à leur titre, l'opinion publique, il faut bien le dire, persistait malgré la loi à reconnaître une ligne de démarcation entre les biens nationaux et les biens patrimoniaux, les biens confisqués aux émigrés trouvaient difficilement des acquéreurs, et leur valeur dans les transactions n'était point en proportion avec leur valeur matérielle. Une indemnité allouée aux anciens possesseurs pouvait donc faire disparaître la différence qui existait encore entre les propriétés du même sol.

Les documents recueillis pour établir le capital de l'indemnité donnèrent un résultat de 987,819,962 fr. 96 centimes. On pense bien qu'il ne pouvait être question de payer un capital aussi considérable aux familles dépossédées. C'est un intérêt juste et modéré qui devait leur être alloué; et cet intérêt, le comte de Villèle ne voulait point le demander aux impôts, mais au crédit, non par un emprunt qui serait onéreux, mais par une émission de rentes au profit de ceux à qui l'indemnité était dévolue.

Une indemnité de 30 millions de rentes trois pour cent au capital d'un milliard fut votée.

On conçoit aisément que cette émission ne pouvait être simultanément opérée. Trop de fortunes, trop d'éléments de prospérité étaient attachés au crédit, pour qu'il fût permis de le compromettre par des mesures précipitées et imprudentes. L'intérêt de tous, l'intérêt particulier de ceux à qui des dédommagements allaient être offerts, commandaient des ménagements.

C'est dans le crédit que les indemnisés devaient trouver l'accroissement naturel de leur propriété nouvelle. L'atteinte que ne manquerait pas d'y porter une émission disproportionnée eût fait passer dans leurs mains des valeurs affaiblies ; et cette exécution empressée, loin de les servir, leur aurait été évidemment funeste. Ce fut par cinquièmes, à partir du 22 juin 1825, que les propriétaires dépossédés ou leur famille durent recevoir leurs inscriptions de rentes 3 pour cent, dont l'émission fut réglée de la manière suivante :

6 millions le 22 juin 1825,
6 millions le 22 juin 1826,
6 millions le 22 juin 1827,
6 millions le 22 juin 1828,
6 millions le 22 juin 1829.

Total 30 millions de rentes.

La création de 30 millions de nouvelles rentes sur l'État imposait au trésor le service annuel de ces rentes à mesure qu'elles seraient inscrites. Trouver les moyens de supporter cet accroissement de la dette sans affecter le crédit, et de pourvoir au payement de ses intérêts sans affaiblir la dotation nécessaire aux divers services publics : telle était la tâche que le comte de Villèle s'était imposée par la nature de la dépense nouvelle à laquelle il fallait pourvoir. Nous allons exposer les mesures financières qui furent adoptées pour cet objet.

Il fallait respecter le fonds d'amortissement. Si on eût ajouté aux dépenses générales du budget le payement des semestres des rentes que l'on allait créer, en laissant la caisse d'amortissement continuer sur les mêmes bases ses achats journaliers, c'eût été donner à la dette publique un développement rapide, dont les suites devenaient incalculables, comme sacrifiant trop à un avenir éventuel et éloigné l'intérêt présent et réel des contribuables.

On fut conduit par ces considérations à une combinaison mixte, consistant à renoncer pour tout le temps que doit durer l'émission des rentes créées pour l'indemnité, c'est-à-dire jusqu'au 22 juin 1830, à la faculté réservée par la loi qui a fondé la caisse d'amortissement, d'en distraire les rentes qui seront acquises par elle jusqu'au 22 juin 1825, époque déterminée pour l'émission du premier cinquième des 30,000,000 de rentes créées pour les émigrés.

Par cette mesure on a garanti à l'amortissement, jusqu'à la fin de l'émission, toute la jouissance acquise au 22 juin 1825 : c'est-à-dire une action annuelle de 77,500,000 francs, force supérieure à celle qu'ait jamais eue notre amortissement; force suffisante pour entrer en lutte avec des emprunts nouveaux si la nécessité y contraignait. On déclara que les rentes qui seraient acquises par la caisse d'amortissement, à dater du 22 juin 1825, jusqu'au 22 juin 1830, seraient rayées du grand livre de la dette publique au fur et à mesure de leur rachat, et annulées au profit de l'État; ainsi que les coupons d'intérêts qui y seraient attachés au moment où elles seraient acquises.

On détermina qu'après l'écoulement des rentes créées pour le payement des créances arriérées, dont le dernier terme arrivait au 22 mars 1825, il serait interdit à la caisse d'amortissement de racheter les fonds dont le cours serait supérieur au pair. La création du trois pour cent, dont l'intérêt modéré doit longtemps encore maintenir le cours réel au-dessus de sa valeur nominale, commandait cette mesure dans l'intérêt de l'État et du crédit.

Mais une lacune se présentait entre l'époque durant laquelle l'amortissement pouvait continuer d'agir sur les fonds au-dessus du pair, et celle où les trois pour cent créés pour l'indemnité commencèrent à être émis et pourraient être rachetés par l'amortissement. L'émission de ces nouveaux fonds devant d'ailleurs être graduée pour ne pas affecter le crédit, et ne pouvant avoir lieu qu'à mesure des liquidations, il serait à craindre que la masse de ces valeurs ne se trouvât pendant longtemps hors de proportion avec un amortissement destiné à en racheter chaque année une quantité égale à la moitié de l'émission. Enfin des fonds émis pour une opération spéciale quelconque sont plus exposés que d'autres à l'action de l'agiotage; s'il a paru bon et utile de créer des rentes à divers titres et à diverses échéances, il ne l'est pas moins que les diverses origines de la dette publique soient effacées dans une confusion commune, qui les fasse toutes jouir des mêmes avantages et subir les mêmes épreuves devant l'opinion.

On voit que nous voulons parler de la conversion facultative des inscriptions de rentes cinq pour cent sur l'État, en inscriptions de rentes trois pour cent, au taux de 75 francs, ou bien en quatre et demi pour cent au pair, avec garantie contre le remboursement jusqu'au 22 septembre 1835.

Voici quel fut le résultat de la conversion :

### RENTES TROIS POUR CENT.

Sommes de rentes cinq pour cent converties
   en trois pour cent. . . . . . . . . . . 30,574,116 fr.
Passibles de la réduction
   du cinquième, soit. . 6,114,823 f. 20 c.
Fractions de rentes au-
   dessous d'un franc               6,115,081
   remboursées. . . . .      257   80

Montant des rentes trois pour cent résultant
   de conversions. . . . . . . . . . . . . 24,459,035 fr.

### RENTES QUATRE ET DEMI POUR CENT.

Sommes de rentes cinq pour cent converties
   en quatre et demi. . . . . . . . . . . 1,149,840 fr.
Passibles de la réduction du
   dixième, soit. . . . . . . 114,984 fr.
Fractions de rentes au-des-
   sous d'un franc rembour-            115,076
   sées. . . . . . . . . . . . .       92

                                       1,034,764 fr.

La diminution obtenue sur les intérêts de la dette publique par suite de ces conversions fut affectée au soulagement des contribuables, et donna lieu, en 1826, à un dégrèvement de 6,226,112 francs 3 centimes sur l'impôt foncier.

Les receveurs généraux étaient dans l'usage de

verser au trésor, par anticipation et à valoir sur leurs versements mensuels, des sommes plus ou moins considérables, suivant le crédit qu'ils pouvaient avoir dans leurs départements; une espèce d'émulation avait fait monter ce dépôt, dont le trésor payait quatre pour cent d'intérêt, à environ 28 ou 30 millions; c'était un véritable abus; les perceptions sont en France assez régulièrement établies, les ressources sont assez positives pour que le trésor n'ait pas besoin d'avances, et cet intérêt de quatre pour cent sur 30 millions était une charge inutile et onéreuse : le comte de Villèle eut la sage pensée de rendre les avances aux receveurs généraux ; mais il leur rendit en leur intimant la formation du syndicat, qui se constitua sous sa protection, et sous la forme d'une société commerciale par un acte déposé au tribunal de commerce : l'objet de cette association était de pouvoir, au besoin, faciliter le service du trésor, et principalement d'amener des capitaux à la Bourse pour soutenir les rentes flottantes sur la place, et favoriser le cours élevé des fonds publics; le capital primitif du syndicat fut de 30 millions divisés en cent parts d'intérêts.

Le sort de Saint-Domingue venait d'être fixé par une ordonnance royale (1), qui stipulait des avan-

---

(1) Du 17 avril 1825.

tages commerciaux pour la France, et le payement de 150 millions d'indemnité aux anciens colons ; en même temps elle concédait aux habitants actuels de cette île l'indépendance de leur gouvernement.

Le roi avait usé du droit qui lui appartient de faire les traités et les ordonnances nécessaires à la sûreté de l'État. L'acte souverain qui a reconnu leur émancipation a lié la France, à l'égard des habitants de Saint-Domingue, comme il oblige ceux-ci à l'exécution des conditions qui sont le prix de la concession qui leur a été faite.

Lorsque, par le traité du 30 mai 1814, fut stipulée la restitution de plusieurs de nos colonies de la part des puissances qui les possédaient alors, rien de semblable ne put avoir lieu pour la portion française de l'île de Saint-Domingue, qui n'était au pouvoir d'aucune de ces puissances ; mais elles reconnurent au roi de France le droit de ramener sous son obéissance la population de cette colonie, même par la voie des armes, et l'engagement fut pris par elles de n'y point mettre obstacle, sous la réserve néanmoins que leurs sujets pourraient continuer à faire le commerce dans les ports de l'île qui ne seraient ni occupés ni attaqués par les troupes françaises.

Telles furent les conditions, tant patentes que secrètes, mises à cette époque au rétablissement des droits de la France sur Saint-Domingue. L'abolition de la traite, ajournée d'abord à cinq ans, et effectuée ensuite dès 1815, vint modifier encore notre situation nouvelle à l'égard de cette ancienne colonie.

Le gouvernement, avant d'employer la force, dut essayer tous les moyens possibles de ramener à l'obéissance les habitants de l'île. Les diverses tentatives qui furent faites n'aboutirent à rien pendant longtemps. En 1824, elles se terminèrent par l'envoi de commissaires chargés de faire l'offre d'avantages commerciaux et d'une indemnité pour les colons, en échange de l'indépendance de leur gouvernement. Cet arrangement était non-seulement le seul qui nous fût offert, mais encore le seul dont l'exécution fût possible, et le gouvernement eut à se décider enfin, soit à en adopter les bases, soit à entreprendre la conquête. Il n'était plus possible de différer la détermination. Quelques mois de plus ajoutés aux dix années qui s'étaient écoulées sans que la France fît valoir ses droits sur Saint-Domingue, et la voie des armes devenait indispensable pour garantir l'honneur du pays. Le succès n'était pas douteux, mais il nécessitait des sacrifices d'hommes et d'argent sans compensation aucune. Depuis l'abolition de la traite, la restauration de la colonie de Saint-Domingue était devenue impraticable. L'intérêt de l'humanité, celui du commerce français, celui des anciens colons, celui des habitants actuels de l'île, tout s'accordait pour faire préférer à la voie des armes celle d'une transaction, et elle a eu lieu de manière à concilier la dignité de la couronne avec les intérêts du pays.

Quant au montant de l'indemnité, voici les bases sur lesquelles on l'a établie :

En 1789, Saint-Domingue fournissait annuellement environ 150 millions de produits. En 1823, elle avait fourni aux exportations en France pour. . . . . . . . . . . . . . . . 8,500,000 fr.

A celles en Angleterre pour. . . 8,400,000

A celles aux États-Unis pour. . 13,100,000

Elle avait donc produit environ. 30,000,000 fr.

La moitié de ce produit a dû être absorbée par les frais de culture et autres charges de la propriété ; reste donc, pour la part des propriétaires du sol, un revenu net de. . . . . . . . . . . . . . . . 15,000,000 fr.

La valeur des biens-fonds dans les colonies se calcule sur dix années du revenu ; 150 millions parurent donc la somme qui devait être exigée comme le montant de l'indemnité due aux anciens colons, auxquels la concession de l'indépendance du gouvernement d'Haïti enlevait la chance de recouvrer leurs propriétés, par suite du rétablissement possible du gouvernement français à Saint-Domingue.

Une commission choisie parmi les anciens colons,

les administrateurs et les négociants qui ont eu le plus de rapports avec Saint-Domingue, fut chargée de résoudre les questions relatives à la répartition de l'indemnité, et une loi détermina que la somme de 150 millions affectée aux anciens colons serait répartie entre eux intégralement et sans aucune déduction au profit de l'État ; que l'indemnité serait du dixième de la valeur qu'avaient en 1789 les immeubles donnant lieu à l'indemnité qui serait délivrée aux réclamants, par cinquième, d'année en année ; chaque cinquième devant porter intérêt après que la partie correspondante des 150 millions affectés à l'indemnité totale aurait été versée dans la caisse de dépôt et consignations. L'excédant ou le déficit, s'il y en a lorsque la liquidation aura été terminée, accroîtra ou diminuera la répartition des derniers cinquièmes, au centime le franc des indemnités liquidées.

D'après ces arrangements, le gouvernement de la république d'Haïti envoya en France trois commissaires, MM. Rouannez, Fremont et Daumec, pour négocier un emprunt de 30 millions pour le payement du premier cinquième de l'indemnité. Ces 30 millions étaient divisibles en 30,000 annuités de 1,000 francs chacune, portant six pour cent d'intérêt, et remboursables annuellement par vingt-cinquième au moyen de tirages au sort. Le payement de l'emprunt devait s'effectuer à raison de

6 millions, de mois en mois, à partir du 8 novembre 1825.

Cet emprunt fut mis en adjudication publique (1) chez M. Ternaux : deux compagnies, celles de MM. Delessert et André et Cottier, offrirent chacune le taux de 76 francs. Le minimum de 90 francs, fixé par les commissaires haïtiens, n'ayant pas été atteint, l'adjudication n'eut pas lieu; ils annoncèrent qu'ils traiteraient à l'amiable, et la négociation fut faite au prix de 80 fr. avec une compagnie composée de MM. Jacques Laffitte et compagnie, le syndicat des receveurs généraux, de Rothschild frères, J. Hagerman, Blanc-Colin et compagnie, Ardoin Hubbard et compagnie, César de Lapanouze, Paravey et compagnie.

La somme que le gouvernement d'Haïti devait payer pour le premier terme de l'indemnité était de 30 millions : le produit de la négociation ne s'élevait qu'à 24 millions; les commissaires haïtiens s'occupèrent de pourvoir eux-mêmes au premier payement de 6 millions, les autres furent effectués de mois en mois par la compagnie.

De grands travaux d'intérêt public sont mis en activité; la compagnie Sartoris prête 3 millions pour le perfectionnement de la navigation de l'Oise,

--------

(1). Le 3 novembre 1825.

depuis le canal Manicamp jusqu'à la Seine. Le gouvernement effectue avec publicité et concurrence la concession des travaux à exécuter pour la construction des canaux de la Corrèze et de la Vézère, du canal de Roubaix, pour la navigation de la Sambre, de la Lys et de la Deule; des compagnies anonymes se forment pour exploiter des mines, des fonderies, des carrières : elles établissent des chemins de fer de Saint-Étienne à Lyon et de Saint-Étienne à la Loire, moyens de communication nouveaux et jusqu'alors inconnus en France.

Les terrains augmentent de valeur, un essor rapide se développe dans toutes les branches du commerce et des arts; une compagnie s'organise sous le nom de *Société commanditaire de l'industrie;* son objet est de contribuer et de participer au succès de toute entreprise, de toute invention et de tout perfectionnement relatifs à l'agriculture, à l'industrie et au commerce. Cette participation devait avoir exclusivement lieu par le versement des capitaux de la société à titre de commandite; elle s'appliquait à toute association jugée utile, soit avec des particuliers, soit avec d'autres sociétés anonymes ou en commandite. La société s'interdisait d'exécuter par elle-même toutes entreprises, opérations ou spéculations, et surtout de se mêler à des affaires en fonds publics. Son capital, fixé à 100 millions de francs, était divisibles en actions de 1,000 francs au porteur ou nominatives, au choix des propriétaires.

Ce capital d'une somme considérable, et néanmoins accessible à presque toutes les fortunes par la fraction modique de ses actions, offrait l'exécution d'une idée grande et généreuse, dont les résultats étaient appelés à féconder le commerce et l'industrie, et à propager en France tous les procédés, les inventions et les découvertes utiles au progrès des connaissances humaines et de la civilisation.

La liste simple des fondateurs, dont les noms suivent, en dira plus que tout ce que nous ajouterions pour faire sentir le mérite de ce projet.

MM.

AULAGNIER (F.) et Comp.
ARDOIN HUBBARD et Comp.
AUBERNON fils.
ALLAMANT frères et HERSENT.
BLANC (J. A.), COLIN et Comp.
BÉRARD (S.) et Comp.
BUTHIAU.
BOIGUES et fils.
BAIGNÈRES.
BOSSANGE père.
BROVAL (Le chevalier de).
BOURKE (La comtesse).
BELFAST [Lord] (*Londres*).
BLAQUIÈRE [L'hon. Peters] (*Londres*).
BARING [H.] (*Londres*).
BULWER (L.)
BODIN frères et Comp. (*Lyon*).
BETHMANN frères (*Francfort*).
CHOISEUL (Le duc de).
CHAPTAL (Le vicomte).

MM.

CHEVALS (J. P.).
CHAPPUIS.
CLÉMENT-DÉSORMES.
CLARY (Le général M.)
CUNNINGHAM (*Londres*).
COULAUX frères (*Strasbourg*).
COTTA [Le baron] (*Stuttgard*).
CALANDRINI et Comp. (*Genève*).
CROIX (Le marquis de), pair de France.
DALBERG (Le duc de).
DESGRANGE PELLENG fils et Comp.
DIDOT (Firmin) père et fils.
DALY et ROBINSON.
DARNLEY (*Londres*).
DUPARQUET.
DUSGATE (*Londres*).
EICHTHAL (L. d')
EICHTHAL (Auguste d').
FERRÈRE LAFFITE.
FERRAY (L.)

MM.

Fould (B. L.) et Fould-Oppenheim.
Foy (Le général).
Fourel (Maurice).
Fabreguette.
Farquhar [Sir Rob.] (Londres).
Guérin de Foncin et Comp.
Gourcuff (De).
Goupy.
Ginestons (Marquis Roger de).
Gouin frères (Tours).
Gontard (J. F.)
Galos (Bordeaux).
Hagermann (Jonas).
Holstein.
Humann (Strasbourg).
Hentsch (H.) et Comp.
Haber Senior (Carlsruhe).
Javal frères.
Irwing [John] (Londres).
Laffitte (Jacques) et Comp.
Laffitte (Martin) et Comp.
Laffitte (J. B.)
Louis (Le baron).
Lapanouze (César de).
Latteroth (C. W.).
Lagrange (Le général).
Laborde (Alex. de).
Lameth (Alex. de).
La Rochefoucauld (Le duc de).
Larreguy.
Lambert [A.] (Rouen).
Lemercier de Nerville.
Lepelletier d'Aunay.
Lecointe (Georges).
Linneville.
Mallet frères et Comp.
Martin d'André et fils.
Massa (Le duc de).
Morin frères et Comp.
Moisson Devaux et Comp.

MM.

Mollien (Le comte).
Molé (Le comte).
Moulard.
Meynier (Charles) et Comp.
Montmorency (Le baron de).
Milleret (J.).
Mulhens [frères] (Francfort).
Nicolet.
Oppermann Mandrot et Comp.
Oberkampf.
Odier (G.) et Comp.
Odier (L.), Aubert et Comp. (Marseille).
Périer frères et Comp.
Pillet-Will et Comp.
Paccard (Barthélemi) et Comp.
Praslin (Le marquis de).
Perrée (L.) et Guillot.
Prendergast (Londres).
Percy [Algernon] (Londres).
Roux (Vital) et Comp.
Rigny (E.)
Rougemont de Lowemberg.
Rotschild (De) frères.
Regny (Arth.)
Raineville (Duc de).
Rey-Thorin.
Riccardo [John] (Londres).
Rhumbolt (Sir W.).
Ruty (Comte).
Saglio [F.] (Strasbourg).
Sébastiani (Le général).
Siméon (Le comte).
Sommersey (Le duc).
Saint-Cricq (Le comte).
Schlumberger et Comp.
Salverte (Eusèbe).
Saint-Aubyn [W. J. de] (Londres).
Sarasin [François-Paul] (Genève).
Saulter [Donat] (Genève).

| MM. | MM. |
|---|---|
| STANLEY (*Londres*). | VASSAL (R.) et Comp. |
| TALLEYRAND (Le prince). | VOYER D'ARGENSON. |
| TERNAUX aîné. | WORMS DE ROMILLY (F.) et Comp. |
| TATTET (Frédéric). | WAKEFIELD [E. J.] (*Londres*). |
| TERNAUX GANDOLPHE et Comp. | WILKINSON (*Londres*). |

« Cette liste retrace les noms les plus recommandables de la finance, de la banque et du commerce; ce sont des notabilités nationales aidées par le concours d'illustres coopérateurs étrangers, dont l'attachement sincère aux saines doctrines et au bien public semblait offrir des garanties irrécusables; l'opinion assignait à cette entreprise un succès incontestable; déjà on avait négocié des promesses d'actions avec des primes de bénéfices : il est fâcheux que nous ayons à déplorer la non-réussite de cet établissement. Après plusieurs mois de discussion avec le gouvernement, dont l'autorisation est nécessaire pour constituer toute compagnie anonyme, des conditions inexécutables furent imposées aux fondateurs. Nous croyons devoir dire que le comte de Villèle aurait vu avec plaisir cette entreprise se former; l'opposition partait de plusieurs membres influents du conseil d'État et de M. de Corbière, ministre de l'intérieur.

La conception d'une société commanditaire de l'industrie devait offrir d'heureux résultats pour la prospérité de la France, pour l'amélioration du caractère national, pour l'augmentation de la richesse de toutes les classes de la société, pour le bien général de la grande famille humaine. Que de bien elle eût pu faire! mais que de maux surtout elle eût pu prévenir! Combien d'opérations industrielles, sans base, ou légèrement conçues ou mal administrées, n'eussent pas compromis d'utiles capitaux, et jusqu'à l'esprit d'association lui-même, si elles avaient pu passer au creuset d'un examen préparatoire de cette société, ou subir dans leur organisation les modifications qu'auraient pu y apporter la science, l'habitude des affaires, le talent et la sagesse d'un concours si nombreux et si rare d'hommes utiles et distingués!

Le comte de Villèle a opéré plusieurs dégrèvements sur l'impôt foncier; ils paraîtront intempestifs, parce qu'ils se sont effectués en présence d'une augmentation successive de la dette flottante, d'un passif dans les caisses du trésor qui remonte à l'année 1814, et qui s'est accru de plusieurs créances sur l'Espagne, portées au crédit des comptes de l'État, bien que l'on ne puisse encore en prévoir l'époque d'acquittement. Le dégrèvement de la contribution foncière était d'autant plus inopportun, qu'il avait pour but avoué de diminuer le cens payé par un certain nombre d'électeurs pour en diminuer le nombre, et rendre plus étendue l'influence ministérielle sur les candidats présentés pour la chambre des députés.

Si nous devions parler du comte de Villèle comme président du conseil des ministres, nous aurions à examiner tous les actes politiques qui ont signalé le ministère depuis 1821 jusqu'en 1828; dans le nombre il pourrait s'en trouver qui exciteraient notre blâme; mais la nature de cet ouvrage ne nous permet de nous occuper que de l'administration financière de ce ministre, et sous ce rapport nous ne pouvons qu'approuver la marche progressive qu'il a su imprimer au crédit public.

Après avoir préparé les ressources nécessaires pour acquitter complétement l'arriéré et parer aux dépenses extraordinaires de la campagne d'Espagne, sans beaucoup augmenter les charges de l'État; après avoir raffermi le taux des fonds publics et amené par la confiance et par la force de la prospérité intérieure du royaume le prix de la rente au delà du pair, il a osé mettre à exécution l'idée de réduire l'intérêt de la dette. Le premier mode proposé, étant forcé et peut-être un peu prématuré, ne pouvait réussir; il eut la hardiesse de présenter l'année suivante un nouveau projet facultatif et volontaire; celui-là fut goûté d'une partie des créanciers de l'État, son adoption a amené dans notre dette plusieurs natures de fonds, innovation favorable au soutien de la masse des rentes du gouvernement.

Enfin un plan heureusement combiné a fourni les moyens de consolider la valeur matérielle des propriétés nationales, et d'indemniser les familles qui avaient été dépossédées à l'époque des malheurs de la révolution. Ce grand acte financier fut suivi d'un autre non moins important ; celui de la reconnaissance de Saint-Domingue et de l'indemnité à accorder aux colons ; certes quand on considère que toutes ces mesures ont été conçues et exécutées avec rapidité au milieu de l'étonnement général de la nation, on est disposé à reconnaître l'habileté du comte de Villèle comme ministre des finances. Loin de nous le prestige des passions qui ont aveuglé beaucoup de nos concitoyens dans ces derniers temps ; les faits parlent d'eux-mêmes ici ; nous les exposons avec vérité sans les traduire avec aucun esprit de parti.

# BUDGET

## DE LA VILLE DE PARIS.

En examinant l'ensemble et les détails des finances de la France, nos regards s'arrêtent naturellement sur la distribution des revenus et des dépenses de la capitale, dont le montant s'élève à près de 50 millions ; ce chiffre final l'emporte sur le budget de quelques États. Des hommes recommandables ont désigné Paris comme un gouffre qui absorbe tous les revenus, qui dévore toutes les ressources ; il semble qu'on lui dénie jusqu'à la faculté de faire d'immenses consommations ; cependant Paris ne devrait-il pas être plus justement regardé comme un grand marché qui appartient à plus de la moitié de nos départements ; qui reçoit tout ce qu'on lui apporte, et le consomme, après l'avoir payé en écus qui vont circuler dans les pays de production et les féconder encore ; enfin qui, dans ses rapports avec nos provinces, leur offre, par une active circulation, les moyens les plus certains de richesse et de prospérité. Pour que l'on n'ignore pas quelle quantité de capitaux l'action constante de cette grande ville fait refluer autour d'elle et jusqu'aux extrémités du territoire, nous allons en donner le relevé exact; on verra les tributs énormes que les habitants de Paris payent aux provinces, qui les accusent de tout absorber.

## CONSOMMATION DE PARIS.

### PRODUITS AGRICOLES.

| | |
|---|---:|
| Pain | 38,000,000 fr. |
| Vin | 50,000,000 |
| Eau-de vie | 7,000,000 |
| Vinaigre | 1,000,000 |
| Viande | 40,000,000 |
| Volaille et gibier | 6,000,000 |
| Poisson | 500,000 |
| Beurre | 7,000,000 |
| OEufs | 4,000,000 |
| Fromage | 1,500,000 |
| Lait | 6,000,000 |
| *A reporter* | 161,000,000 fr. |

## DE LA VILLE DE PARIS.

*D'autre part*. . . . . 161,000,000 fr.
Suif. . . . . . . . . . . . . . . . . 5,000,000
Cuir. . . . . . . . . . . . . . . . . 6,000,000
Cire . . . . . . . . . . . . . . . . 1,500,000
Huile. . . . . . . . . . . . . . . . 9,000,000
Cidre et bière. . . . . . . . . . 3,000,000
Foin . . . . . . . . . . . . . . . . 3,500,000
Paille. . . . . . . . . . . . . . . . 3,500,000
Avoine. . . . . . . . . . . . . . . 6,500,000
Bois à brûler. . . . . . . . . . 15,000,000
Bois de construction. . . . . 4,500,000
Charbon de bois. . . . . . . . 7,500,000

   Total. . . . 226,000,000 fr.

### PRODUITS INDUSTRIELS.

Draps . . . . . . . . . . . . . . . 10,000,000 fr.
Toile, batiste, etc. . . . . . . 15,000,000
Soieries. . . . . . . . . . . . . . 3,000,000
Merceries. . . . . . . . . . . . 3,000,000
Fourrures . . . . . . . . . . . . 1,000,000
Papier . . . . . . . . . . . . . . 4,000,000
Fer. . . . . . . . . . . . . . . . . 2,000,000
Charbon de terre. . . . . . . 2,000,000
Ardoises, tuiles, briques. . . 2,000,000
Savon. . . . . . . . . . . . . . . 7,000,000

   Total. . . . 49,000,000 fr.

### PRODUITS MARITIMES.

| | |
|---|---:|
| Marée | 4,000,000 |
| Sel | 2,000,000 |
| Drogues médicales | 3,000,000 |
| Couleurs, vernis | 4,000,000 |
| Soude, potasse | 2,000,000 |
| Cuivre, étain, plomb | 3,000,000 |
| Épiceries diverses | 10,000,000 |
| Café | 10,000,000 |
| Sucre | 27,000,000 |
| TOTAL | 65,000,000 fr. |

Ainsi, c'est une valeur de 226 millions qu'on emploie en achats de produits agricoles ; de 49 millions en produits industriels, de 65 millions en denrées coloniales ; en tout 340 millions, qui, par l'action vitale d'une grande cité, sont refoulés du centre jusqu'aux extrémités de la France. Paris paye en outre 82 millions au trésor : c'est-à-dire un dixième des impôts du royaume.

Ceux qui ont étudié les finances de Paris savent qu'une fraction de ces sommes ne figure en termes de comptabilité que pour ordre ; qu'elles rentrent immédiatement dans les coffres de l'État ou qu'elles s'emploient pour éteindre la dette municipale résultant, soit des charges léguées par l'ancien gouvernement, soit des deux occupations militaires de 1814 et 1815, soit des indemnités que le trésor royal a laissées à la charge de la ville de Paris, lors de la disette de 1817; ils savent enfin que les charges de la ville montent à environ 36 millions, et que sur les 10 autres millions trois sont consacrés à l'administration proprement dite et à l'entretien de ses édifices, tandis que le reste est employé à construire ses églises, ses marchés, ses entrepôts, ses fontaines, ses trottoirs; l'élargissement des rues anciennes, l'achèvement des canaux et la conduite des eaux dans Paris.

La capitale doit être considérée sous trois rapports différents : comme résidence du souverain, comme siége du gouvernement, comme chef-lieu d'administration locale.

Le souverain est l'un des plus puissants et des plus glorieux monarques. Il faut, pour répondre à la majesté du trône, des palais, des jardins, des musées, des monuments, des spectacles, qui donnent une idée de la splendeur et de la magnificence du souverain; il faut des établissements qui consacrent noblement l'étendue de sa bienfaisance et de la protection qu'il accorde à tous les talents, à tous les services.

Quant à l'action du gouvernement, elle doit tendre sans cesse à maintenir en Europe la dignité du nom français, et cette réputation de politesse, d'industrie, de goût et de perfection, qui nous ont placés à la tête de la civilisation européenne. Il faut donc que le gouvernement entretienne et honore les savants et les artistes, qu'il construise des édifices capables de marquer l'état des arts à l'époque de leur fondation, dignes, par leur nature, leur style ou leur richesse, de consacrer des souvenirs chers à la France entière.

Le pouvoir municipal vient ensuite, qui doit s'occuper des choses utiles à la localité, et doit en assurer les besoins. Ses vues, nécessairement restreintes dans des limites étroites, sans être susceptibles de beaucoup d'éclat, ont pour objet la sécurité et le bien-être des habitants de la capitale.

Pour l'exercice 1828, le budget a été fixé en recette à 45,430,475 francs, et en dépenses, à 45,195,207 francs 67 centimes, ainsi que le constate le compte administratif ci-joint.

La somme totale annuelle et définitive des dépenses a été réglée ainsi qu'il suit :

| | | |
|---|---|---|
| Pour l'année 1816 à . . | 28,745,874 fr. | 09 c. |
| Pour l'année 1818 à . . | 32,819,878 | 80 |
| Pour l'année 1822 à . . | 42,077,992 | 76 |
| Pour l'année 1826 à . . | 46,588,696 | 63 |

Le résultat comparé des dépenses des exercices 1816, 1818, 1822 et 1826, offre donc graduel-

# BUDGET DE LA VILLE DE PARIS.
## EXERCICE 1828.

### REVENUS ORDINAIRES.

| | |
|---|---:|
| Droits d'octroi. | 20,500,000 fr. » c. |
| Centimes communaux. | 449,752 » |
| Locations diverses; baux à termes réguliers. | 220,484 » |
| Entrepôts. | 470,000 » |
| Abattoirs. | 1,403,000 » |
| Poids publics et mesurage. | 440,000 » |
| Voirie. | 420,000 » |
| Perception de locations de places et abris. | 295,000 » |
| Établissements hydrauliques. | 660,000 » |
| Recettes diverses. | 852,542 » |
| Caisse de Poissy. | 1,350,000 » |
| Recettes imprévues. | 50,000 » |

### REVENUS EXTRAORDINAIRES.

| | |
|---|---:|
| Boni des exercices précédents. | » » |
| Fonds d'amortissement de la dette. | 7,950,000 » |
| Fonds affectés au canal de l'Ourcq. | 1,500,000 » |
| Reventes de terrains et matériaux. | 4,200,000 » |
| Aliénations de rentes sur l'État. | 4,200,000 » |

### RECETTES PARTICULIÈRES.

| | |
|---|---:|
| Produit de la ferme des jeux de hasard dans Paris. | 7,400,000 |

**TOTAL.** 45,130,475 fr. » c.

### DÉPENSES ORDINAIRES.

| | |
|---|---:|
| Perceptions surveillées par le préfet de la Seine. | 2,264,260 fr. » c. |
| Perceptions surveillées par le préfet de police. | 527,227 » |
| Préfecture, mairie centrale | 257,900 » |
| Mairies d'arrondissement. | 349,688 75 |
| Administrations des contributions. | 450,000 » |
| Instruction publique. | 275,280 » |
| Service militaire de la place. | 250,000 » |
| Grande voirie. | 312,500 » |
| Direction des travaux publics. | 99,200 » |
| Travaux d'architecture et d'entretien. | 305,840 » |
| Carrières. | 100,000 » |
| Cultes. | 224,950 » |
| Fêtes et cérémonies publiques. | 48,000 » |
| Prélèvement et dépenses diverses. | 4,774,356 43 |
| Hospices. | 5,200,000 » |
| Dépenses à ordonnancer par la police (1). | 6,576,447 28 |
| Contribution mobilière. | 3,843,512 » |
| Primes d'approvisionnements de réserve. | 600,000 » |
| Eaux de Paris. | 420,000 » |
| Pensions municipales. | 104,959 50 |
| Dépenses imprévues. | 30,000 » |

### DÉPENSES EXTRAORDINAIRES.

| | |
|---|---:|
| Dette de la ville. | 7,606,406 25 |
| Hôtel de ville. | 40,000 » |
| Mairies. | 40,000 » |
| Cultes. | 4,000,000 » |
| Service militaire. | 63,750 » |
| Voie publique. | 806,000 » |
| Établissements publics. | 995,000 » |
| Grosses réparations. | 640,420 » |
| Embellissement de la voie publique. | 4,684,543 » |
| Dépenses diverses. | 694,500 » |
| Acquisitions pour grands travaux | 300,000 » |
| Travaux des marchés. | 200,000 » |
| Continuation de l'entrepôt des vins. | 500,000 » |
| Collèges. | 85,900 » |
| Casernes de gendarmerie et de pompiers. | 416,400 » |
| Canal de l'Ourcq, Saint-Denis et Saint-Martin. | 362,000 » |
| Frais de perception extraordinaires. | 449,000 » |
| Réserve à la disposition du préfet de la Seine. | 200,000 » |
| Id. à la disposition du préfet de police. | 25,000 » |
| Arriéré. | 364,897 76 |

### DÉPENSES PARTICULIÈRES.

| | |
|---|---:|
| Dépenses à prélever sur les produits de la ferme des jeux. | 5,680,000 » |
| **EXCÉDANT.** | 235,267 33 |

**TOTAL.** 45,430,475 fr. » c.

(1) *Voyez* l'emploi de cette somme de 6,576,117 fr. 28 c. dans le budget de la préfecture de police, page 340.

J. BRESSON, *Histoire financière*, tome II, page 332.

lement des sommes de plus en plus fortes; l'exercice 1828 offre, par sa diminution, une amélioration manifeste; il eût été à désirer que l'on eût agi ainsi dans les années qui se sont écoulées, afin de ramener les dépenses municipales dans des bornes modérées qui eussent pu permettre d'alléger les droits d'octroi et de supprimer entièrement, s'il eût été possible, le produit de la ferme des jeux, en faisant fermer ces établissements funestes, que la religion et tous les gens honnêtes réprouvent également. A la vérité, au terme de la loi du 6 juillet 1826, la ville doit, sur cette recette, verser annuellement 5,500,000 francs par douzièmes au trésor royal; peut-être serait-il préférable qu'en attendant la suppression tant désirée de cet impôt, la ville, par un sacrifice bien louable, renonçât à ce subside, en acquittant sur ses propres deniers les 5,500,000 francs; c'est ce qu'il lui eût été facile d'opérer en 1830, où le fardeau de la dette municipale se trouva diminué annuellement de 5 millions, parce qu'à cette époque fut terminé l'entier remboursement de l'emprunt de 33 millions (1); les taxes établies sur la tolérance du vice sont trop honteuses pour que les hommes

---

(1) En outre on a calculé qu'en 1853 toutes les rentes de la ville de Paris seraient amorties, en n'y affectant que 200,000 fr. par an, et les rentes rachetées.

intègres qui sont à la tête du conseil municipal ne s'efforcent point de les faire disparaître par des combinaisons financières en harmonie avec les progrès de la morale et les intérêts des habitants de la capitale.

# BUDGET

## DE LA PRÉFECTURE DE POLICE.

L'institution d'une administration spéciale pour la police de Paris a été établie par édit du roi du mois de mai 1667.

Le préambule de cet édit était conçu en ces termes :

« Notre bonne ville de Paris étant la capitale de
» nos États et le lieu de notre séjour ordinaire, qui
» doit servir d'exemple à toutes les autres villes de
» notre royaume, nous avons estimé que rien n'était
» plus digne de nos soins que d'y bien régler la
» justice et la police.

» Et comme la justice et la police sont souvent in-
» compatibles ; que d'ailleurs la police, qui consiste
» à assurer le repos du public et des particuliers, à
» purger la ville de ce qui peut causer les désordres,
» à procurer l'abondance, et à faire vivre chacun

» selon sa condition, demandait un magistrat qui
» pût être présent partout :

» Créons, érigeons, à titre d'office de lieutenant
» de notre prévôt de notre ville de Paris, un office
» sous la dénomination et qualification de notre
» conseiller et lieutenant dudit prévôt de Paris,
» pour la police. »

Les attributions assignées au lieutenant général de la police étaient :

1° Tout ce qui intéresse la sûreté et la commodité de la circulation ;

2° Le soin de réprimer les délits contre la tranquillité publique ;

3° Le maintien de l'ordre dans les lieux de rassemblement ;

4° L'inspection sur la fidélité du débit des denrées, et sur la salubrité des comestibles exposés en vente ;

5° Le soin de prévenir ou de faire cesser, par la distribution des secours nécessaires, les accidents et les fléaux calamiteux ;

6° Celui d'obvier ou de remédier aux événements fâcheux qui pourraient être occasionnés par des insensés ou par la divagation des animaux malfaisants

Le lieutenant général de police réunissait deux autorités distinctes : celle de magistrat et celle d'administrateur.

Comme magistrat, il présidait au Châtelet le tribunal où il jugeait, sur le rapport des commissaires de police, tous les délits et contraventions aux règlements et ordonnances de police;

Et en sa qualité de commissaire du roi, il était administrateur de toutes les parties du service public qui étaient dans ses attributions.

Les dépenses du lieutenant général de police étaient réglées par le ministre des finances, et acquittées par le trésor royal, par douzièmes, versés chaque mois au trésorier de la police. Alors le gouvernement percevait sur la ville de Paris des droits spéciaux établis tant à l'entrée de cette ville que sur les halles et marchés, et pour rachat de boues et lanternes; il était dans l'ordre qu'il pourvût à la dépense de la police de la ville.

Ce régime a été suivi jusqu'au 14 juillet 1789, que, sous le titre de *Commune de Paris*, l'administration de cette ville envahit tous les pouvoirs. On connaît trop les crimes et les désordres qu'enfanta cette monstrueuse autorité pour qu'il soit nécessaire d'en retracer le tableau. Son régime cessa en vertu d'un décret du 17 octobre 1794, qui nomma une commission de police administrative de la commune de Paris, qui servit de transition à un meilleur ordre de choses, et fut remplacé par l'établissement de la préfecture de police, lors de la division de la France en départements et arrondissements (1), administrés par des préfets et des sous-préfets.

Le préfet de police fut donc chargé à Paris de la police municipale, qui est exercée par les maires dans toutes les autres communes du royaume, mais avec cette différence importante que les maires agissent sous la surveillance du préfet de leur département, tandis que le préfet de police est immédiatement placé sous l'autorité des ministres, et que, hors des murs de Paris et dans le ressort qui lui est assigné, il donne lui-même les ordres pour tout ce qui concerne ses attributions restées les mêmes que celles qui avaient été données au lieutenant général de police.

Comme le gouvernement ne retirait plus de la ville de Paris les revenus spéciaux qui y étaient en vigueur à l'époque de l'administration du lieutenant général de police, que les octrois et les droits de halles et de rivières appartenaient aux villes qui jugeaient nécessaire de les établir, enfin que les attributions de la préfecture de police se composaient de l'ensemble de toutes les parties du service public qui constituent la police municipale, les dépenses de cette administration furent mises à la charge de la ville de Paris.

A l'égard des droits établis au profit des revenus

---

(1) Loi du 17 février 1800.

de la ville de Paris sur les halles, ports et marchés, et dont le recouvrement est opéré par les préposés et sous l'autorité de la préfecture de police, le montant brut des perceptions est versé directement à la caisse municipale, et le préfet de police n'a aucune autorité pour disposer particulièrement de ces produits, qui se trouvent confondus dans l'ensemble des revenus de la ville.

Quant aux passe-ports, tant à l'intérieur qu'à l'étranger, et aux permis de port d'armes, dont le prix est réglé par les lois et le produit compris dans le budget de l'État, la préfecture, chargée de leur délivrance, reçoit les formules imprimées et timbrées de l'administration des domaines, avec laquelle elle a un compte ouvert; de sorte que, la préfecture de police ne réclamant des particuliers que le montant du prix fixé par la loi, et versant chaque mois à la caisse des domaines le montant du prix exact des formules employées, ce recouvrement s'opère pour le compte du gouvernement et ne peut être considéré comme une perception productive de la préfecture.

L'on voit donc que le budget du préfet de police ne peut être qu'un compte de dépenses (1), dont

---

(1) Jusqu'à présent le compte particulier des recettes et des dépenses du *dispensaire de salubrité* avait été adressé seulement au ministère de l'intérieur, et formait une comp-

le montant forme un chapitre des dépenses ordinaires portées au budget de la ville de Paris (1).

Voici la récapitulation des dépenses de l'exercice 1828 :

| | | |
|---|---:|---:|
| Traitement du préfet et du secrétaire général de la préfecture de police............ | 62,000 f. | » c. |
| Dépenses du personnel........... | 1,460,450 | » |
| Dépenses du matériel........... | 2,235,796 | 89 |
| Préposés à la navigation......... | 87,800 | » |
| Sapeurs-pompiers............. | 445,422 | 85 |
| Pensions à d'anciens sapeurs-pompiers. | 24,996 | 25 |
| Gendarmerie royale de Paris (2)...... | 2,150,000 | » |
| Pensions de commissaires, employés et agents salariés............. | 56,443 | 77 |
| Dépenses imprévues ordinaires, enlèvement des neiges, etc........ | 30,000 | » |
| Complément de travaux d'appropriation de la maison Vergennes, et autres localités des bureaux de la préfecture.. | 23,207 | 52 |
| TOTAL...... | 6,576,117 f. | 28 c. |

Le budget de la préfecture de police s'est donc

---

tabilité toute spéciale hors du budget de la préfecture de police; mais la taxe illégale dite du *dispensaire* venant d'être supprimée, les frais de l'établissement seront à l'avenir portés au débit du budget de la ville.

(1) Voyez page 332 le budget de la ville de Paris.

(2) En 1781 { Le guet et garde de Paris coûtait 660,000 f.
{ La maréchaussée de l'Ile de France 195,000

(NECKER, *Compte rendu*.)

élevé à 6,576,117 fr. 28 c. pour l'année 1828; cette somme paraîtra sans doute prodigieuse, surtout si l'on considère :

Qu'en
- 1809 ce budget s'est élevé à...... 2,741,118 fr. 78 c.
- 1813 *dito* à....... 4,612,968 98
- 1819 *dito* à...... 5,197,831 05

Il est juste d'observer que les dépenses du corps de la gendarmerie royale de Paris et de celui des sapeurs-pompiers ne sont point comprises dans le budget de 1809; mais ces dépenses sont portées aux budgets de 1813 et 1819, qui, comparés au budget de 1828, offrent pour cette dernière année une augmentation réelle et énorme; il n'est que trop vrai que cette branche de l'administration offre, comme beaucoup d'autres, un accroissement successif de dépenses, sur lequel on ne saurait trop appeler la publicité et l'attention générale. Enfin la préfecture de police a, en 1828, coûté 1,378,286 fr. 23 c. de plus qu'en 1819; espérons que l'administration actuelle, jalouse de diminuer le poids des charges publiques, sentira l'indispensable nécessité de l'alléger, en restreignant les dépenses et en ramenant le montant du budget de la police de Paris à son taux primitif.

# CONSIDÉRATIONS

SUR LA

# MARCHE DU CRÉDIT PUBLIC

ET LES PROGRÈS

## DU SYSTÈME FINANCIER.

Il serait inutile d'écrire l'histoire si l'on n'y puisait point des leçons pour le présent et l'avenir; nous venons de dérouler les faits remarquables dans les annales de nos finances; nous avons tracé le caractère et la conduite des ministres qui les ont gérées; une matière non moins importante et encore plus délicate va faire le sujet de nos observations; il s'agit d'examiner la naissance, la marche et les progrès du système financier en France; jusqu'à présent on s'est beaucoup occupé de la personne des ministres, et pas assez de l'ordre et des principes suivis dans l'administration des comptes de l'État; on a prodigué les louanges ou le blâme sans remonter à la source du bien ou du mal, et tel ministre s'est trouvé en butte aux reproches et à la calomnie, sans avoir d'autres torts que celui d'être venu recueillir l'héritage des fautes irréparables de ses prédécesseurs; tel autre a dévoré en quelques années les revenus d'un demi-siècle : la plus ou moins grande observation des lois a seule pu opposer une digue à la dissipation des deniers publics.

Dans les temps reculés, l'administration des finances était réduite à la perception de droits féodaux et arbitraires et à l'exécution de manœuvres frauduleuses pour augmenter le nombre des ressources pécuniaires. L'on peut entre autres citer l'altération des pièces d'or et d'argent; les officiers de la monnaie faisaient serment de n'en point révéler la falsification; longtemps les surintendants des finances, par l'énorme puissance dont ils étaient investis, ont été des despotes; plusieurs d'entre eux, après avoir abusé du pouvoir de puiser dans les coffres de l'État, sont allés expier leurs crimes sur l'échafaud. Vers la fin du seizième siècle, Sully fit des réformes sages et utiles; ayant organisé un plan pour la prospérité du royaume, il eut principalement en vue de faire fleurir l'agriculture; mais il gêna l'industrie et le commerce par la multiplicité des édits : en un mot, il prescrivit des règles quand il ne fallait que protéger.

Le siècle de Louis XIV, mémorable à jamais par

l'émancipation de la pensée et par la révolution qui s'est opérée dans les sciences, dans les arts et dans le système politique, a vu fonder les bases de l'administration; Colbert introduisit un meilleur mode dans la régie et le recouvrement des impôts; tout en faisant de grandes concessions au commerce, il le restreignit par la formation de compagnies exclusives : néanmoins la science des finances doit plus à Colbert qu'à aucun des ministres de son temps; nul n'a dans ses institutions embrassé plus d'objets, mieux favorisé l'industrie et élevé plus haut la richesse du pays; nul n'a plus effacé ses prédécesseurs, n'a plus devancé ses contemporains.

Desmarets montra dans les désastres de la guerre de la succession une admirable sagacité dans le choix des expédients, une fécondité prodigieuse dans l'invention des ressources. Law, après avoir donné un grand élan au crédit, l'a perdu par des opérations gigantesques et exagérées; il appela la nation française à spéculer sur les produits du Mississipi et à jouer sur les fonds publics.

La constitution de la fortune publique a reçu un perfectionnement notable par une contribution territoriale mieux réglée, et en même temps une caisse d'amortissement a donné une base et un soutien au crédit : ces deux institutions sont dues à Machault. Le cadastre, mobile de la généralité de Paris, était une répartition de l'impôt territorial ingénieuse et sage; des droits ont été créés sur le luxe et les jouissances de la richesse : cette innovation a distingué et honoré le ministère de Silhouette.

Tous les impôts augmentés sans exception, sans choix et sans examen, les rentes réduites, les rescriptions du trésor non payées, c'est le ministère de l'abbé Terray, sous lequel on a vu régner la fiscalité.

De ces dispositions onéreuses et violentes, indépendantes de toute règle de justice, on est passé à une discussion métaphysique des règles élémentaires des contributions; vouloir établir dans le système financier une théorie idéale, sans qu'aucune rectification importante ait été opérée, c'est désigner les conceptions inexécutables de Turgot, profond penseur, ami zélé du bien public, mais ignorant les ressorts qui peuvent faire mouvoir les hommes.

Necker, dans son premier ministère, s'est montré habile dans les opérations de crédit; il pourvut à la dépense par des emprunts sans créer de nouveaux impôts, et il initia la nation dans la connaissance des revenus et des dépenses de l'État, afin de pouvoir, par cette démarche louable et hardie, fermer la porte aux abus qui s'étaient perpétués dans l'emploi des deniers publics.

Calonne a conçu des idées subversives des contributions établies et qui ne pouvaient les remplacer; aimable courtisan, cherchant toujours à plaire et à séduire, il mit la fortune publique à la disposition des gens avides et en faveur.

A la suite de tous ces essais partiels et infructueux qui n'offrent aucun ensemble dans leur exécution, il se trouva un déficit qu'il eût été facile de combler si la noblesse et le clergé eussent voulu consentir à dévier de leurs prérogatives pour participer aux charges de l'État. Les causes qui ont amené la révolution tiennent moins à l'étendue du déficit qu'au mode arbitraire et humiliant qui présidait à la levée des impôts; les gabelles, la taille, la corvée, les droits de franc-fief, l'augmentation successive du nombre des vingtièmes, firent naître dans le royaume l'opposition nationale qui provoqua la convocation des états généraux, prélude d'une révolution politique, dont les motifs furent purement financiers; car si les revenus de l'État eussent été bien administrés, si l'on n'avait point mal à propos anticipé sur les ressources des années suivantes, on n'aurait point, dans un moment de détresse, pensé à appeler le concours des trois ordres pour présider à des économies et à des réformes commandées par la mauvaise situation de la fortune publique.

Ce fut au milieu de ce chaos qu'éclata la révolution : ses partisans voulurent faire changer les fortunes de main et lier le peuple à la conservation de la république; c'est dans cette vue que les assignats furent créés, afin de mettre dans le commerce une grande masse de biens nationaux et d'intéresser tous les porteurs de ce papier-monnaie au maintien du nouvel ordre de choses; mais la planche aux assignats, que l'on promettait continuellement de briser, fournissait toujours à des émissions dont la durée et la quantité étaient indéfinies. La dépréciation naturelle d'une valeur prodiguée à outrance dut nécessairement amener une crise financière et signaler le retour au numéraire.

Sous le duc de Gaëte, la perception des impôts directs a été assise à l'aide du cadastre sur des bases justes et équitables; les droits indirects, établis sur les consommations, ont été répartis avec sagesse et discernement; le tarif des douanes, quoique renfermant des vices essentiels, reçut cependant quelques notables améliorations; enfin le système d'impôt en France est devenu le meilleur de toute l'Europe, et ce qui prouve en sa faveur, c'est qu'il a été conservé en entier dans la plupart des pays affranchis de notre domination en 1814.

Napoléon ne connaissait d'autres sources de revenu que les contributions et les tributs imposés aux pays conquis; le crédit était pour lui une abstraction; il n'y voyait que les rêves de l'idéologie et les idées creuses des économistes. C'est d'après ce principe qu'il ne se lassait pas de faire annoncer dans le *Moniteur* la banqueroute de l'Angleterre, qu'une notion fausse des ressources du crédit public lui montrait toujours comme prochaine et inévitable. Cette étrange aberration d'un esprit supérieur tenait peut-être en partie aux circonstances dans lesquelles il avait vécu et aux impressions qui lui en étaient restées. Dans l'effervescence révolutionnaire, il avait vu de près les profits illicites des financiers, il avait été témoin de basses intrigues, d'ignobles spéculations, d'industries criminelles; il avait été, en un mot, à portée d'observer la conduite de ceux qui géraient la fortune publique sous un jour peu favorable, et ces souvenirs lui ont souvent inspiré des soupçons. Lorsqu'il était général en chef de l'armée d'Italie et qu'il mettait déjà en pratique sa grande maxime que la guerre doit nourrir la guerre, les déprédations qu'entraînait ce système l'avaient souvent forcé de se montrer rigoureux. Il pouvait se rappeler les châtiments qu'il avait dû infliger pour arrêter des désordres qui pouvaient amener la ruine de son armée en la faisant manquer de tout. Il avait conservé de cette époque de sa vie une surveillance très-sévère, une habitude de descendre aux moindres détails.

Le blocus continental, les ports fermés au commerce et ouverts aux licences ont, sous l'empire, arrêté l'essor de l'industrie commerciale. Une défiance mal placée avait fait prendre à Napoléon la pernicieuse méthode de soumettre la plupart des comptes de fournitures à des enquêtes dont le résultat était, sinon des retranchements, tout au moins des retards quelquefois très-prolongés dans le payement du solde arrêté : heureux encore quand on n'était point précipité dans l'arriéré !

Cette manière de soigner l'intérêt de l'État nuisait davantage au crédit et aux finances que si on eût été plus facile et plus prompt à payer; cela éloignait les prix modérés dans les fournitures; la concurrence était nulle, parce que beaucoup de gens capables de soumissionner à des conditions favorables au trésor ne se souciaient point de traiter avec le gouvernement impérial.

Ce fut un grand bonheur pour la France que Napoléon ait méconnu la ressource des créations de rentes; ç'a été la dernière et la seule ressource financière qu'il ait pu laisser; elle a aidé à soutenir les deux invasions des alliés; sans ce moyen d'emprunt, nous n'aurions pu payer 700 millions aux étrangers; on aurait taxé les villes, exigé des contributions forcées, peut-être impossibles à réaliser, et notre belle patrie eût été ravagée.

Louis XVIII trouva la France écrasée sous le poids d'un arriéré immense; les sources de prospérité taries, les contributions accablantes, le crédit inconnu, même de nom; l'avenir sans garanties; par ses soins tous ces maux ont été adoucis ou réparés; tous les engagements contractés sous l'empire furent remplis avec la plus scrupuleuse exactitude : une nouvelle ère financière date de l'époque de la restauration; pour la première fois on commença à sentir les heureux effets du crédit public basé sur un amortissement proportionné à l'étendue de la dette consolidée.

En résumant les événements financiers les plus remarquables, nous ne dirons point que le gouvernement a plusieurs fois fait banqueroute, cette expression a quelque chose de trop odieux; mais les fautes passées sont un avertissement pour l'avenir, et nous ne pouvons nous dispenser de rappeler qu'à six époques différentes il a manqué essentiellement à la foi publique.

I. Sous Sully, qui réduisit arbitrairement les intérêts accordés aux prêteurs sous les règnes précédents, et affecta les à-compte déjà payés au remboursement des capitaux.

II. A la fin du règne de Louis XIV, sous Desmarets, on ne paya ni le capital ni les intérêts des fonds déposés à la caisse des emprunts, et on fit subir le même sort à beaucoup d'autres créances.

III. A la chute du système de Law, sous le Pelletier de la Houssaye, lors de l'opération du *visa* ou recensement des fortunes particulières, exécuté par les quatre frères Pâris, on réduisit arbitrairement les créances sur l'État.

IV. Sous l'abbé Terray, qui ne paya point les rescriptions du trésor et beaucoup d'autres dettes du gouvernement.

V. Dans la révolution, la création de 45,578,810,040 fr. d'assignats et 2,400,000,000 de mandats.

VI. Enfin, en 1798, on vit, sous le ministère de Ramel, s'opérer la réduction des deux tiers de la dette publique.

On a donc à peu près trahi six fois en deux siècles la loyauté nationale : ainsi chaque génération a pu voir une infraction générale à la bonne foi publique, et nous n'avons pas égard ici aux suppressions arbitraires, aux retranchements partiels, aux payements ajournés, aux liquidations jamais terminées, etc.; terribles exemples que nous voudrions couvrir du voile de l'oubli; mais ces exemples, il est nécessaire de les mettre au jour, afin qu'effrayé de leurs conséquences funestes, on prenne des mesures pour épargner à nos contemporains les malheurs qui ont affligé nos ancêtres.

Ces honteux événements doivent moins être reprochés aux ministres qui y ont été amenés et forcés par la situation des affaires qu'à ceux qui les ont nécessités par leur imprudence et leurs profusions.

Le système des emprunts par des créations de rentes est un moyen doux d'obtenir sur-le-champ de l'argent dans des cas urgents; c'est une ressource pour ne point froisser par la violence les contribuables à fournir de suite des sommes extraordinaires; il faut convenir que depuis quatorze ans cette méthode a concouru beaucoup à la conservation de la paix en Europe; mais ce serait une faute grave et impardonnable aujourd'hui de la part de ceux qui sont à la tête des affaires de l'État s'ils continuaient à user avec aussi peu de modération de la facilité d'emprunter par de nouvelles émissions de rentes. En 1808, il y avait 55 millions de rentes inscrites; en 1828, il y en a plus de 200 millions : si l'on continuait encore pendant vingt ans dans la même progression, en 1848 il y aurait près de 350 millions de rentes au grand-livre de la dette, et on arriverait ainsi à une époque où il faudrait, comme auparavant, réduire forcément les rentes, le passé est là pour attester les désordres qui accompagnent et suivent ces infractions à la bonne foi publique.

Le tableau comparatif ci-joint des budgets de l'État, depuis l'année 1801 jusqu'à l'année 1828, où l'on a indiqué la somme annuelle de rentes inscrites au grand-livre de la dette publique, présente un accroissement successif et prodigieux; la différence entre le montant des budgets *primitifs* et celui des budgets *définitifs* montre toujours une augmentation énorme. Sans établir aucune comparaison entre les années actuelles et les années antérieures qui offrent un territoire plus étendu et un budget bien inférieur, nous nous bornerons à observer que dans le montant de ces budgets ne sont point comprises les sommes provenant des dépenses départementales et communales (1), qui sont couvertes par les centimes additionnels et facultatifs et les ressources locales extraordinaires affectées à ces mêmes dépenses; nous n'y avons pas non plus porté la recette et la dépense de l'instruction publique et de la direction des poudres et salpêtres. Jusqu'à présent, dans les comptes de l'État, ces sommes ont été portées en dehors du budget, parce que la recette égale la dépense. Il suit de là qu'au moyen de toutes les sommes que nous venons de citer et qui se trouvent mentionnées pour mémoire sans être sorties dans les colonnes de chiffres des budgets primitifs présentés aux chambres, le budget réel du royaume roule sur une somme d'environ un milliard.

Laissant à part l'accroissement excessif de la dette consolidée, l'insuffisance des recettes, pour être égale aux dépenses, a laissé subsister un vide qui remonte à 1814 et s'élève à 200,369,474 francs (2).

---

(1) Elles s'élèvent annuellement à environ 30 millions.
(2) Présentation du budget à la chambre des députés, séance du 12 mars 1828.

# TABLEAU COMPARATIF

### Des Budgets de l'État, depuis l'année 1801 jusqu'à l'année 1828.

| DATES. | BUDGETS PRIMITIFS. | BUDGETS DÉFINITIFS. | SOMMES DE RENTES inscrites AU GRAND LIVRE. |
|---|---|---|---|
| | fr. | fr. | fr. |
| Année 1801. | 526,477,041 | 549,620,169 | 36,100,463 |
| Année 1802. | 5000,00,000 | 499,937,885 | 39,418,430 |
| Année 1803. | 589,500,000 | 632,279,523 | 42,743,946 |
| Année 1804. | 700,000,000 | 804,431,555 | 45,310,194 |
| Année 1805. | 684,000,000 | 700,000,000 | 46,674,634 |
| Année 1806. | 894,240,359 | 902,148,490 | 51,625,576 |
| Année 1807. | 720,000,000 | 731,725,686 | 53,934,431 |
| Année 1808. | 730,000,000 | 772,744,445 | 55,132,287 |
| Année 1809. | 730,000,000 | 786,740,214 | 56,138,238 |
| Année 1810. | 740,000,000 | 785,060,443 | 56,730,583 |
| Année 1811. | 954,000,000 | 1,000,000,000 | 60,781,998 |
| Année 1812. | 1,070,000,000 | 1,006,014,000 (1) | 62,076,385 |
| Année 1813. | 1,150,000,000 | . . . . . . . (2) | 63,141,411 |
| 9 derniers mois de 1814 (3). | 637,432,562 | 609,394,626 | 63,300,000 |
| Année 1815. | 753,510,000 | 798,590,859 | 98,640,000 |
| Année 1816. | 840,052,520 | 895,577,205 | 119,420,000 |
| Année 1817. | 912,261,826 | 1,036,810,583 | 120,660,000 |
| Année 1818. | 1,098,362,693 | 1,414,433,736 | 151,737,000 |
| Année 1819. | 869,516,123 | 868,312,572 | 187,997,123 |
| Année 1820. | 877,437,880 | 875,342,252 | 188,341,200 |
| Année 1821. | 889,021,745 | 882,321,254 | 175,552,764 |
| Année 1822. | 899,345,645 | 949,174,982 | 178,374,039 |
| Année 1823. | 899,838,453 | 1,092,093,703 | 179,859,113 |
| Année 1824. | 895,862,656 | 951,992,280 | 197,032,975 |
| Année 1825. | 898,933,180 | 946,098,442 | 197,036,309 |
| Année 1826. | 914,504,499 | 942,518,757 | 195,090,121 |
| Année 1827. | 915,729,742 | . . . . . . | 197,607,867 |
| Année 1828. | 922,711,602 | . . . . . . | 200,350,947 (4) |

(1) Suivant l'état de situation au 1er octobre 1813.

(2) Au 1er avril 1814, il y avait eu des recettes effectives pour 871,418,000 francs, et des dépenses effectives pour 975,453,797 francs ; la différence entre ces deux sommes fut fondue et liquidée avec l'arriéré.

(3) La partie du budget comprenant les trois premiers mois de 1814 fut transportée à l'arriéré, et le budget de 1814 ne contint que les neuf derniers mois de cette année.

(4) Les rentes inscrites au 1er janvier 1828 se divisent de la manière suivante :

| | |
|---|---|
| Rentes 5 pour cent. . . . . . | 165,345,914 fr. |
| Rentes 4 1/2 pour cent. . . . | 1,034,764 |
| Rentes 3 pour cent. . . . . . | 33,970,269 |
| TOTAL . . . . . | 200,350,947 fr. |

Ce déficit constitue la *dette flottante*, fixée sur le montant de cette dette que nous a léguée le passé : on y pourvoit par divers moyens provisoires et par des émissions de bons royaux. Cette ressource doit être soigneusement entretenue dans une certaine proportion pour éviter de laisser fermer les canaux où nous pouvons puiser au besoin; c'est avec le secours des bons royaux que nous avons pourvu aux 200 millions dont la guerre d'Espagne a nécessité l'avance jusqu'à la négociation de l'emprunt des 23 millions de rentes, ce sera encore avec leur secours que nous pourvoirons aux premières dépenses d'une nature extraordinaire : pour cela il est urgent de maintenir dans des bornes moyennes l'émission des bons royaux, afin de ne point épuiser en temps de paix la ressource qui doit être réservée pour les temps de guerre.

Nous sentons donc de plus en plus le besoin de restreindre les dépenses du budget. Jusqu'à présent on a escompté les ressources de l'avenir; il est temps de commencer par des économies bien ordonnées, à subordonner les dépenses aux recettes, et à ne plus anticiper sur les revenus des années suivantes : nous devons, pour nos concitoyens, alléger les charges publiques; nous devons à nos descendants de ne point leur léguer une dette énorme, dont le montant a profité pour nous seuls.

Le chapitre général des pensions dépassait 60 millions en 1826; si l'on y ajoute les subventions du trésor à la caisse des retenues, les indemnités temporaires et secours des divers ministères, les traitements de disponibilité, d'inactivité et de réforme, les dotations des ordres de Saint-Louis et de la Légion d'honneur, les invalides de la guerre et de la marine, et l'ensemble des fonds de retenues, on arrive à une somme de plus de 100 millions; ce total suffit pour faire sentir l'excès d'une dépense aussi disproportionnée au service actif dont il forme presque le quart.

Les charges publiques doivent peser également sur toutes les classes de personnes et de propriétés. Nous savons combien il a fallu d'efforts pour conquérir ce principe constitutionnel de l'égale contribution de tous aux charges de l'État! Or, pour tous les biens que possèdent les simples citoyens, à chaque mutation qui arrive par succession, donation, legs ou vente, on paye de forts droits au trésor public; les immeubles comme les liquides sont assujettis à des droits de mutation quand ils changent de propriétaires. Mais l'Église, les couvents, les communautés, qui ne meurent jamais et qui une fois propriétaires sont frappés de l'incapacité de ne plus aliéner, sont par là même aussi affranchis à l'avenir de tous droits de mutation. Or, quand les propriétés de l'Église s'élèveront à quelques centaines de millions (car elles s'accroissent toujours et ne diminuent jamais); l'enregistrement se ressentira du défaut de tout droit sur tant de biens soustraits au commerce, et les charges communes en deviendront plus pesantes.

Cette situation avait été remarquée autrefois. Les seigneurs, toujours attentifs à la conservation de leurs priviléges, s'étaient plaints de la diminution de leurs droits de legs et ventes, dont la perception était fort déchue par l'accumulation toujours croissante des propriétés foncières dans la possession des *gens de mainmorte*.

Pour satisfaire à leurs justes réclamations, on imagina un moyen, ce fut d'assujettir tous ces établissements (couvents, corps et communautés, etc.) à fournir ce qu'on appelait *un homme vivant et mourant*, dont la mort naturelle donnait lieu au droit de mutation, comme si la propriété eût réellement reposé sur sa tête.

Certes, nous sommes loin d'avoir l'idée du rétablissement de ces *vicaires de mainmorte*, comme on les appelait jadis; mais nous pensons avec M. Dupin aîné (1) qu'il est nécessaire d'établir que, dans un délai réputé le terme moyen des mutations, par exemple, tous les quinze ou vingt ans, le droit

---

(1) Discours prononcé à la chambre des députés, séance du 7 juillet 1828.

d'enregistrement serait payé au trésor royal; car sur ce point nous aurions les abus de l'ancien régime sans avoir le remède imaginé par nos pères.

Pour apprécier l'importance de cette mesure, il suffit de savoir que les biens de mainmorte s'élèvent déjà à une somme énorme, et ils vont chaque jour en augmentant : le clergé a reçu en 1825 la valeur de 1,537,444 fr.; en 1826, celle de 2,316,369 fr.; en 1827, celle de 8,587,688 fr.

Il est de notre devoir de réclamer en faveur des classes inférieures contre la loterie, genre d'impôt où l'État exploite en quelque sorte la crédulité publique, et séduit par l'appât d'une fortune demandée au hasard des hommes qui ne doivent l'obtenir que du travail et des bonnes mœurs. Dans un moment où il est devenu impossible de supprimer aucune des branches de revenus du gouvernement, on hésite à proposer la suppression de la loterie; néanmoins, nous ferons observer que c'est en restreignant la profusion dans les dépenses qu'on pourra arriver à supprimer les recettes dangereuses par leur nature, leur immoralité.

D'un autre côté, il y a des dépenses nécessaires qui ont été ajournées. Les routes sont généralement, en France, dans un état de dégradation qui excite des plaintes universelles, et qui est un des obstacles les plus graves au développement de l'industrie et de la civilisation. Si l'agriculture souffre, si le commerce languit, l'insuffisance et le mauvais état des routes en sont une des causes principales. Loin que leur achèvement et leur réparation fassent aucun progrès, il est certain qu'un espace considérable de routes passe annuellement de l'état d'entretien à l'état de routes à réparer; par conséquent notre ruineuse situation est d'être en pleine et rapide consommation du capital immense qui a été depuis des siècles employé à les construire.

Des lois ont autorisé des emprunts pour la confection des canaux de Bourgogne, du Nivernais, de Bretagne, latéral à la Loire, du duc de Berry, etc. Le montant des emprunts a été basé sur une première évaluation des dépenses. Les travaux ont été entrepris. Au bout de quelques années, les déviations volontaires ou forcées du plan primitif, les achats de terrain, les obstacles qu'on a rencontrés ont fait dépasser toutes les prévisions; on a procédé à une nouvelle estimation des dépenses, basée sur ce qu'ont coûté les travaux déjà exécutés; il en résulte que pour satisfaire aux engagements contractés l'État sera obligé de fournir une subvention évaluée à environ 50 millions.

Le résumé de ces observations, c'est, d'une part, qu'il y a dans le système des travaux publics, dans le mode de leur exécution, enfin dans la législation et dans les règlements administratifs, des vices notoires qu'il est instant de réformer; c'est, d'autre part, qu'il est urgent que de nouvelles combinaisons financières viennent remédier à la dégradation croissante des routes et aux conséquences fâcheuses des entreprises de canaux.

Nous dirons encore quelques mots des moyens qui nous sembleraient procurer un soulagement immédiat à notre industrie, et agrandir pour l'avenir la sphère de son activité; une révision attentive et équitable du tarif de nos douanes, la suppression des prohibitions inutiles et des protections exagérées, la reconnaissance expresse et formelle des nouveaux États de l'Amérique méridionale, la fondation de relations bienveillantes avec eux, la conclusion avec toutes les nations qui voudront s'y prêter de traités de commerce conçus sur les bases de concessions et d'avantages réciproques; enfin la réforme graduelle et mesurée d'un système colonial dont les préjudices énormes frappent aujourd'hui tous les yeux : telles sont les voies qui peuvent conduire au développement de notre prospérité industrielle.

L'allégement des charges publiques doit moins porter sur l'impôt territorial que sur les taxes établies sur les consommations; car l'impôt territorial, étant fixe, se trouve payé par les biens-fonds. Celui qui achète une maison établit son prix d'achat sur le revenu net, déduction faite de l'impôt; le propriétaire vendeur l'a aussi évalué d'après la même base; il suit de là que l'impôt foncier est acquitté par le sol et par les constructions qui ont été élevées sur le sol. Si l'on dégrève l'impôt foncier, c'est une diminution complète et réelle de revenus pour l'État : il n'en est pas de même des réductions que l'on apporte dans les taxes sur les produits de consommation, car quand on en diminue le prix, le débit rendu accessible à un plus grand nombre d'individus augmente en raison de la diminution des droits : la multiplicité des sommes perçues remplace la modération apportée au tarif, et le gouvernement, en soulageant le peuple, diminue peu ou point son revenu.

Le système actuel de finances est bon, mais on a besoin pour sa stricte exécution de mesures complémentaires dirigées avec un esprit d'ordre et de sage prévoyance; il faut effacer les vestiges des prodigalités de l'ancien régime et la centralisation despotique de l'empire; il faut être amené à de grandes et durables économies, et ces économies doivent être préparées par l'administration elle-même pour se coordonner avec les nécessités véritables de l'État, et prévenir les hésitations naturelles qui s'élèveraient dans les chambres sur les propositions les plus plausibles de ses membres isolés, ou même de ses commissions, lorsqu'elles tendraient à modifier l'ordre actuel des choses. Il faut sortir de ce cercle vicieux où nous roulons depuis tant d'années : si les économies nécessitent quelques innovations, on dit qu'elles désorganisent tout; si elles ne concernent que le détail des dépenses, on les trouve mesquines et insignifiantes. Cependant on peut bien appliquer au budget de l'État cet adage de la sagesse domestique : « Il n'y a point de petites » économies. »

Il faudrait introduire dans le budget une division plus détaillée, qui permît de distinguer les dépenses fixes des dépenses variables, et de séparer partout le personnel du matériel, en sorte que, sans tomber dans une spécialité trop minutieuse qui gênerait l'action du pouvoir ministériel, on admît pourtant la spécialité que réclament le bon ordre et la raison.

Une fois que la forme du budget serait ainsi perfectionnée, il resterait encore à lui donner ce caractère de fixité et de durée qui manque encore aux actes de l'administration, et qui aurait seul le pouvoir, en assurant désormais une identité complète et durable entre la forme du budget et celle des comptes, de réunir la comptabilité générale des finances dans un ensemble facile à embrasser.

La multiplicité des emplois, l'élévation des traitements, l'inobservation des lois sur le cumul, enfin les frais trop considérables du matériel sont autant d'abus auxquels on ne saurait trop tôt remédier ; on établit, par une argumentation qui n'est nullement fondée, que certains traitements étant inhérents à certaines dignités ne doivent pas être pris en considération, et que si l'on en réunit encore deux autres, le troisième seul doit être soumis à la réduction du cumul; d'un autre côté, on déguise sous toutes sortes de noms, tels que suppléments, indemnités, gratifications, frais de représentation, etc., de véritables traitements fixes qu'on parvient ainsi à soustraire à la loi, laquelle a précisément pour objet de supprimer ou d'affaiblir ces accumulations abusives. Sans doute on est quelquefois arrêté par la crainte de troubler les existences actuelles ; mais à côté des ménagements qu'exige la position des fonctionnaires, il ne faut point oublier les ménagements dus aux contribuables. Il faut, en finances, une grande sévérité de principes : une faveur accordée ou conservée au détriment des intérêts de trente millions d'individus n'est plus un acte de complaisance, c'est un crime de lèse-nation, c'est trahir le trône.

En supprimant les abus, ce n'est pas seulement la fortune publique que l'on ménage, c'est propager la morale publique. Tous les emplois de l'État, même les moins importants, sont sans doute des services; mais souvent aussi ce sont des faveurs qu'auraient enviées un grand nombre de ceux qui sont destinés à les payer par tous les genres d'impôts. On ne saurait trop proclamer ce que dit tout bas le contribuable : c'est que tout salaire doit être proportionné à l'importance des services, et qu'il ne doit point en exister sans fonctions. Un ministre consciencieux répondait à la demande peu motivée d'une pension de quelques mille francs : « Savez-vous que vous me demandez la contribu- » tion d'un village? »

La session de 1828 a été remarquable par les améliorations apportées dans la discussion et la rédaction du budget. Les rapports de MM. Augustin Périer et Gautier, le premier sur le règlement définitif du budget de 1826, et le second sur le budget primitif pour 1829, sont des modèles de clarté et de précision ; ils contiennent des vues élevées d'économie politique et de sages idées sur chaque partie du service public. On ne saurait aussi trop applaudir la manière franche et loyale avec laquelle M. le comte Roy a déroulé la situation vraie des comptes de l'État, et l'empressement qu'il a mis à fournir aux chambres les renseignements qui lui ont été demandés.

Pour la première fois on a communiqué aux commissions du budget les cahiers d'observations dressés annuellement par la cour des comptes sur les recettes et les dépenses déférées à ses jugements. A l'avenir, les budgets particuliers qui règlent l'emploi de tous les centimes additionnels affectés au payement des dépenses départementales seront rendus publics par la voie de l'impression. Des réductions ont été votées, et les travaux longs et pénibles auxquels se sont livrés nos députés font espérer pour les années suivantes le soulagement des charges qui pèsent sur la France.

En nous maintenant dans la ligne constitutionnelle, nous continuerons à jouir des bienfaits du gouvernement représentatif; les forces financières de la France sont immenses, elles se sont accrues à l'ombre de la paix, et, sous le sceptre des Bourbons, les libertés nationales ont donné à la monarchie une nouvelle vie, la patrie a reçu une nouvelle énergie, et le peuple, plein de confiance dans l'union des chambres et de la couronne, voit avec plaisir et reconnaissance les trois pouvoirs concourir au soutien de ses intérêts.

FIN DU SECOND ET DERNIER VOLUME.

# TABLE ANALYTIQUE

## DES NOMS CITÉS

### ET DES MATIÈRES COMPRISES

#### DANS

## L'HISTOIRE FINANCIÈRE DE LA FRANCE

#### PAR

### JACQUES BRESSON.

(Les volumes sont indiqués par des chiffres romains, les pages par des chiffres arabes.)

## A

ADJUDICATION de 12,514,220 fr. de rentes sur l'État, II, 276. — De 400,000 francs de rentes de la ville, 278. — De 23,114,516 fr. de rentes sur l'État, 296.

ADMINISTRATIONS PROVINCIALES, organisées par Necker, II, 49.

AGENTS DE CHANGE, conduite de Brienne vis-à-vis d'eux, II, 100.

AIDES, droits sur les boissons, I, 14. — *Voyez* aussi *Cour des Aides.*

ALGER (Régence d') reçoit, en 1819, 7 millions de la France, II, 275.
AMERVAL (Madame d'), fille naturelle de l'abbé Terray, I, 41, 424.
AMORTISSEMENT. — Voyez *Caisse d'Amortissement.*
ANGOULÊME (Duc d') soumissionne pour 50,000 fr. dans le projet pour l'exécution des travaux du port du Havre, II, 268.
ANNUEL, droit qu'on percevait pour assurer l'hérédité des offices aux familles des titulaires, I, 25.
ANNUITÉS *à quatre pour cent avec primes et lots*, ou *à six pour cent* net d'intérêt, II, 275.
ARANDA (Comte d') Bon mot du, I, 455.
ARRIÉRÉ. A combien il s'élève lors de la chute du gouvernement impérial, II, 234. — Primitivement, comment est réglé celui antérieur au 1er avril 1814, 238 à 242. — Postérieurement, comment est réglé celui antérieur au 1er janvier 1816, 254. — Ses moyens de libération sont fixés définitivement, 283 et 284. — *Voyez* aussi *Reconnaissances de liquidation.*
ARTUS DE COSSÉ, surintendant des finances, I, 118 à 120.
ASSEMBLÉE DES NOTABLES, à Rouen, vers juin 1596, I, 141 et suivantes. — Vers l'année 1620, I, 191 à 193. — Discours que lui adresse d'Effiat, 201 à 204. — Convoquée par Calonne, II, 81 à 86. — Elle fait six propositions, 98.
ASSEMBLÉE NATIONALE. Elle s'empare de l'administration du trésor public, II, 123. — Elle fonde la révolution sur la vente des domaines nationaux, 127. — *Voyez* aussi *Convention nationale.*
ASSIGNATS, première création de 400 millions, II, 123. — Discussion pour une création de 1,900 millions, 127 et suivantes. — 135 à 138. — Leur montant en 1793, 152. — Leur valeur décroît rapidement, 170. — Il y en a de 10,000 liv., 172. — On légalise leur dépréciation, 173. — Pour quelle

somme il en a été créé, 177. — Tableau de leur dépréciation à Paris, 180. — Coup d'œil sur les maux qu'ils ont produits, 182 et 183.

AUBAINE (Droit d'). En quoi il consistait, I, 19.

## B

BAIL DE LA FERME GÉNÉRALE, au 1er janvier 1774, I, 38 à 43. — Il est cassé par Silhouette, 385 et 386. — Il est cassé par d'Ormesson, II, 66. — Calonne le rétablit, 73.

BAILLEUL, surintendant des finances, I, 217 et 218.

BALANCE DU COMMERCE en 1788, comparée à celle de 1813, II, 226.

BANQUE DE FRANCE. Sa création, II, 198. — Dépréciation de ses billets en 1805, 207. — Répartition de la réserve, 278.

BANQUE GÉNÉRALE OU ROYALE. — *Voyez* LAW.

BANQUIER DE LA COUR était chargé du service des affaires étrangères, I, 44.

BARBÉ-MARBOIS est nommé ministre du trésor; ses attributions, II, 199 et 200. — Napoléon lui retire le portefeuille, 209.

BARBIN, contrôleur général des finances, I, 190.

BARING FRÈRES se chargent, avec Hope et comp., d'Amsterdam, de prendre des rentes et d'acquitter en échange la contribution à payer aux alliés, II, 257 à 259. — 267.

BASTILLE (LA). On y mettait autrefois le trésor, I, 181.

BAYARD, surintendant des finances, I, 115.

BEAUJON, traitant, I, 48 et 49.

BEAULIEU, ministre des contributions publiques, II, 148.

BERNADOTTE (le général) est nommé ministre de la guerre. II, 188. — Il était sans cesse en instance afin d'obtenir les fonds alloués pour son département, 188. — On l'évince du ministère, 189 et 190. — *Compte rendu* qu'il a publié, 190.

BERNARD (Samuel), riche traitant; son arrogance, I, 45.

BERTIN, contrôleur général des finances, I, 395 à 398.

BILLETS DE L'ÉTAT. On les renouvelle en s'engageant à brûler les anciens, I, 327. — Ceux qui devaient être supprimés sont remis en circulation, 338.

BILLETS DE LA FERME GÉNÉRALE. Ce que c'était, I, 43.

BLOCUS CONTINENTAL, II, 212 à 215.

BLOSSEVILLE (DE) dénonce à tort le duc de Gaëte, II, 244 et 245.

BONAPARTE. — *Voyez* NAPOLÉON.

BONS DE RÉQUISITIONS, II, 179.

BONS dits DU DEUX TIERS, II, 184.

BOULLOGNE, contrôleur général des finances, I, 382.

BOURGADE, seconde Joly de Fleury aux finances, II, 58.

BOUTHILLIER, surintendant des finances, I, 209 à 216.

BOUVARD DE FOURQUEUX, contrôleur général des finances, II, 92 à 94.

BRICOGNE imagine le système d'annuité qui a servi au remboursement du premier cinquième des reconnaissances de liquidation, II, 275.

BRIENNE (DE). — *Voyez* LOMÉNIE DE BRIENNE.

BUDGET. Le premier fut établi en 1801, II, 199. — Son étendue sous l'Empire, 219. — Règlement définitif de celui de 1814, 253. — De 1815, 254. — Division en *budget ordinaire* et *budget extraordinaire* de celui de 1816, 254 et 255. — Opinion du comte de Villèle sur celui de 1817, 280 à 283. — Tableau comparatif des budgets depuis l'année 1801 jusqu'à l'année 1828, 355. — Améliorations à apporter à la forme et à la rédaction du budget, 363 et suivantes.

BUDGETS DES VILLES dont les revenus excèdent 100,000 fr. doivent être imprimés et publiés, II, 260.

BUDGET DE LA VILLE DE PARIS. Examen sur la somme à laquelle

il s'élève, II, 327 à 330. — Sous quel rapport ses dépenses doivent être considérées, 331 et 332. — Compte des recettes et dépenses pour 1828, 332. — Comparaison des exercices 1816, 1818, 1822 et 1826, 332. — Idée pour la suppression du produit de la ferme des jeux, 333 et 334.

BUDGET DE LA PRÉFECTURE DE POLICE. Son origine, II, 335 à 338. — Des recouvrements confiés à la préfecture de police, 338 et 339. — Dépenses de l'exercice 1828, 340. — Comparaison des budgets de 1809, 1813 et 1819, avec 1828, 341.

BUDGET DU SERVICE DU GRAND MARÉCHAL sous l'Empire, II, 224.

BULLION, surintendant des finances, I, 209 à 216.

# C

CADASTRE. Sa confection est ordonnée à la suite d'une discussion au conseil d'État, II, 195 à 197.

CAFÉ (Régie établie pour le), I, 356.

CAISSE D'AMORTISSEMENT (Première idée d'une), I, 358 et 359. — Machault en crée une, 368. — Amélioration produite par celle instituée sous le consulat, II, 198. — Ses opérations sous le régime impérial, 210. — Sous la restauration, elle reçoit une dotation fixe, 260. — Annulation des nouvelles rentes achetées jusqu'au 22 juin 1830, 310 et 311.

CAISSE DE DÉPÔTS ET CONSIGNATIONS verse 6 millions de ses bénéfices au trésor, II, 296.

CAISSE DES EMPRUNTS, I, 312.

CAISSE D'ESCOMPTE créée par Turgot, II, 14. — D'Ormesson en tire secrètement 6 millions, 66. — Calonne lui fait verser 70 millions au trésor, 77. — Un décret l'autorise à verser 20 millions au trésor, 135. — La Convention décrète sa suppression, 164. — Tableau des pertes qu'ont éprouvées ses intéressés, 165.

CALONNE. Comment il arrive au contrôle général des finances, II, 67 et 68. — Son caractère, ses moyens, 69 à 71. — Ses dettes, 71. — Le bail des fermes rétabli, 73. — Prodigalités, 74 et 75. — Gains illicites sur la refonte des monnaies, 76. — 70 millions payés par la caisse d'escompte, 77 et 78. — Traité de commerce de 1787, 78. — Emprunts divers, 79. — Convocation d'une assemblée des notables, 81 et 82. — Necker réfute son rapport, 83 et 84. — Nouveaux projets, 85. — Observation sur le déficit, 87. — Sa disgrâce, 89. — Réflexions, 90 et 91.

CAMBON. Son caractère et son influence, II, 161 à 164.

CAMUS, membre du comité de finances, II, 125 à 127. — Son antipathie pour Necker, 133.

CAMUS DE BEAULIEU, surintendant des finances, I, 92.

CANAL D'AIRE A LA BASSÉE, II, 304 et 305.

CANAL DES ARDENNES, II, 279.

CANAL D'ARLES A BOUC, II, 304.

CANAL DE BOURGOGNE, II, 304.

CANAL DU DUC D'ANGOULÊME, II, 278.

CANAL DU DUC DE BERRY, II, 304.

CANAL LATÉRAL A LA LOIRE, II, 304.

CANAL MARIE-THÉRÈSE, II, 304.

CANAL MONSIEUR, II, 279.

CANAL DU NIVERNAIS, II, 304.

CANAL DE L'OURCQ, II, 268.

CANAL DE LA SENSÉE, II, 268.

CANAUX DE BRETAGNE, II, 304.

CAPITATION. Contribution personnelle qui se prélevait sur chaque tête, I, 5 et 6. — 293.

CENT JOURS (Les), II, 243 à 248.

CENTIÈME DENIER. Droit qu'on percevait pour assurer l'hérédité des offices aux familles des titulaires, I, 25.

CHABAN, II, 220.

CHABROL DE CROUZOL (Comte de), II, 219.

CHAMBRE DE JUSTICE créée sous Sully, I, 168. — Établie vers l'année 1625, 199. — Formée sous Colbert, 251. — Établie sous la minorité de Louis XV, en mars 1716, 328 à 332. — Résultat de ses travaux, 332.

CHAMILLARD, contrôleur général des finances, I, 297 à 308.

CHARGES. Il y en avait en France plus de 4,000 qui donnaient la noblesse, I, 22. — Création de 400 charges, 212. — Suppression de 406 charges de la bouche et du commun, II, 44 et 45.

CHARLES IV (Règne de), I, 83 à 85.

CHARLES VI (Règne de), I, 86 à 89.

CHARLES VII (Règne de), I, 90 à 102.

CHARLES VIII (Règne de) et Louis XII, I, 107 et 108.

CHARLES IX (Règne de), I, 116 à 120.

CHARLES X (Commencement du règne de), II, 306 à 326.

CHOISEUL (Le duc de) tente de faire nommer le chancelier au contrôle général, I, 406 à 409. — Il veut faire renvoyer l'abbé Terray, 419 et 420.

CINQ POUR CENT CONSOLIDÉS. — Voyez *Rentes sur l'État.*

CINQUANTIÈME (Droit du), I, 358 et 359. — Sa suppression, 361.

CLAVIÈRE, premier ministère, II, 146 et 147. — Deuxième ministère, 152 à 158.

CLERCY (Madame de), solliciteuse, I, 411.

CLUGNY, contrôleur général des finances, II, 24 et 25.

COLBERT poursuit la perte de Fouquet, I, 232 et 233. — 240 et 241. — Il est nommé surintendant des finances, 242 et suivantes. — Pertes qu'il fait subir aux créanciers de l'État, 248 à 250. — Suppression d'offices, 252. — Il crée une caisse de dépôt, 253. — Sa répugnance pour des emprunts, 253 et 254. — Réforme sur les monnaies, 255 et 256. —

Fait composer le tarif de 1664 pour assujettir toutes les provinces à payer les mêmes droits de traite aux frontières du royaume, 12. — Encouragements au commerce des Indes, 257 à 260. — Ramène l'ordre dans la perception des recettes judiciaires, 261 et 262. — Son plan de dépenses, 267 et 268. — Encouragements aux savants et aux artistes, 272 à 274. — Encouragements à l'industrie et au commerce, 274 et 275. — Son caractère, sa méthode de travailler, 278 et 279. — Mémoire qu'il présenta au roi, 281 à 283. — Désagréments qu'il éprouve, 286 et 287. — Sa maladie et sa mort, 287 et 288. — Résultats de son administration, **II**, 345.

COMMISSAIRES DE LA TRÉSORERIE, II, 140 et 141. — Leurs attributions, 141 et 142. — Leur habileté, 168.

COMMISSION DES FINANCES ET DES REVENUS NATIONAUX, II, 167 à 169.

COMITÉ DES PENSIONS. Il en suspend le payement, II, 124. — Il demande communication du livre rouge. 125.

COMPAGNIE DES VIVRES se charge pour l'Espagne du service qu'elle faisait en France, II, 207. — Elle se fait délivrer 80 millions imputables sur le budget de 1806, 208. — Faillite, 209.

COMPAGNIE D'OCCIDENT, *ou* COMPAGNIE DES INDES, créée par Law, I, 338 à 341. — Elle ne se soutient qu'aux dépens du trésor public, 354. — On l'autorise à ouvrir des loteries, 356. — L'abbé Terray lui enlève 4 millions, 421. — L'abbé Terray lui fait éprouver de nouvelles pertes, 438 et 439.

COMPAGNIE DU MISSISSIPI, créée par Law, I, 339.

COMPTE RENDU, en 1781, par Necker, II, 39. — Il a commencé une nouvelle ère pour les finances, 49 et 50. — La fidélité de ce compte est attaquée, 54 et 55.

CONCINI, MARÉCHAL D'ANCRE, dissipe les trésors en dépôt à la Bastille, I, 183. — Il fait créer trois charges de trésoriers, 186. — A sa mort, on trouve sur lui des rescriptions de l'épargne, 190.

CONCLAVE (Dépense qu'a nécessitée la tenue du), II, 287.

CONSEIL DE FINANCES, année 1594 à 1599, I, 127 à 157. — Année 1611 à 1616, 183 à 189. — Présidé par le duc de Noailles, 320 à 343. — Sous Joly de Fleury, II, 60 et 61.

CONSEIL DE RAISON, I, 143.—148.

CONSEIL DES CINQ-CENTS s'indigne qu'on propose des ménagements pour les riches, II, 172. — Rapport qui lui est fait sur les dépenses pour l'approvisionnement de Paris, 174.

CONSOMMATION DE PARIS, II, 328 à 330.

CONSULAT, II, 192 à 205.

CONTI (Le prince de) prête 500,000 liv. pour être employées au service de l'État, I, 396.

CONTRÔLEUR GÉNÉRAL DES FINANCES. Ses attributions, I, 34.

CONVENTION du 25 avril 1818, qui fixe irrévocablement les réclamations faites par les puissances étrangères, II, 261. — Répartition détaillée des 15,040,000 francs de rentes allouées pour cet objet, 261 à 263.

CONVENTION du 9 octobre 1818, qui fixe et arrête définitivement les comptes entre la France et les puissances étrangères, II, 266 et 267.

CONVENTION du 30 avril 1822, conclue entre la France et l'Espagne; ses conditions, II, 263 et 264.

CONVENTION NATIONALE. Secours qu'elle accorde aux femmes des militaires, II, 156. — 159 à 169. — Elle avait promis un milliard à l'armée, 177.

CONVERSION DE RENTES. — Voyez *Rentes de l'État*.

CORBIÈRE (DE), II, 323.

CORVÉES. Impôt en nature exigé des paysans, I, 15 et 16. — Abolies par Turgot, II, 11. — Rétablies sous Clugny, 25.

CORVETTO (Comte) est nommé ministre des finances, II, 251. — Charges imposées par le traité du 20 novembre 1815, 251 et 252. — Budgets de 1814 et 1815, 253 à 256.

— Traité de 30 millions de rentes avec Baring frères, Hope et compagnie, 257 à 259. — Dispositions relatives aux pensions, 259. — Émission des reconnaissances de liquidation, 260. — Dotation de l'amortissement, 260. — Les réclamations et prétentions des puissances alliées sont fixées, 261 à 264. — Création de 40 millions de rentes, 264 et 265. — Réflexions sur son administration, 266 à 268.

Cour des aides. Affaires qui étaient portées devant ce tribunal, I, 14. — Son zèle pour le bien public sous Malesherbes, 442 et 443.

Cour des comptes. Réorganisée en 1807, II, 212. — Ses cahiers d'observations, 366.

Créances sur l'Espagne, II, 297.

Croupes. Ce que c'était, I, 37. — Necker les supprime, II, 45 et 46.

Cumul (Inobservation des lois sur le), II, 364 et 365.

# D

D'Effiat, surintendant des finances, I, 201 à 208.

Delaborde. Acte de probité de ce traitant, I, 48 et 49. — Son dévouement pour le duc de Choiseul, 419. — Ses bénéfices, 420.

Delaporte, intendant de la liste civile, II, 150.

Dépenses secrètes (Abus des), I, 62 et 63.

Des Essarts, surintendant des finances, I, 88 et 89.

Desjardins, concessionnaire du canal d'Aire à la Bassée, II, 304.

Desmarets, intendant des finances, travaille sous Colbert, I, 279. — A gagné 40,000 livres sur une refonte de monnaies, 280. — Est nommé contrôleur général, 309 à 319. — Résultats de son administration, II, 345.

DESTOURNELLES, ministre des contributions publiques, II, 159 à 166.

DETTE FLOTTANTE. Ce que c'est, II, 357.

DETTE DU CLERGÉ au 1er avril 1783, I, 30.

DEVAINES, commissaire de la trésorerie, II, 140.

DIJON ET COMPAGNIE. Société de spéculateurs, II, 185 et 186.

DÎME, tribut payé au clergé, I, 29.

DIRECTOIRE EXÉCUTIF, II, 170 à 191.

DIXIÈME, impôt établi sur les biens-fonds, I, 2 et 3.

DODUN, contrôleur général, I, 356 à 359.

DOMAINES ENGAGÉS DE LA COURONNE. Abus de ce mode de concessions, I, 17 et 18. — Plusieurs en jouissaient sans titre et par usurpation, 172.

DOMAINE DE FÉNESTRANGE, engagé sans que le concessionnaire ait payé le prix de la concession, I, 18.

DOMAINE D'OCCIDENT. Quel était ce droit, I, 14.

DOMAINE EXTRAORDINAIRE, II, 229.

DONS, I, 62 à 66.

DON GRATUIT DES VILLES, I, 442.

DON GRATUIT DU CLERGÉ. A quelle somme il s'élevait et comment il était voté, 29 à 31.

DONS PATRIOTIQUES. Leur montant, II, 143.

DU BARRY (Madame), I, 407 et 408. — Elle protége l'abbé Terray, 423. — 450.

DUBOIS (Le cardinal) était étranger aux finances, I, 356.

DUDON, maître des requêtes, se présente à Orléans pour constater la reprise des joyaux de la couronne, II, 235.

DUMOURIEZ (Le général), II, 155.

DUPIN ainé. Son opinion sur les *gens de mainmorte*, II, 359.

DUTREMBLAY, II, 141.

# E

EMPRUNT. Extension dangereuse donnée à celui de février 1770, I, 64 à 66.

EMPRUNT FORCÉ, II, 153. — Sous le consulat, il est remplacé par une subvention extraordinaire, 194.

ESPAGNE (Dépenses de la guerre d'), II, 285 à 295.

ÉTATS DE COMPTANT. Ce que c'était, I, 51. — 53 à 55.

ÉTATS GÉNÉRAUX, assemblés en 1614. On y fait un rapport faux sur la situation des finances, I, 184 à 186.

ÉTIOLES (Madame d') demande une place de fermier général pour son mari, I, 364.

EXERCICE. Définition de cette expression; I, 44.

# F

FAYPOULT, ministre des finances, II, 170 à 175.

FERME GÉNÉRALE (Détails sur la), I, 36 à 43. — Necker change la forme de cette administration, II, 46 à 48.

FEUILLE DES BÉNÉFICES. A combien s'élevaient les pensions qui y étaient portées, I, 61.

FINANCES. Coup d'œil sur leur administration depuis l'origine de la monarchie jusqu'à la révolution, I, 32 à 36.

FINANCIERS. Leur influence avant la révolution, I, 47 à 49. Réprimés par la chambre de justice, 199 et 200. — Leurs bénéfices énormes, 208. — On les taxe, 223. — Le gouvernement consulaire prend des mesures pour s'en affranchir, II, 204.

FLEURY (Le cardinal de) opère une réduction sur les rentes viagères, I, 360. — Il met un terme aux altérations de monnaies, 361.

Fouquet, surintendant des finances. Détails sur son administration, I, 228 à 232. — On se propose de lui faire son procès, 232 et 233. — Fête qu'il donne à sa maison de Vaux, 234 à 236. — On l'arrête, 238. — Son procès, 239 et 240.

Franc-fief (Droit de). En quoi il consistait, I, 17.

Francs-salés. Distributions de sel, I, 10.

Franches (Provinces). — Voyez *Provinces franches.*

François I$^{er}$ (Règne de), I, 109 à 114.

Froidefon de Bellisle. Proposition qu'il fait au gouvernement, II, 279.

# G

Gaete (Duc de) est un des commissaires de la trésorerie, II, 140. — Il est nommé ministre des finances, 192 à 194. — Son activité pour réorganiser les perceptions directes, 199. — Premier budget établi en 1801, 199. — Séparation de l'administration du trésor de celle des finances, 199 à 201. — Effet produit par le compte de 1802, 201. — Son avis sur la refonte des monnaies, 203 et 204. — Il s'occupe de l'organisation des finances en Ligurie, en Hollande, etc., 219. — Équilibre entre la recette et la dépense, 225 et 226. — Fin du ministère impérial, 227 à 236. — Napoléon le rappelle pendant les cent-jours, 243. — Il est dénoncé par M. de Blosseville, 244. — Éclaircissements sur cette dénonciation, 245. — Son rapport à la chambre des députés sur le projet de loi concernant la création de 16,040,000 fr. de rentes, 264. — Il est nommé gouverneur de la banque de France, 278. — Résultat de son administration ministérielle, 348.

Gabelles. Explication et détails sur cet impôt, I, 6. — *Grandes Gabelles,* I, 7. — *Petites Gabelles,* I, 7 et 8.

Gardes du trésor royal. Création et attributions de cette charge, I, 35. — Ils ne rendaient aucun compte des ordonnances de comptant à la chambre des comptes, 51 et 53.

Garde-meuble. On en enlève les bijoux et pierreries, II, 149. — Ils sont rachetés, 228.

Gaudin. *Voyez* Gaete (Duc de).

Gautier. Son rapport sur le budget, II, 366.

Gouvernement impérial, II, 206 à 234.

Gouvernement provisoire, II, 235 et 236.

Gratifications, I, 55 et suivantes.

Grand livre de la dette publique. Son origine, II, 163.

Gyac, surintendant des finances, I, 90 et 91.

# H

Haïti (Emprunt d'). Comment il a été négocié, II, 318 et 319.

Harlay de Sancy, conseiller de finances, I, 136 et 137.

Harvelay, banquier de la cour, II, 59. — Il fait nommer Calonne au contrôle général, 67 et 68.

Haut passage (Droit de). Ce que c'était, I, 11.

Hautoy (Le comte du), I, 424.

Henri III (Règne de), I, 121 à 126.

Henri IV (Règne de), I, 127 à 182.

Hocquart (Le président). Ce qu'il dit à l'abbé Terray, I, 415.

Honnorez se charge de l'exécution du canal de la Sensée, II, 268.

Hope et Compagnie, d'Amsterdam. — *Voyez Baring frères.*

Hors-Fonds. Ce que c'était, et quel usage on en faisait, I, 60.

Hôtels des monnaies sont supprimés, à l'exception de celui de Paris, II, 168.

Humann, II, 279.

## I

IMPOSITION FORAINE. Ce que c'était, I, 11.
IMPOSITIONS MILITAIRES. Ce que c'était, I, 324.
INDEMNITÉ ACCORDÉE AUX COLONS, II, 314 à 318.
INDEMNITÉ ACCORDÉE AUX ÉMIGRÉS, II, 306 à 311.
INTENDANTS DES FINANCES. Leurs fonctions, I, 243. — Ils refusent de travailler avec Necker, II, 46.
INTÉRÊT LÉGAL réduit de cinq à quatre par Laverdy, I, 401.
— Il est rétabli à cinq pour cent par l'abbé Terray, 427.

## J

JACQUES COEUR, surintendant des finances, I, 93 à 102.
JANET (Baron), intendant des finances et du trésor à Rome, II, 219.
JEANNIN, membre du conseil de finances, I, 183 à 185. — Devient surintendant, 191 à 193.
JOLI DE FLEURY, contrôleur général des finances, II, 57 à 62.
JOURNAUX (Pensions sur les), I, 61.
JOYEUX AVÉNEMENT (Droit de). Ce que c'était, I, 19 et 20.
— Comment il fut affermé sous Louis XV, 357. — Louis XVI renonce à ce droit, 357. — 451.
JUIFS payaient le droit de cité, I, 61 et 62.

## L

LA BALUE, surintendant des finances, I, 103 à 106.
LAFFON-LADEBAT fait un rapport sur l'état des dépenses et des moyens pour l'année 1792, II, 143 à 145. — Il est

chargé de la liquidation de la caisse d'escompte, 164. — Son compte rendu de la caisse d'escompte, 14.

LA FONTAINE (De), II, 141.

LA GARDE (La baronne de), I, 424.

LA GUETTE, surintendant des finances, I, 81 et 82.

LAMBERT, contrôleur général des finances, II, 102 à 105. — 135 à 138.

LE MEILLERAYE (Le maréchal de), surintendant des finances, I, 223 et 224.

LAMOIGNON (Le président) est nommé garde des sceaux par l'influence de Calonne, II, 88.

LASSAY (Le marquis de). Ses libéralités vis-à-vis de Law, I, 349.

L'AUBESPINE, surintendant des finances, I, 116.

LAURENT DE VILLEDEUIL, contrôleur général des finances, II, 95 à 101.

LAUTREC (Le maréchal de) ne reçoit point la somme qui lui était promise pour son armée, I, 110 à 112.

LAVERDY, contrôleur général des finances, I, 399 à 402.

LA VIEUVILLE, première surintendance, I, 196 à 198. — Seconde surintendance, 227.

LAW (JEAN) offre de rembourser les dettes de l'État, I, 333. — Son système rejeté par toutes les cours de l'Europe, 333. — Il obtient le privilége d'établir une banque générale, 334. — Explication détaillée de son système, 335 à 337. — Sa banque générale est déclarée banque royale, 337. — Établissement de la compagnie d'Occident, 338 à 341. — Création d'une loterie, 341 à 343. — Il est nommé contrôleur général, 344. — On donne aux billets de la banque un cours forcé, 345. — Leur dépréciation, 346 et 347. — Le parlement lance contre lui une prise de corps, 347. — Il se sauve de France, 348. — Influence de son système sur les mœurs de la nation, 349 à 352.

Suites funestes de son système, 354. — Résultat de son administration, II, 345.

Le Blanc, ministre de la guerre, fait nommer Sechelles au contrôle général, I, 377 à 379.

Le Pelletier, contrôleur général, I, 289 à 292.

Le Pelletier de la Houssaye, contrôleur général, I, 353 à 355.

Le Pelletier des Forts, contrôleur général, I, 360 et 361.

Leroux de Laville, ministre des contributions publiques, II, 149 à 151.

Le Tellier (Le chancelier) est consulté sur le choix d'un contrôleur général, I, 289 et 290.

Lettre de cachet adressée à Necker, II, 83 et 84.

Lettres de change des colonies (Suspension du payement des), II, 59.

Lettres de graces vendues pour divers délits qui entraînaient la peine des galères, I, 183 et 184.

Lettres de noblesse. On en vend cinq cents à la fois, I, 294.

Lhermina, commissaire de la trésorerie, II, 141.

Liste civile. Son origine, II, 123. — Comment on la payait en 1792, 150.

Lits de justice. A quelle occasion on les tenait, I, 31 et 32. — 443, 444 et 445.

Livre rouge n'était pas le seul registre qui contînt toutes les grâces abusives, I, 49. — Le comité des pensions en demande la communication, II, 124 et 125.

Loménie de Brienne. Ses intrigues pour arriver au ministère, II, 95 à 97. — Discussions avec le parlement, 99. — Son impéritie, 100 et 101. — Emprunt graduel proposé, 102. — Cour plénière, 103. — Édit pour les payements du trésor, 103. — Son renvoi, 104.

Loterie. En 1776 il en existait six, II, 24. — Elle est supprimée par la Convention, 166. — Le Directoire la rétablit, 184.

Loterie (Emprunts en), sous Law, I, 341 à 343. — Sous Sechelles, 379. — Sous Necker, II, 54. — Sous d'Ormesson, 65.

Louis XI (Règne de), I, 103 à 106.

Louis XII (Règne de), I, 107 et 108.

Louis XIII (Règne de), I, 183 à 216.

Louis XIV (Règne de), I, 217 à 319. — Avis du conseil de finances sur les dettes laissées après sa mort, 322.

Louis XV (Règne de), I, 320 à 448.

Louis XVI (Règne de), I, 449 à 456. — II, 1 à 158.

Louis XVIII (Règne de), II, 237 à 305. — Soins que ce monarque a apportés dans l'administration des finances, 350 et 351.

Louis (Baron) est chargé des finances sous le gouvernement provisoire, II, 235 et 236. — Louis XVIII le nomme ministre, 237. — Il critique l'administration de son prédécesseur, 237 et 238. — Moyens présentés pour acquitter l'arriéré antérieur au 1er janvier 1814, 238 à 241. — Biens restitués aux émigrés, 242. — Fixation de la liste civile, 242. — Second ministère, 249. — Contribution extraordinaire de 100 millions, 250. — Il reprend une troisième fois le portefeuille des finances, 271. — Création des *petits grands livres*, 271. — Monopole du tabac, 272. — Sa démission, 273.

Luxe (Édit contre le), I, 300. — Ses taxes, 390.

# M

Machault, contrôleur général des finances, I, 365. — Il tente une réforme dans le mode d'impôt, 367 à 370. — Son plan de finances abandonné, 372. — Il passe au département de la marine, 372. — Sa disgrâce, 373 à 376.

MAGON DE LA BALUE, banquier de la cour, est près de faire banqueroute, I, 420.

MAINMORTE (Droit de). En quoi il consistait, I, 16. — Les commissaires du roi représentent à l'assemblée du clergé qu'il n'est point permis aux gens de mainmorte d'acquérir ni de posséder sans payer certains droits, 214.

MAINMORTE (Gens de). Renaissance de cet abus, II, 358 à 360.

MAISONS (DE), surintendant des finances, I, 226.

MAITRISES. Droit que l'on achetait pour être *maître* et exercer une profession, I, 26 à 28.

MALESHERBES, président de la cour des aides, I, 442. — Opinion sur lui et sur Turgot, II, 23.

MANDATS. Leur création et la quantité émise, II, 177 et 178.

MARC D'OR (Droit de). Ce que c'était, I, 26.

MARET, administrateur des vivres, II, 217.

MARIGNY, surintendant des finances, I, 69 à 80.

MARILLAC, surintendant des finances, I, 199 et 200.

MARTIGNAC (Le vicomte de) expose les motifs du projet de loi tendant à indemniser les émigrés, II, 306 et 307.

MAUPEOU (Le chancelier) travaille pour faire renvoyer Maynon d'Invau du contrôle général, I, 403 et 404. — Il fait remplacer ce dernier par l'abbé Terray, 409. — Il est exilé, 453.

MAUREPAS (Le comte de). Son influence à la cour, II, 28. — 33 et 34. — Il cherche à perdre Necker, 39 et 40. — S'oppose à ce que Necker entre au conseil, 55. — Il invite Joly de Fleury à prendre l'administration des finances, 58.

MAYNON D'INVAU, contrôleur général des finances, I, 403 à 405.

MAZARIN (Le cardinal) fait ôter la surintendance des finances à Bailleul pour la donner à Perticelli, dit Émery, I, 218. — 220. — Il taxe les financiers, 223. — Il achève de

ruiner l'État, 230. — Sa fortune immense, 244 et 245.
— Son testament, 245 et 246.

MINIMUM DES INSCRIPTIONS DE RENTES est porté de 50 fr. à 10 fr. de rentes, II, 284.

MIRABEAU. Son discours pour faire adopter le plan de finances de Necker, II, 117 à 122. — Il appuie une création de 1,900 millions d'assignats, 128 à 130. — 136 et 137. — Sa liaison avec Clavière, 146 et 147. — 158.

MIRLAVAUD, trésorier des grains, I, 445.

MIROMESNIL, garde des sceaux, fait nommer d'Ormesson contrôleur général, II, 63. — Son renvoi, 88.

MOLLIEN (Le comte) est nommé ministre du trésor, II, 209.

MONNAIES. On les altère, I, 300 et 301. — Leur refonte sous le consulat, II, 203 et 204. — *Voyez* aussi *Hôtels des Monnaies*.

MONTAIGU, surintendant des finances, I, 86 et 87.

MONTESQUIOU (DE) propose d'adopter le plan de finances de Necker, II, 117. — Rapporteur du comité de finances, 127.

MORAS (DE), contrôleur général des finances, I, 381.

# N

NAPOLÉON. Avec quelle somme il part pour faire la campagne d'Italie, II, 176 et 177. — Situation du trésor au commencement du consulat, 192 à 194. — Son opinion sur le système d'impôt foncier et sur l'utilité du cadastre, 195 à 197. — Il sépare l'administration du trésor de celle des finances, 199. — Sa satisfaction au sujet du compte de 1802, 201 et 202. — Projet de loi sur les pensions civiles, 202. — Sa perspicacité en matière de calcul, 204. — Il s'aperçoit d'un déficit de 80 millions, 208. — Blocus continental, 212 à 215. — Ordre établi dans la répartition des revenus et des dépenses de l'État, 220 et 221. — Son injustice vis-à-vis des fournisseurs, 221. — Domaine extraordinaire, 222. — Dépenses de sa maison, 223 à 225. — Il dispose des biens des communes, 231. — Budget décrété sans passer au corps législatif, 232. — Son abdication, 233. — Conditions financières du traité de Fontainebleau, 233 et 234. — Retour de l'île d'Elbe et rappel du duc de Gaëte aux finances, 243. — Marché avec Ouvrard, 244. — Rentes prélevées sur celles de la caisse d'amortissement, 244 et 245. — Fournitures, 246. — Difficultés pour la rentrée des impôts, 247. — Dons forcés, 247. — Dépenses faites pendant les cent jours, 248. — Résumé de ses idées en finances, 348 à 350.

Napoléon (Joseph) invite le ministre de l'intérieur à ouvrir un crédit sur la taxe de défense de Paris, II, 233.

Necker. Origine de sa fortune et de sa réputation, II, 26 et 27. — Comment le marquis de Pesay le met en crédit à la cour, 28 et 29. — Son livre sur la législation des grains, 30 à 32. — Suites de sa liaison avec le marquis de Pesay, 32 et 33. — Il est nommé directeur général du trésor royal, 34. — Il ne peut s'entendre avec le contrôleur général Taboureau, 35. — Il devient directeur général des finances, 36. — Sa physionomie et son caractère, 37 à 39. — Motifs de la publication de son *Compte rendu*, 39. — Comment il fait nommer le duc de Castries au ministère de la marine, 41 et 42. — Suppression de quatre cent six charges, 43 à 45. — Réformes dans la ferme générale, et institutions de régies intéressées, 46 et 47. — Les administrations provinciales organisées, 49. — Avantages du *Compte rendu*, 49 et 50. — Emprunts négociés avec adresse, 51 à 54. — Il donne sa démission, 55. — Il réfute les comptes de Calonne, 83. — Lettre de cachet, 83 et 84. — On le rappelle, 104. — 106. — La confiance renaît, 107. — Le nombre des députés du tiers état augmenté, 109. — Son renvoi, 109 et 110. — Il est rappelé une troisième fois, 111 à 113. — Il perd sa popularité et son influence, 115 et 116. — Adoption de son plan de finances, 117 à 122. — Il s'oppose à la communication du livre rouge, 125. — Nouveaux désagréments, 126 à 130. — Il se retire du ministère, 131 et 132. — Réflexions, 133 et 134.

Nicolas Salzard, homme de paille des fermiers généraux, I, 43.

Noailles (Le duc de) préside le conseil de finances, de 1715 à 1717, I, 320 et suivantes.

# O

O (D'), surintendant des finances, I, 123 à 126. — 177.

Oblat. Droit que les abbayes payaient à l'hôtel des Invalides, I, 31.

Obligations des receveurs généraux, II, 198 et 199.

Odier (Gabriel) et Compagnie sont adjudicataires d'un emprunt de 400,000 francs de rentes fait par la ville de Paris, II, 278.

Offices avaient un prix fixe auquel on les vendait, I, 20 et suivantes. — Bon mot de Pontchartrain à ce sujet, 296. — Manière dont l'abbé Terray remboursait les offices supprimés, 447.

Ordonnances de comptant. Ce que c'était; à combien elles s'élevèrent de 1779 à 1787, I, 49 et 50. — Leur classement, 50 et 51. — Comment on évitait leur vérification à la chambre des comptes, 52 à 55. — Sully refuse de signer une ordonnance de comptant de 900,000 livres, 180. — Celles mentionnées par l'abbé Terray, 449 et 450.

Ormesson (D'), contrôleur général des finances, II, 63 à 66.

Orry, contrôleur général des finances, I, 362 à 364.

Ouvrard est envoyé à Madrid pour régler les comptes de la

compagnie des vivres avec le gouvernement espagnol, II, 207. — Il se fait charger pour l'Espagne du service que ladite compagnie faisait en France, 207 et 208. — Marché conclu avec Napoléon, 244.

# P

PAPIER-MONNAIE. — Voyez *Assignats*.

PARIS (La ville de) est autorisée à aliéner un million de de rentes, II, 250. — Elle peut porter cette émission jusqu'à 1,500,000 fr. de rentes, 250. — Création de 33,000 obligations, 250. — Nouvelle création de 400,000 fr. de rentes, 278. — Voyez aussi BUDGET DE LA VILLE DE PARIS.

PARIS (Les quatre frères) font l'opération du *visa*, I, 353. — Leur influence, 358.

PARLEMENT. Ses remontrances, I, 187 à 189. — Sous l'abbé Terray, 428 et 429. — Sous Calonne, il se refuse à l'enregistrement de plusieurs lois de finances, II, 79 à 81.

PARTIES CASUELLES. Administration chargée des ventes et mutations des charges et offices, I, 25.

PAULETTE (La). Droit établi par Sully, I, 25.

PENSIONS. Elles sont réduites sous Law, I, 341. — Celles établies sur le bail de la ferme générale, 37 à 43. — Leur montant avant la révolution, II, 124. — Voyez COMITÉ DES PENSIONS. — Dispositions nouvelles adoptées sous Corvetto pour en prévenir l'abus, II, 259 et 260. — A combien elles s'élèvent en 1826, 357.

PÉRIER (Augustin). Son rapport sur le budget, II, 366.

PERTICELLI, dit ÉMERY. Première surintendance, I, 219 à 222. — Seconde surintendance, 225.

PESAY (Le marquis de). Son crédit à la cour, II, 27. — Il se lie avec Necker, 27 à 29. — Suites de cette liaison, 32 et 33.

PETITS GRANDS LIVRES (Création des), II, 271.
PHILIPPE IV (Règne de), I, 69 à 80.
PHILIPPE V (Règne de), I, 81 et 82.
POLIGNAC (La duchesse de). Sa réponse au sujet du renvoi de Joly de Fleury, II, 62.
POMPADOUR (Madame de) fait renvoyer Machault du ministère, I, 374 et 375. — Elle contribue à faire nommer Laverdy au contrôle général, 399.
POMPONE DE BELLIÈVRE, surintendant des finances, I, 121 et 122.
PONTCHARTRAIN, contrôleur général des finances, 293 à 296.
POT AU FEU DE PARIS. Nom banal donné aux rentes sur l'hôtel de ville, I, 441.
PROVINCES D'ÉTRANGER EFFECTIF. Trois provinces frontières qui communiquaient librement avec l'étranger, I, 13 et 14.
PROVINCES DES CINQ GROSSES FERMES (Dénomination des), I, 12 et 13.
PROVINCES FRANCHES. Ce que c'était, I, 7. — 9.
PROVINCES DE GRANDES GABELLES OU DE PETITES GABELLES. — Voyez *Gabelles*.
PROVINCES DE SALINES. Ce que c'était, I, 7. — 8.
PROVINCES RÉDIMÉES. Ce que c'était, I, 7. — 8 et 9.
PROVINCES RÉPUTÉES ÉTRANGÈRES étaient celles étrangères à la législation du tarif de 1664, I, 12 et 13.

# Q

QUART-BOUILLON (Pays de). Ce que c'était, I, 7. — 9 et 10.
QUATRE ET DEMI POUR CENT. — *Voyez* RENTES SUR L'ÉTAT.

# R

Ramel, ministre des finances, II, 176 à 186.

Receveurs généraux des finances. Leurs attributions avant la révolution, I, 35. — Leur manière d'opérer, 323.

Receveurs des tailles. Leurs fonctions, I, 35.

Reconnaissances de liquidation délivrées aux porteurs de créances de l'arriéré, II, 254. — Dispositions relatives à leur émission, 260. — Leur total et le mode de remboursement, 275 et 276. — Leur total est augmenté de 50 millions, 283 et 284.

Rédimées (Provinces). *Voyez* Provinces Rédimées.

Régale. Ancien droit appartenant à la couronne, I, 31.

Régie. Organisée par Necker, II, 46 et 47.

Régie des droits réunis sous l'empire, II, 206.

Remontrances. — *Voyez* Parlement.

Remy (Pierre), surintendant des finances, I, 83 à 85.

Renouard de Bussières, II, 279.

Rentes sur l'État. Réductions diverses, I, 249 et 250. — 298 à 300. — Réduction sous l'abbé Terray, 441. — Réduction des deux tiers en 1798, II, 184. — Premier projet du comte de Villèle pour convertir les cinq pour cent en trois pour cent, 297 à 304. — Conversion facultative des cinq pour cent en trois pour cent à 75, ou en quatre et demi, 313. — Tableau indiquant la somme annuelle de rentes inscrites au grand-livre depuis l'année 1801 jusqu'en 1828, 355.

Rentes viagères (Immoralité des), I, 294 et 295. — II, 54.

Rescriptions des receveurs généraux des finances, ou *Rescriptions de l'épargne*. Ce que c'était, I, 35. — II, 195. — 207.

Rescriptions métalliques sous le Directoire, II, 178.

Rêve (Droit de). Ce que c'était, I, 11.

Richelieu (Cardinal de). Comment il s'introduit au ministère, I, 197 et 198. — Est arrêté dans ses projets, 205. — Son influence sur la nomination des surintendants des finances, 209. — Son testament politique, 215.

Richelieu (Duc de), président du conseil des ministres, fonde le crédit, II, 256 et suivantes. — Il fait fixer le montant des réclamations des puissances alliées, 261 à 264. — Son zèle et son activité hâtent la cessation de l'occupation étrangère, 266.

Riquet est auteur du projet du canal du Languedoc, I, 262 et suivantes.

Robert Lindet, ministre des finances, II, 187 à 191.

Robertet, trésorier de France, I, 107 et 108.

Robespierre se prononce contre l'administration de la trésorerie, II, 167.

Roger de Caux, agent diplomatique, II, 287.

Rothschild (De) frères sont adjudicataires de l'emprunt de 23,114,220 fr. de rentes, II, 296. — Ils font partie de la compagnie qui souscrit l'emprunt d'Haïti, 319.

Roy (Comte). Premier ministère, II, 269. — Situation des finances lorsqu'il reprend pour la seconde fois le portefeuille, 274. — Mode de remboursement pour le premier cinquième des reconnaissances de liquidation, 275. — Vente de 12,514,220 fr. de rentes, 276. — Garanties du nouveau mode de comptabilité, 277. — Dégrèvement, 277. — Emprunts faits par les villes de Paris et Dunkerque, 278. — Entreprises de canaux et ponts, 278 et 279. — Accroissement du crédit, 279. — Il donne la situation vraie des comptes de l'État, 366.

## S

Saglio (Florent), II, 279.

Salines (*Provinces de*). — Voyez *Provinces de salines.*

Sartines, ministre de la marine, charge son département de 20 millions de dettes, II, 39 et 40.

Sartoris (Urbain) se charge de l'achèvement du canal du duc d'Angoulême et de la construction du canal des Ardennes, II, 278. — Il entreprend le perfectionnement de la navigation de l'Oise, 319.

Savalette de Lange, II, 141.

Schomberg, surintendant des finances, I, 194 et 195.

Sechelles, contrôleur général des finances, I, 377 à 380.

Semblançai, surintendant des finances, I, 109 à 114.

Servien, surintendant des finances avec Fouquet, I, 228.

Silhouette. Son caractère et ses moyens, I, 383. — Il est nommé contrôleur général, 384. — Le bail des fermes est cassé, 385 et 386. — Ses réformes dans les dépenses, 387 à 389. — Il établit des taxes sur le luxe, 390. — Mécontentement qu'il excite, 391. — Sa retraite, 393 et 394.

Société commanditaire de l'industrie. Objet qu'elle se propose, II, 320. — Liste des fondateurs, 321 à 323. — Réflexions, 323 et 324.

Soissons (Comte de) veut percevoir un droit de 15 sous par balle de marchandises qui sort du royaume, I, 159 et 160.

Sous pour livre. Addition à divers impôts, I, 14. — 217. — Sur les droits des aides, 220. — On en ajoute au droit des fermes, 229. — Suppression opérée par Turgot, II, 11. — Cette suppression est rétablie sous Clugny, 25.

Soyecourt (Le marquis de), I, 424.

Subvention extraordinaire sous le consulat, II, 194 et 195.

SULLY. Il entre au conseil de finances, I, 130. — Son voyage dans les généralités, 131 à 134. — Son avis sur les projets des notables, 145 et 146. — S'occupe du rétablissement des finances, 148 et suivantes. — Fait adjuger les fermes générales à l'enchère, 153. — Établit le droit nommé la paulette, 25. — Il est nommé surintendant des finances, 158. — Le duc de Savoie essaye de le gagner, 162. — Fait substituer la méthode de compter par livres à celle de compter par écus, 167. — Ses moyens pour faire entrer de l'argent dans le trésor, 171 et 172. — Ne protégeait que l'agriculture et point les manufactures, 173. — Il refuse de signer une ordonnance de comptant de 900,000 livres, 180. — Sa retraite, 180. — Situation des finances à la mort de Henri IV, 181. — Résultat de son administration, II, 344.

SURINTENDANTS DES FINANCES. Leurs fonctions, I, 33. — Leur signature seule suffisait pour faire entrer ou sortir des fonds du trésor, 34. — Cette charge est supprimée, 232. — 242.

SYNDICAT DES RECEVEURS GÉNÉRAUX, II, 313 et 314.

SYSTÈME MONÉTAIRE (Nouveau), II, 203.

# T

TABAC. Premier droit imposé sur cette plante, I, 207. — Colbert étend ce droit, 265. — Loi pour le monopole en 1819, II, 272.

TABLEAU de la dépréciation des assignats à Paris, II, 180.

TABLEAU des pertes qu'ont éprouvées les intéressés de la caisse d'escompte, II, 165.

TABLEAU COMPARATIF DES BUDGETS DE L'ÉTAT, depuis l'année 1801 jusqu'à l'année 1828, II, 354.

TABOUREAU DES RÉAUX est nommé contrôleur général des

finances, II, 32 et 33. — On lui adjoint Necker comme directeur du trésor, 34 à 36. — Il est congédié, 36.

TAILLE. Nature de cet impôt et manière dont il était prélevé, I, 3 à 5. — Rentes créées sur les tailles, nommées *petites tailles*, I, 210. — Mode de répartition des tailles, 213. — On les met en régie, 218.

TARBÉ, ministre des contributions publiques, II, 140 à 145.

TAXE DE DÉPENSE pour Paris, II, 233.

TAXE D'ENTRETIEN DES ROUTES supprimée sous l'empire, II, 211.

TAXE SOMPTUAIRE supprimée en 1807, II, 211.

TERRAY (L'abbé). Comment il arrive au contrôle général des finances, I, 406 à 410. — Son caractère, 410 à 413. — Il débute par suspendre les remboursements promis, 413. — Il fait rendre des arrêts sans forme légale, 414 à 416. — Ce qu'il appelait *ses mercuriales*, 417. — Il fait suspendre le payement des rescriptions et des billets des fermes générales, 417 à 420. — Il manque à ses engagements vis-à-vis des traitants, 48. — Il enlève 4 millions à la Compagnie des Indes, 421. — Pot-de-vin sur le bail des poudres, 423. — Son avarice, 424 et 425. — Projet d'emprunt, 426. — Augmentations de taxes, suspensions et conversions de remboursements, 428. — Remontrance du parlement, 428. — Sa conduite vis-à-vis des courtisans et des financiers, 429 à 431. — Il attire le numéraire du royaume à Paris, 433 et 434. — Anecdotes, 434 à 437. — Réduction sur les rentes de l'hôtel de ville, 441. — Famine artificielle; monopole des grains, 445 à 447. — Compte qu'il présente à Louis XVI, 449 et 450. — Agiotage sur les fonds publics, 451. — Son renvoi du ministère, 453 et 454. — Ses maximes en finances, 455.

TIERS CONSOLIDÉ. — Voyez *Rentes sur l'État*.

TRAITANTS. Nom donné à ceux qui faisaient des services pour

le trésor, I, 44. — Leur influence, 45 à 49. — Arrêt rendu contre eux par Colbert, 248 et 249.

TRAITÉ (Droits de). Taxes établies à l'entrée et à la sortie du royaume, I, 10 à 14.

TRAITÉ DE FONTAINEBLEAU. Conditions financières qu'il renferme, II, 233 et 234.

TRAITÉ DU 20 NOVEMBRE 1815. Ses conditions financières, II, 251 et 252.

TRÉSOR ROYAL. Sa situation à la mort de Henri IV, I, 181. — Sa situation en 1796, II, 171. — Somme qu'il possédait au 10 novembre 1799, 192.

TROIS POUR CENT. — Voyez *Rentes sur l'État.*

TRUDAINE. Pourquoi il est destitué de sa place de prévôt des marchands, I, 338.

TURGOT. Son caractère, ses idées, II, 1 à 3. — Il passe du ministère de la marine au contrôle général, 3 et 4. — Lettre qu'il écrit au roi, 4 à 11. — Il abolit la corvée, 11. — Ses mesures pour acquitter les dettes de l'État, 12 et 13. — Création de la caisse d'escompte, 14. — Son austérité, 14 et 15. — Mauvaise récolte, rébellion pour les farines, 16 à 20. — Sa sortie du ministère, 22. — Opinion de Malesherbes sur ce contrôleur général, 23.

# V

VALDEC DE LESSART, contrôleur général des finances, II, 139.

VÉNALITÉ DES CHARGES (Abus de la), I, 20 à 26.

VERGENNES (Comte de) se fait nommer chef du conseil de finances, II, 57. — 61. — Il contribue à faire nommer Calonne contrôleur général, 67 et 68.

VILLÈLE (Comte de). Son opinion sur le budget avant d'entrer au ministère, II, 280 à 283. — Il prend le portefeuille des finances, 283. — Moyens de libération de l'arriéré, fixés définitivement, 283 et 284. — Secours supplémaire de 100 millions pour la guerre d'Espagne, 285. — Comment ce secours fut excédé, 286 à 294. — Emprunt de 100 millions à la Banque, 295. — Vente de 23,114,516 fr. de rentes, 296. — Créances sur l'Espagne, 297. — Premier projet de conversion des cinq pour cent en trois pour cent, 297 à 304. — Indemnités aux émigrés, 306 à 310. — Dispositions nouvelles relatives à l'amortissement, 310 à 311. — Conversion facultative du cinq pour cent en trois pour cent à 75, ou en quatre et demi, 312 et 313. — Indemnités aux colons, 314 à 318. — Plusieurs dégrèvement opérés, 324. — Réflexions sur son administration, 324 et 325.

Vingtième. Impôt établi sur les biens-fonds, I, 3.

Visa. Recensement de toutes les fortunes, I, 353.

FIN DE LA TABLE ANALYTIQUE DES MATIÈRES.

# TABLE DES MATIÈRES

CONTENUES

## DANS LE SECOND VOLUME.

### RÈGNE DE LOUIS XVI.

| | Pages. |
|---|---|
| Turgot, contrôleur général. (Août 1774 à mai 1776.). | 1 |
| Clugny, contrôleur général. (Mai à octobre 1776.)... | 24 |
| Taboureau des Réaux, contrôleur général............ } Octobre 1776 à juillet 1777.. Necker, directeur général du Trésor royal............ | 26 |
| Necker, directeur général des finances. (Premier ministère.) (Juillet 1777 à mai 1781.)............ | 37 |
| Joly de Fleury, contrôleur général. (Année 1781 à 1783.)................. | 57 |
| D'Ormesson, contrôleur général. (Année 1783.).... | 63 |
| Calonne, contrôleur général. (9 novembre 1783 au 8 avril 1787.)................. | 67 |
| Bouvard de Fourqueux, contrôleur général. (Avril à mai 1787.)................. | 92 |
| Loménie de Brienne, premier ministre............ } Mai à août 1787. Laurent de Villedeuil, contrôleur général............ | 95 |
| Loménie de Brienne, premier ministre............ } Août 1787 à août 1788..... Lambert, contrôleur général.... | 102 |

NECKER, premier ministre. (Second ministère.) (26 août 1788 au 11 juillet 1789.)........... 106
NECKER, premier ministre. (Troisième ministère.) (29 juillet 1789 au 4 septembre 1790.)....... 114
LAMBERT, contrôleur général. (Année 1790.)..... 135
VALDEC DE LESSART, contrôleur général. (Année 1790.). 139
TARBÉ, ministre des contributions publiques. (Mai 1791 à mars 1792.)...................... 140
CLAVIÈRE, ministre des contributions publiques. (Premier ministère.) (Mars à juin 1792.)........ 146
BEAULIEU, ministre des contributions publiques. (Juin à juillet 1792.)....................... 148
LEROUX DE LAVILLE, ministre des contributions publiques. (Juillet au 10 août 1792.).......... 149
CLAVIÈRE, ministre des contributions publiques. (Second ministère.) (10 août 1792 à juin 1793.).... 152

## CONVENTION NATIONALE.

DESTOURNELLES, ministre des contributions publiques. (Juin 1793 à 1794.).................... 159
Commission des finances et des revenus nationaux. (Année 1794 à novembre 1795.)............ 167

## DIRECTOIRE EXÉCUTIF.

FAYPOULT, ministre des finances. (Novembre 1795 à février 1796.)...................... 170
RAMEL, ministre des finances. (14 février 1796 au 20 juillet 1799.)..................... 176
ROBERT-LINDET, ministre des finances. (20 juillet au 10 novembre 1799.).................. 187

## CONSULAT.

GAUDIN, duc de Gaëte, ministre des finances. (10 novembre 1799 au 18 mai 1804.).......... 192

# TABLE DES MATIÈRES.

## GOUVERNEMENT IMPÉRIAL.

Pages.

GAUDIN, duc de Gaëte, ministre des finances. (18 mai 1804 au 1ᵉʳ avril 1814.). . . . . . . . . . . . . . 206

## GOUVERNEMENT PROVISOIRE.

BARON LOUIS, ministre des finances. (1ᵉʳ avril au 3 mai 1814.). . . . . . . . . . . . . . . . . . . . 235

## RÈGNE DE LOUIS XVIII.

BARON LOUIS, ministre des finances. (Premier ministère.) (3 mai 1814 au 20 mars 1815.). . . . . . . 237

## LES CENT JOURS.

GAUDIN, duc de Gaëte, ministre des finances. (20 mars au 8 juillet 1815.). . . . . . . . . . . . . . . . 243

## RÈGNE DE LOUIS XVIII.

BARON LOUIS, ministre des finances. (Second ministère.) (9 juillet au 26 septembre 1815.). . . . . . . . . 249

COMTE CORVETTO, ministre des finances. (26 septembre 1815 au 7 décembre 1818.). . . . . . . . . . . 251

COMTE ROY, ministre des finances. (Premier ministère.) (7 au 29 décembre 1818.). . . . . . . . . . . . 269

BARON LOUIS, ministre des finances. (Troisième ministère.) (29 décembre 1818 au 19 novembre 1819.). . 271

COMTE ROY, ministre des finances. (Second ministère.) (19 novembre 1819 au 14 décembre 1821.). . . . . 274

COMTE DE VILLÈLE, ministre des finances. (14 décembre 1821 au 16 septembre 1824.). . . . . . . . 280

## RÈGNE DE CHARLES X.

Pages.

Comte de Villèle, ministre des finances. (16 septembre 1824 au 4 janvier 1828.) . . . . . . . . . 306

Budget de la ville de Paris. . . . . . . . . . . . . . 327
Budget de la préfecture de police. . . . . . . . . . . 335
Considérations sur la marche du crédit public et les progrès du système financier. . . . . . . . . . . 343
Tableau comparatif des budgets de l'État depuis l'année 1801 jusqu'à l'année 1828. . . . . . . . . . 355

Table analytique des noms cités et des matières. . . . 369

FIN DE LA TABLE DU SECOND VOLUME.

www.ingramcontent.com/pod-product-compliance
Lightning Source LLC
Chambersburg PA
CBHW071901230426
43671CB00010B/1426